U0574153

本次出版得到教育部人文社会科学重点研究基地
北京师范大学史学理论与史学史研究中心的大力支持

励耘史学文丛

《永乐大典》
流传与辑佚研究

张升／著

北京师范大学出版集团
BEIJING NORMAL UNIVERSITY PUBLISHING GROUP
北京师范大学出版社

目　录

绪　论

　　《永乐大典》(以下简称《大典》)编修于明永乐初年，是我国古代最大的类书。其保存了明以前大量的文献资料，成为后代辑佚的渊薮。全书正文 22877 卷，目录 60 卷，按《洪武正韵》编排，分装为 11095 册。明代嘉靖末年对《永乐大典》进行重录，至隆庆元年(1567)完成，《大典》遂分正副：原本为正本，重抄本为副本。《大典》正本在隆庆以后已下落不明，副本在近代亦命运多舛，屡遭劫难，目前只剩原书 4% 的篇幅。由于《大典》的重要性及其不幸的遭遇，清末以来学者们非常重视对《大典》的研究。遗憾的是，由于资料缺乏等原因，《大典》研究还存在着不少难解之谜。

一、《永乐大典》概述

(一)编撰缘起

　　《永乐大典》虽始修于永乐元年(1403)，但在此之前，明廷早已有编修类书的打算。洪武二十一年(1388)，中书庶吉士解缙上言："臣见陛下好观《说苑》、《韵府》杂书与所谓《道德经》、《心经》者，臣窃谓甚非所宜也。《说苑》出于刘向，多战国纵横之论；《韵府》出元之阴氏，抄辑秽芜，略无可采。陛下若喜其便于检阅，则愿集一二志士儒英，臣请得执笔随其后，上溯唐、虞、夏、商、周、孔，下及关、闽、濂、洛，根实精明，随事类别，勒成一经，上接经史，岂非太平制作之一端欤？"①可见明太祖喜欢看一些杂书，而解缙为了迎合明太祖，早有编撰"随事类别"之书的想法。洪武三十一年（1398），明太祖诏侍读唐愚士编集经史百家之言为《类要》，后因太祖病故未果。明成祖继位后，想把天下所有的书汇为一书，方便检阅，曾翻阅《韵府群玉》《回溪史韵》等类书，然病其收录未广，内容太简略。永乐元年（1403）七月，明成祖对侍读学士解缙说："天下古今事物散载诸书，篇帙浩穰，不易检阅。朕欲悉采各书所载事物类聚之，而统之以韵，庶几考索之便，如探囊取物耳。尝观《韵府》、《回溪》二书，事虽有统，而采摘不广，记载大略。尔等其如朕意，凡书契以来经、史、子、集，百家之书，至于天文、地志、阴阳、医卜、僧道、技艺之言，备辑为一书，毋厌浩繁。"②于是，解缙等马上组成班子，于文渊阁设局开始编写。

从上述看，明廷修《大典》这样的类书是有其历史渊源的。不过，也有人对修书动机做过这样的推测：当时为编此书召集全国士人两千多，收罗了不少草野之士（包括僧人道士等，甚至有从布衣召为都总裁者），与朱元璋召元遗民修《大明礼书》、乾隆开馆修《四库》一样，实为当国者之政治手段。据孙承泽《春明梦余录》卷十二"文渊阁"称："……至靖难之举，不平之气遍于海宇，文皇借文墨（指编《大典》）以销垒块，此实系当日本意也。"③今人张忱石和栾贵明亦认为《大典》之编修有笼络士人之嫌疑。④ 这种推测是有一定道理的，因为：其一，此书匆匆着手，匆匆完成。明成祖为何即位后马上修此书，让人费解。其二，尽管明成祖在此书序言中口口声声说编纂此书是为了方便查阅，可事实上，此书修成

---

① （清）张廷玉等：《明史·解缙传》，4115～4116 页，北京，中华书局，1974。

② 《明太宗实录》卷二十一，393 页，上海，上海书店出版社，1984。

③ （清）孙承泽著、王剑英点校：《春明梦余录》卷十二，156 页，北京，北京古籍出版社，1992。

④ 张忱石《永乐大典史话》（北京，中华书局，1986）第 2 页载："朱棣想利用纂修类书，炫耀文治，藉以笼络人心，消弭朝野间的不平之气。"栾贵明《永乐大典索引》（北京，作家出版社，1997）在序言中记载："永乐帝的高明处就在于能在改朝换代之际，挥大手笔，出大题目，他移视线，藉以巩固皇位，立于不败之地。"

后，成祖根本就未使用过，也没有想方设法将此书印行、宣传，而是一直藏于深宫。可见此书并不是为其检阅而修的，而是为了编修而编修的。不过，修一部书是否能消不平之气，能消多少不平之气，这是颇值得怀疑的。这种推测也只能是聊备一说而已。[①]

(二)编撰经过

永乐元年(1403)七月解缙等受命编修此书，永乐二年(1404)十一月修成进上，赐名《文献大成》。成祖对《大典》初稿并不满意，主要是觉得收入的书不够多，尤其是许多新入藏的书未能收入[②]，于是在永乐三年(1405)又命姚广孝与解缙等重修。

重修工作从永乐三年元月开始，至永乐五年(1407)书成，明成祖更赐名《永乐大典》[③]，并亲为作序。然后清抄一部，至永乐六年(1408)抄定。

关于编撰《永乐大典》的预修人员，有人认为有 3000 多人[④]，有人认为有 2000 多人，都是大致的估算。不少人对人数及姓名做过考证，如孙承泽《春明梦余录》卷十三载："正总裁三人，副总裁二十五人，纂修三百八十七人，催纂五人，编写三百三十二人，看详五十七人，誊写一千三百八十一人，续送教授十人，办事官吏二十人，凡二千一百八十人。"[⑤]郭伯恭《永乐大典考》载：正监修 2 人，副监修 1 人，正总裁 9 人，副总裁 25 人，纂修官 135 人，总计 172 人。[⑥] 此外，王重民、顾力仁、

---

① 虞万里对《大典》的编纂动机有较详细的论述，见其《有关〈永乐大典〉几个问题的辨正》，载《史林》，2005(6)。
② 《明太宗实录》卷三十六，第 627 页载："上览所进书向多未备，遂命重修。"
③ 据吴晗辑《朝鲜李朝实录中的中国史料》第 1 册(北京，中华书局，1980)第 389～390 页载，宣德十年十二月明朝礼部员外郎萧仪在回答朝鲜使者关于《永乐大典》的问题时说："太宗皇帝命集儒臣，博采古今诸史诸书，撰述成书，名曰《永乐大传》……简帙浩繁，藏在御府满十余间，时未刊行。"这里《永乐大传》即《永乐大典》。
④ (明)朱国祯《涌幢小品》(北京，文化艺术出版社，1998)第 35 页载："《永乐大典》乃文皇命儒臣解缙等粹秘阁书分韵类载，以备检考，赐名《文献大成》。复以未备，命姚广孝等再修，供事编辑者凡三千余人。"
⑤ (清)孙承泽著、王剑英点校：《春明梦余录》卷十二，155 页。
⑥ 郭伯恭：《永乐大典考》，第三章"纂修诸人考略"，16～85 页，上海，商务印书馆，1938。

朱鸿林、虞万里、张金梁等亦不断做过补考，然离全部考得实际之编修人员姓名仍差距颇远。① 当时为修《大典》网罗天下贤才、善书者，人员众多，来源庞杂，而且前期(永乐三年前)与后期(永乐三年后)之在馆人员也并不完全相同，因此，要考出真正的纂修人数及姓名，就目前来看还有很大的困难。

编修《大典》的地点，就是明宫中的文渊阁。明初文渊阁丰富的藏书为编撰人员的博取广收提供了方便。此外，当时为配合编书，明廷还进行了广泛的征书。②

(三)基本内容

《永乐大典》正文 22877 卷，目录 60 卷，共装成 11095 册。原书高 50.02 厘米，宽 29.8 厘米，厚约 2 厘米；黄绢硬面、包背装。封面(书衣)左上有黄绢书签，题"永乐大典"四字，下注卷第几，书签四周印黑色双线，之外还有一道蓝边。封面右上有黄绢蓝边方形标签，题某韵，次行题隶属该韵的册次(有个别没有此项内容)，每册 1 至 4 卷不等。每叶边框高 36 厘米，半叶宽 23.5 厘米；半叶 8 行，小字双行，每行 30 字，一般每行低两格写，实 28 字。书口有三个鱼尾：上鱼尾下题"永乐大典卷××"，下端双鱼尾内题页码。边框、界行、引用书名、书口文字以及断句圈点用的小圆圈概用红色，余皆墨色。书内有插图，诸如器物、山川、地形等均用传统白描手法勾勒，精美逼真。

全书的编排原则是"用韵以统字，用字以系事，凡天文、地理、人伦、国统、道德、政治、制度、名物以至奇闻异见、庚词逸事，悉皆随字收载。事有制度者则先制度，物有名品者则先名品。其有一字而赅数

---

① 参见王重民：《〈永乐大典〉纂修人考》，载《文史》，1965(4)；顾力仁：《永乐大典及其辑佚书研究》，第二章"《永乐大典》之纂修"，台北，私立东吴大学，1985；朱鸿林：《〈永乐大典〉纂修人考补》，见《明人著作与生平发微》，桂林，广西师范大学出版社，2005；虞万里：《有关〈永乐大典〉几个问题的辨正》，载《史林》，2005(6)；张金梁：《〈永乐大典〉纂修人研究》，载《文献》，2009(1)。郝艳华对孙承泽、郭伯恭、王重民、顾力仁诸家统计做综合分析，认为有 2186 人，并制成"《永乐大典》预修人员职掌表"。参见其《〈永乐大典〉史论》，17 页，博士学位论文，北京师范大学，2006。

② 可参见张升：《明清宫廷藏书研究》，7～8 页，北京，商务印书馆，2006。

事者，则即事而举其纲。一物则有数名者，则因名而著其实。或事文交错，则彼此互见；或制度相因，则始末具举。包括乾坤，贯通今古，本末精粗，粲然备列。庶几因韵以考字，因字以求事，开卷而古今之事一览可见。"①这里所谓"以韵统字"，即根据《洪武正韵》的顺序排列各韵部②，韵部下收属该韵的各字，然后因字以系事，亦即将相关的内容收载在该字之下。《大典》每字下所收内容大致是这样排列的：先罗列各家对该字的字音、字义的训释，然后是收录该字的各种字体，然后总论该字之大义（总叙）。以下收载各事目（一般是以事目末字入韵，包括典章制度名称、名物、词语、典故等），若有关涉制度的事目，则先收，将相关文献收入该事目下（从古及近排列）；之后是诗文题名（收单篇的诗文，先文后诗），之后是书名（收全书或全书之一部分），之后是地名（以该字为韵或关键字的府州县等名），之后是姓氏名。以平声一东韵"蒙"字为例，其下各项排列顺序为：释字——事目——诗文——《易·蒙卦》——《易学启蒙》等书——乌蒙府——姓氏。当然，并不是每个字都有这些内容，也有个别字会超出这一内容范围。而且因为这样那样的原因，个别字所收内容也没有完全按照这一顺序。但可以说，大多数字是按照这一顺序编排内容的。

《大典》的体例，多受后人诟病，其中最有代表性的是《四库全书总目》的批评："（《大典》）割裂庞杂，漫无条理，或以一字一句分韵；或析取一篇，以篇名分韵；或全录一书，以书名分韵。与卷首凡例多不相应，殊乖编纂之体。疑其始亦如《韵府》之体，但每条备具始末，比《韵府》加详。今每韵前所载事韵，其初稿也。继以急于成书，遂不暇逐条采掇，而分隶以篇名。既而求竣益迫，更不暇逐篇分析，而分隶以书

①　（明）解缙等纂：《永乐大典·凡例》第 10 册，2 页，北京，中华书局，1986。
②　《大典》所依据的是现藏国家图书馆的洪武十二年修订的八十韵本《洪武正韵》，而不是通行的洪武八年颁行的七十六韵本。参见虞万里：《有关〈永乐大典〉几个问题的辨正》，载《史林》，2005(6)。

名。故参差无绪，至于如此。"①也就是说，《大典》最初是按凡例所称逐条收载各事目，后来觉得太麻烦，就只以篇名、书名系于各韵下，整篇、整部书都抄进去。这可以说是自乱其体例。《四库总目》的批评有些过于严苛，也许《大典》编纂者最初就想整篇诗文、整部书地收进去，以篇名及书名入韵也没有什么不对，并非一定是出于急于成书之故。不过，正如很多学者指出的，《大典》在编排体例上确实存在着较为普遍的选择入韵字不够严谨的问题。例如，《大典》所收各事目，一般是按各事目末字入韵的，但是，在收载诗文或书时，又没能完全按照此方法入韵，有时以所重字(关键字)入韵，有时又据实际内容入韵，造成读者无所适从。

当然，就整体而言，《永乐大典》编纂功非浅鲜。体例的问题，并不影响它内容的价值，正如全祖望曾说的："夫偶举一事，即欲贯穿前古后今书籍，斯原属事势所必不能；而《大典》兼容并包，不遗余力，虽其间不无汗漫凌杂之失，然神魄亦大矣。"②

《大典》所收的文献，往往都是整段或整部抄入。因此，明初以前的文献，相当多是赖此书得以保存。③ 嘉靖末重抄《大典》时，已有人从中辑出佚书。至清乾隆间编《四库全书》时，更是从《大典》中签出佚书千余种，其中收入《四库》者有 380 余种，收入《四库总目》存目者有 120 余种。自此之后，学者们利用《永乐大典》进行辑佚书的工作一直没有间断过。直到今天，《永乐大典》作为辑佚的渊薮，还发挥着极大的作用。

(四)卷数、册数与套(函)数

1. 卷数与册数

史料中关于《大典》卷数与册数的记录比较混乱，有多种统计数

① (清)永瑢、纪昀主编：《四库全书总目提要》，"永乐大典"条，704 页，海口，海南出版社，1999。

② (清)全祖望著，朱铸禹汇校集注：《全祖望集汇校集注》中册，"钞《永乐大典》记"，1071 页，上海，上海古籍出版社，2000。

③ 《永乐大典》在录入材料时，个别地方会对书名做一些相应的改动。

字①。在各种说法中，其中有两种比较重要：其一，《明太宗实录》卷七十三云："书（指《大典》）凡二万二千二百一十一卷，一万一千九百五本"②；其二，现存《永乐大典目录》（共 60 卷）载《大典》正文卷数为 22877 卷，目录与正文合计共 22937 卷。前引姚广孝所上"进《永乐大典》表"亦云："谨缮写成《永乐大典》二万二千八百七十七卷，凡例并目录六十卷，装潢成一万一千九十五册。"虞万里在比较各种说法后认为，第一种说法是针对稿本而言的，第二种说法是针对定本而言的，此外的其他说法都源于这两种说法。因此，《大典》的卷册数应该为：22937卷，11095 册③。每册大多为 2 卷，偶尔亦有 1 卷、3 卷或 4 卷者。

虞万里的统计数是正确的。不过，因为 11095 册是包括目录的，我们知道正文是 22877 卷，目录是 60 卷，那么，正文和目录分别各是多少册呢？

据《纂修四库全书档案》"军机大臣奏检出《永乐大典》目录及全书各十本呈进片"[乾隆三十八年（1773）二月初十日]载："臣等查《永乐大典》原书共一万一千余本，今现序（存）九千余本，丛杂失次，一时难以遍查。今谨将目录六十本内检出首套十本，及全书内首套东、冬字韵十本，一并检出，先行进呈御览。谨奏。"④可知，《大典》目录共有 60 册。

另外，需要特别指出的是，《大典》除了我们以前所知道的包括永乐御制序、进《永乐大典》表、凡例、目录及正文外，其实还有一部分我们以往均未注意到的内容，就是《永乐大典韵总歌括》及《韵总》。

《永乐大典韵总歌括》及《韵总》收在国家图书馆善本部藏清抄本《永乐大典目录》60 卷、《韵总歌括》1 卷、《韵总》4 卷中。该清抄本题明解

---

① 例如：（明）梁潜《泊庵集》（影印《文渊阁四库全书》本，上海，上海古籍出版社，1987）卷六"送陈教谕序"载："……成书三万七千余卷，命卜日以进。既进，览之大喜，赐名《永乐大典》。"（明）朱国祯《涌幢小品·永乐大典》载："二万二千九百三十七卷，一万一千九十本，目录九百本。"（清）黄虞稷《千顷堂书目》（上海，上海古籍出版社，2001）卷十五作二万二千二百一十一卷；（清）张廷玉等《明史·艺文志》作二万二千九百卷；（清）永瑢、纪昀主编《四库全书总目提要·永乐大典》作二万二千八百七十七卷，目录六十卷，合计为二万二千九百三十七卷。

② 《明太宗实录》第 7 册，1016 页。

③ 参见虞万里：《有关〈永乐大典〉几个问题的辨正》，载《史林》，2005(6)。

④ 张书才主编：《纂修四库全书档案》，56 页，上海，上海古籍出版社，1997。

缙等辑，共 14 册，半页 10 行，无格。其中永乐御制序、进《永乐大典》表、凡例、《永乐大典韵总歌括》及《韵总》共为 1 册，目录为 13 册。每册首页盖有"桐城姚伯印藏书记"朱长方印。按，伯印（昂），为清姚元之之字。姚元之（1773—1852），字伯昂，号荐青，又号竹叶亭生，晚号五不翁，安徽桐城人；嘉庆十年（1805）进士，累官至左都御史；著有《竹叶亭纪诗稿》《竹叶亭杂记》。此清抄本应为姚氏抄于嘉庆、道光年间（其中进士之后）。①

在该清抄本中，《永乐大典韵总歌括》及《韵总》是与《大典》序文、进书表文、凡例及目录编在一起的，其排列次序为：永乐序、进书表文、凡例、《永乐大典韵总歌括》、《韵总》、目录。在这之后，就应该是《大典》正文。从该清抄本看，诸如"国朝""皇明""太祖""圣""天""朝廷""皇帝"等文字均顶格书写，说明其无疑是来自《大典》原书，而且是照《大典》原书仿抄的，反映了《大典》的真实情况。而现在通行的中华书局影印本《永乐大典目录》，不但顺序有误（将进书表文置于凡例之后），而且遗漏了《永乐大典韵总歌括》及《韵总》。②

韵总，是指韵部的汇总；歌括，是指用歌诀的方式将各韵部做一概述。《永乐大典韵总歌括》就是将《洪武正韵》各韵部中各小韵的首字按四字至七字一句，编成歌诀，便于记诵和查找《大典》各韵在《大典》中的位置。其内容如："平声，一东：东通同笼，蓬蒙恩宗……"，"二支：支施差时儿，知摛驰雌赀……"等。《永乐大典韵总》按顺序收《大典》各韵部及其下所收的各字，如："东，德红切，涷，冬，零。〇芝，蝀……"，"通，佗红切，侗，恫，恿，桐，蓪。〇踊，烔……"等。中间〇符号，

---

① 据（清）姚元之《竹叶亭杂记》（上海，上海古籍出版社，1996）卷四第 101 页载："宋曹士冕作《法帖谱系》，世罕得其本。浙江鲍士恭家有藏本，人亦希见。余尝于《永乐大典》中写出之。其论《淳化帖》之支派甚详。"卷八第 172 页载："元人卖猫有契，《永乐大典》载其契云：'一只猫儿是黑斑，本在西方诸佛前……年月日契。'"可见，姚氏当时还从《大典》中抄出《法帖谱系》及"卖猫契"。

② 关于《连筠簃丛书》本《永乐大典目录》的来源，史广超推测是张穆于道光间从翰林院录出。参见史广超：《〈永乐大典目录〉研究》，载《大学图书情报学刊》，2008(3)。若此说成立，我推测：张穆录出时，《永乐大典韵总歌括》及《韵总》已缺失，故《连筠簃丛书》本《永乐大典目录》未能收入。

用以区分前后两部分字。为什么要区分这两部分字呢？查《洪武正韵》可知，O之前所收的字，是《洪武正韵》收入的；之后所收的字，是《洪武正韵》未收入的。这样，《大典》所收各字及其所属韵部，一眼就能看清楚。因此，可以说《永乐大典韵总歌括》及《韵总》实际上是"永乐大典简目"。由于《大典》有2万多卷，而目录即有60卷，要翻检《大典》正文乃至目录，都不方便，所以，查书时可以先利用《永乐大典韵总歌括》及《韵总》：通过查"歌括"，得知韵部的排列；再查"韵总"，了解要查的字在哪个韵部；再查《大典》目录，即能很快知道要查的字在《大典》中的哪一卷。

收在清抄本中的《永乐大典韵总歌括》1卷及《韵总》4卷只有1册，其实并不能反映原来的分册情况，因为《大典》目录原来是分为60册的（参上文），而清抄本《永乐大典目录》60卷、《韵总歌括》1卷、《韵总》4卷一共才14册，显然是抄本合并后的结果。那么，《永乐大典韵总歌括》一卷及《韵总》4卷原来分为多少册呢？据"收到书目档"〔乾隆元年（1736）十一月□日立〕云："……（乾隆元年十一月）初七日收掌官常、柏领到翰林院：《永乐大典》八十六套（每套十本），《韵总》一套（计二本），共计八百六十二本。"①可知，《韵总》（包括《永乐大典韵总歌括》）共2本，而且独自构成一套。嘉庆二十年（1815）许乃济将首册誊录出来，其中提到序、表、凡例，没有提到《永乐大典韵总歌括》《韵总》等《大典》其他的内容。② 因此，《大典》目录首册应含永乐序、进书表文、凡例。③

从上述可知，《大典》目录60卷是没有包括《永乐大典韵总歌括》1卷及《韵总》4卷的，那么，《大典》的总卷数是否可以统计为22942卷（原为22937卷，再加上此5卷）呢？我觉得这倒未必，因为：其一，从清抄本《永乐大典目录》60卷、《韵总歌括》1卷、《韵总》4卷看，《永乐大典韵总歌括》及《韵总》均没有标明卷次，只是略示区分（在抄本中，《永乐大典韵总歌括》是相对独立的一部分，而《韵总》则依平、上、去、

---

① 方甦生编：《清内阁库贮旧档辑刊》第二编，北平，北平故宫博物院文献馆，1935。
② 参见傅增湘：《藏园群书题记》，489～498页，上海，上海古籍出版社，1989。
③ 这里采用了董岑仕的观点。参见董岑仕《永乐大典》之〈崇文总目〉、〈四库阙书考〉——兼论〈永乐大典〉中四十二卷书目汇编》，见《古典文献研究》第21辑下卷，凤凰出版社，2019。

入四声分为相对独立的四部分），因此，将《永乐大典韵总歌括》及《韵总》标为 1 卷及 4 卷，应该是国家图书馆编目者所为，并非《大典》原来的分卷。其二，姚广孝所上"进《永乐大典》表"云："谨缮写成《永乐大典》二万二千八百七十七卷，凡例并目录六十卷，装潢成一万一千九十五册。"①如果《永乐大典韵总歌括》及《韵总》也有分卷，应该是会说明的。其三，如果《永乐大典韵总歌括》及《韵总》分卷统计入《大典》总卷数，那么，是否也可以将永乐序、进书表文、凡例作为 1 卷统计入《大典》总卷数呢？因此，正如序、凡例可以视为目录的自然附属内容一样，《永乐大典韵总歌括》及《韵总》也可以视为《大典》目录的附属内容，不一定需要另标卷次。

中华书局 1986 年影印出版《永乐大典目录》（主要据《连筠簃丛书》本）时，是利用了国家图书馆藏清抄本《永乐大典目录》60 卷、《韵总歌括》1 卷、《韵总》4 卷做补充的，可惜的是当时没能将《韵总歌括》1 卷、《韵总》4 卷也一并收入。其时，中华书局及国家图书馆在全世界范围内搜罗《大典》残本，却将眼前的《大典》内容错过，真是非常遗憾。

综上所述，《大典》共有 22937 卷，装成 11095 册。其中《永乐大典总歌括》、《韵总》2 册；目录 60 卷，60 册；正文 22877 卷，11033 册。由于《大典》副本是完全依照正本重录的，故《大典》副本与正本在卷数和册数上是完全相同的。

2. 套（函）数

据乾隆《御制文集·四集》卷十七"汇辑四库全书联句"云："《永乐大典》每十册一函，共一千一百余函，翰林三十人，匀派分阅，按日程功。"②可知，《大典》是按每 10 册 1 函（套）分装的。现存《永乐大典存目》是乾隆时清点《大典》的目录③，该目录中所著录的《大典》卷册数，基本

---

① （明）解缙等纂：《永乐大典》第 10 册，5 页。

② （清）乾隆：《御制文集·四集》，影印《文渊阁四库全书》本，上海，上海古籍出版社，1987。

③ 《永乐大典存目》（又题《永乐大典点存目录》），清抄本，1 册，现收入张升编：《〈永乐大典〉研究资料辑刊》，北京，北京图书馆出版社，2005。

上是按每 10 本一组排列的，从中可以看出原来一套一套分装的痕迹。通过分析该目，我们可以发现：

（1）《大典》往往是整套整套丢失的。因为，《永乐大典存目》所著录的缺失卷目，其前后的《大典》册数基本为 10 册（完整的一套），说明所缺部分也基本上是完整的一套或数套。而且，从其所缺卷数看，也符合一套或数套的条件。因为，据上述可知，《大典》每册大多为 2 卷，偶尔亦有 1 卷、3 卷或 4 卷者，所以，所缺部分至少要有 10 卷才有可能构成完整的一套，而更多的情况下应该是 20 卷左右或其倍数。我们查《永乐大典存目》所著录的缺卷可知，绝大部分的缺卷都超过 10 卷以上，而且，大多数情况下是 20 卷左右或其倍数。所以，《大典》所缺的部分，往往是一套或数套。

（2）《大典》是按每 10 册 1 套分装的，但是，由于各韵所涵盖的册数并不可能都是 10 的整数，这就必然会有一些前后不同韵部的零册装在同一套中。例如，《永乐大典存目》载：接八贿、连七解共 10 本，接十罕、连九轸共 10 本，接十一产、连十罕共 10 本①，可知这 3 套都包括前后两韵部的零册。但是，馆臣在清点时，有时也会将它们分开来按前后韵部分别统计册数。例如，一东最后一套"兄至烹"为 11 本，而二支第一套"支至诗"为 9 本，其实在分装时是各为 10 本 1 套组合的（即将"烹"字最后一本放入二支第一套中，与二支的 9 本组成 10 本 1 套），但因为清点时是按韵部来计算，东韵那一套就多了一本，而支韵那一套就少了一本。又如，三微最后一套只有 6 本，而四齐第一套是 4 本，原来应是装在一套的，但因为也是按韵部计算，所以就分开了②。不过，在

---

　　①　张升编：《〈永乐大典〉研究资料辑刊》，398 页。
　　②　也许有人会认为，这些不足或超过 10 册的情况，可能原来就是各自成套的。我认为，这是不对的。因为，这种情况绝大多数是出现在两个不同的韵部之间，而且，它们的册数均无一例外地都能组成 10 本或 20 本；还有，如果说前一韵最后一套因为只剩零册只能装成不到 10 本的 1 套，可是后一韵完全可以不管前一韵的零册而独自组成 10 本 1 套，而不会也不到 10 本。例如，前述一东最后一套是 11 本，二支的第一套完全可以另组成 10 本，而不是现在的 9 本。尤其是四齐第一套只有 4 本，更不可能。因此，我认为，原来是按 10 册 1 套分装的，即使是前后不同的韵部，也按 10 册 1 套分装在一起。

大多数情况下，馆臣清点时还是按套（10册）来统计的。

（3）有个别不到10册（8或9册）或超过10册（11或12册）1套的情况，不是出现在前后两韵部之间，而是出现在一韵部之内，说明其并不是按10册1套分装的，如何解释呢？例如，十寒韵"安"字卷三七〇九至卷三七二七共9册，卷三七二八至卷三七四九共11册；十一删第二套是11册，第四套是9册；十二先卷四七一九至卷四七三三共8册，卷四七五三至卷四七七六共11册。这大概有两种可能：首先，因为每册（收一至三卷不等）的厚度并不可能做到完全统一，应该只是有大致的要求，但是套的大小应是相对固定的，所以，有的一套只能装8至9册，有的一套则能装11至12册。遇到这种情况，在分装时就尽量通过后一套找补回来。例如，如果这一套只能装9册，那么就争取在下一套或下几套内装成11册1套。因为从《永乐大典存目》可以发现，一韵部内不到10册或超过10册1套的情况，往往是前后相连的两套，或者是前后相隔一或两套而已，而且超出册数与不足册数正好能补齐。其次，可能是分装的时候放错了，或者是拿取的时候，在归置时放错了。但是，若是放错了，前后卷数一般不应该衔接上，但为何所有不到10册或超过10册1套的情况，其卷次都是前后相连衔接的呢？因此，我更倾向于前一种可能。不管怎样，总的来看，一韵内不到10册或超过10册1套的情况非常少，所占《大典》套数的比例极低，因此，我们还是可以说，《大典》是按10册1套来分装的，这应该是当时分装的原则。

既然《大典》是按10册1套分装的，那么，《大典》一共有多少套呢？

据前引"军机大臣奏检出《永乐大典》目录及全书各十本呈进片"〔乾隆三十八年（1773）二月初十日〕可知，《大典》目录也是十册一套的，而目录共60册，则应分装为6套；正文为11033册，应分装为1103套。此外，还应加上《永乐大典韵总歌括》、《韵总》1套。因此，《大典》正文与目录应一共分装为1110套。这正符合乾隆所说的《大典》"共一千一百余函"。

也许有人会说，乾隆所说的《大典》"共一千一百余函"，有可能是指当时《大典》的实存函数。我认为，这一猜测是不成立的。据《纂修四库全书档案》"军机大臣奏遵查《永乐大典》存贮情形并将首卷黏签呈览片"
[乾隆五十九年(1794)十月十七日]载:"遵查《永乐大典》,止有一部,
现在翰林院衙门存贮。原书共二万二千九百三十七卷,除原缺二千四百
四卷,实存二万四百七十三卷,共九千八百八十一本,外有目录六十
卷。查卷首载永乐原制序文及姚广孝等原进表文。谨将首卷序表及东字
韵内载李舜臣《江东十鉴》一册,一并黏签呈览。谨奏。"①《大典》原有
22937卷(含目录60卷),其中正文部分22877卷。这里原缺2404卷,
是指正文而言的,所以实存20473卷也指的是正文。这20473卷共为
9881册。此外,还有《韵总》一套(2册)、目录60卷(共60册),连前共
为20533卷,9943册。那么,乾隆五十九年《大典》(含目录)实存数为:
20533卷,9943册。《大典》原有11095册(含目录、《韵总》一套),因
此,乾隆五十九年时《大典》实缺数为:2404卷,1152册。而据前述可
知,《大典》往往是整套地缺失的,因此,这1152册,应该有100余套。
如此说来,《大典》一共才1100余套,乾隆时又缺了100余套,所以乾
隆当时的《大典》实存数最多也就1000套。因此,乾隆说《大典》"共一千
一百余函",肯定是指《大典》原来的套(函)数,而不是指乾隆时《大典》
的实存套(函)数。据此我们还可以进一步推知,当时《大典》的原套是基
本完好的(即使是丢失的部分,原套仍在),所以乾隆能知道《大典》原有
1100余套。

　　综上所述,《大典》共有1100余套,我目前推算为1110套。②

---

①　张书才主编:《纂修四库全书档案》下,2372页。
②　(清)张岱:《石匮书　石匮书后集》(上海,上海古籍出版社,2008)卷三十七"艺文志
总论"载:"(永乐)五年,太子少师姚广孝等进重修《文献大典》,凡二万二千二百一十一卷,
一千九十五帙,更名《永乐大典》,上亲制序以冠之。""帙",通"帙",即套或函,也就是说,
《大典》有1095套。不过,我认为张岱此处所说的应该是指册数而言的,只不过是抄错了。因
为:其一,张岱的此段文字应来源于《明太宗实录》卷七十三永乐五年十一月乙丑条的记载,
两者所述基本一样,只是《实录》作"一万一千九百五本",而《石匮书　石匮书后集》作"一千九
十五帙",应该是张岱抄错了。其二,"一千九十五"与"一万一千九百五"在写法上很近似。
(清)孙承泽《春明梦余录》卷十二亦将《大典》册数写作"一千九十五本",可见这种错误易犯。
其三,张岱这段话的其他地方也有写错的,如将《文献大成》写成《文献大典》,可见,张岱在
此抄错了是有可能的。退一步而言,即使1095确实是《大典》的套数,也是针对"二万二千二百
一十一卷"的《大典》稿本而言的,与我推测的《大典》定本(22937卷)的套数并不矛盾。

二、研究现状

本书初版时已对 2009 年之前的研究做了概述，故这里仅介绍 2009 年以来的主要研究成果。

1. 著作

除较早前的张忱石《永乐大典史话》(1986)及顾力仁《永乐大典及其辑佚书研究》(1985)之外①，近些年又出版了多部有关《永乐大典》的研究著作。

史广超《〈永乐大典〉辑佚述稿》(中州古籍出版社，2009)，对四库馆大典本辑佚进行了全面的研究，对相关的纂修官考证较为清楚；书后所附大典本统计表，是目前最为精确的统计表。此外，该书在材料上也有新发现，如大典本稿本、大典本辑佚书单等。该书第二章第三、四、五节分别为《永乐大典》辑佚人员考、程序考、四库馆永乐大典辑本纂修人考，对我的研究尤其有借鉴与参考价值。

浦霞《〈永乐大典〉徽州方志研究》(安徽大学出版社，2013)、《〈永乐大典〉安徽江北方志研究》(安徽大学出版社，2015)，这两部书是一个整体，均是利用《大典》对安徽方志进行辑佚和研究。其他相关著作如周方高《〈永乐大典〉本南宋至明初湖南佚志辑校》(上海古籍出版社，2015)，崔伟《〈永乐大典〉本江苏佚志研究（上、下）》(台湾花木兰文化出版社，2015)，也是关于大典本方志的重要研究成果。

丁治民《〈永乐大典〉小学书辑佚与研究》(商务印书馆，2015)，主要内容分两部分：第一部分是从《大典》辑出之小学佚书；第二部分是对这些小学佚书的研究，其中较重要的观点是提出了《大典》所用有可能是《洪武正韵》八十韵本的校正本。无独有偶，台湾学者翁敏修于 2015 年亦出版有《〈永乐大典〉所引小学书钩沉》(台湾万卷楼图书有限公司，

---

① 2014 年国家图书馆出版社出版了张忱石《永乐大典史话》的修订本。

2015）。该书从残存《永乐大典》中辑得娄机《广干禄字书》、倪镗《六书类释》及孙吾与《韵会定正》等十二部清代四库馆臣未留心之小学书，分为字书与韵书两部分，考证书名、卷数、作者与内容，撰成提要，注明佚文出处。2016年，又出版了该书的增订本。

郝艳华《〈永乐大典〉史论》（香港中国古文献出版社，2009），该书是在其博士论文的基础上修改而成的，其在探讨、梳理《大典》残本下落方面给我的研究提供了较多线索。

此外，郭国庆《清代辑佚研究》（民族出版社，2011）、喻春龙《清代辑佚研究》（上海古籍出版社，2010），其中也有较多内容涉及大典本辑佚问题，值得关注。

2. 论文

关于正本的编纂，丁治民、汪亮娟《〈永乐大典韵总〉〈永乐大典目录〉二者关系考——兼论〈永乐大典〉'用韵以统字'的'字'数》（《阅江学刊》2018年第六期）认为，《永乐大典目录》《永乐大典》"字"）是在《永乐大典韵总》的基础上删减、增加和改正韵字而成的，《永乐大典目录》可视为《永乐大典韵总》的增修本。《永乐大典韵总》（4卷）、《永乐大典韵总歌括》（1卷）并非《永乐大典》的有机组成部分，这5卷不在《永乐大典》22877卷之内。《永乐大典韵总》实际有效字为50003个。《永乐大典目录》的"字"当为49676字；《永乐大典》"用韵以统字"的"字"数为50193。其另外一篇论文《宇内孤本〈永乐大典韵总歌括〉名实关系考论》（《辞书研究》2019年第五期）认为，《永乐大典韵总》组数为2363个，比《永乐大典韵总歌括》多266个。《永乐大典韵总歌括》不能完全概括《永乐大典韵总》的实情，称为"歌括"，名不副实。此外，张金梁《〈永乐大典〉纂修人研究》（《文献》2009年第一期），对之前统计的纂修人员名单做了较大的补充。刘波《〈永乐大典〉纂修人续考——以方志资料为中心》，借助国家图书馆"数字方志"等数据库提供的线索，又考得98名纂修人员（内有前人已考出但误录人名者4人）。

关于正本的流传，邢慧玲《胡氏家藏系〈永乐大典〉正本考辨》（《中国矿业大学学报（社会科学版）》2016年第四期）认为，胡青莲的父亲胡维新在行人司任行人时有大量的机会携出《大典》,《永乐大典》正本在重录前可能已有残缺,故重录之《永乐大典》副本并非与正本完全相同。其观点比较新颖,但还可以进一步讨论。

关于副本的抄写,李红英、汪桂海《〈永乐大典〉录副诸人考略》(《文献》2008年第三期)一文,考证了卷尾所附录副人员数量及行迹。项旋《〈永乐大典〉副本署名页之价值考论》(《中国典籍与文化》2014年第二期),较为全面地整理了218册《大典》署名页所载录副人员(总校官、分校官)相关信息,并对《大典》副本册末署名页的价值做了全新的探讨,发现《大典》录副人员是动态流动的,署名页改装补写后多有讹误,署名页所揭示出的录副人员更替、衔名变化,可借以探究《大典》录副的具体分工和录副进度。

关于副本的流传,史广超《四库馆〈永乐大典〉缺卷考》(《图书馆理论与实践》2009年第四期)一文,据现存《永乐大典存目》(缺入声八陌以下部分)重新统计,得出缺卷为2417卷,已超出2404卷而接近2422卷,因而认为缺2422卷的统计更准确。赵爱学《国图藏嘉靖本〈永乐大典〉来源考》(《文献》2014年第三期),基本考清了国图所藏《大典》(包括存台的62册)的来源。尤为重要的是,作者凭自身的优势,得以查阅国图相关档案,搜集到不少独家材料。其《国家图书馆藏〈永乐大典〉的旧藏印和旧藏家》(《古籍保护研究》2019年第一期)一文,则根据藏印和题记考索出《永乐大典》的旧藏家有:乾隆皇帝及皇家、徐世昌、张元济与商务印书馆涵芬楼、冯恕、陶湘、陈清华、袁克文、方尔谦、吴兴丁氏百一斋、傅增湘双鉴楼及其子傅忠谟、宝康、刘承幹嘉业堂、徐世章、周叔弢、祁寯藻、李宗侗、刘驹贤、胡若愚、徐伯郊。该文有助于我们更清晰地了解这些《大典》残本的流传轨迹。康保成《〈永乐大典戏文三种〉的再发现与海峡两岸学术交流》(《文艺研究》2014年第一期)认为,嘉靖本《永乐大典戏文三种》1920年被叶恭绰从伦敦携回中土后,曾以徐世昌的名义存放在天津一家银行的保险柜里,徐氏去世后重归叶氏。1941年叶氏在香港参与抢救民族文献,将此书归入"中央图书馆"寄存在港的大批善本古籍中。香港沦陷,此书被劫往日本,抗战胜利后重回南京。

1948 年此书随"中央图书馆"迁往台湾，1957 年即在台北"中央图书馆"的善本书目中著录，1962 年收入杨家骆主持影印的《永乐大典》。此书直到 2009 年方才被"再发现"，其主要原因是两岸未统一及学术界搜求不广。罗振玉曾收藏过数册《大典》，但其收藏之详情并不清楚。高树伟、张鸿鸣《罗振玉藏〈永乐大典〉残帙辨伪》(《历史文献研究》总第 45辑)一文对 20 世纪二三十年代罗振玉所藏《永乐大典》残帙考证指出，该残帙实为明内府朱丝栏抄本《周易传义大全》之零册，原为包背装，后改为四眼线装，书衣之签原为空白，书贾伪题"永乐大典"四字，且仿《四库全书》于书签右下方注"经部"二字，作伪痕迹明显，赝鼎无疑。《大典》在国外的流传情况，应该是我们今后研究的重点。何大伟等《欧洲图书馆所藏〈永乐大典〉综述》(《文献》2016 年第三期)一文，是目前为止关于《大典》在欧洲流传和收藏情况的最详细介绍，颇有参考价值。刘怡飞《莫理循旧藏〈永乐大典〉卷册及流散考》(《汉语言文学研究》2019 年第三期)则根据"莫理循文件"(The Manuscript Collection of G. E. Morrison Papers，1850—1932)等原始资料和前人关于莫理循(George Ernest Morrison，1862—1920)旧藏《永乐大典》的研究、记载，对莫理循旧藏《永乐大典》的册数、具体卷次、现藏地和流散经过进行了较为全面的论述和考证。可以看出，该文在材料搜集上下了很大的功夫。郑云艳《民国以来〈永乐大典〉海内外流通价格变迁考》(《文献》2020 年第四期)探讨了《永乐大典》流通价格变迁史，从另外的角度论证了《大典》残本在民国以来的流向。

随着学界对《四库》研究越来越重视，有关大典本(包括《四库》大典本)的研究也越来越多，其中较为重要的成果有：

关于《旧五代史》，陈智超、陈尚君均长期致力于《旧五代史》的研究，成果很突出。除了早期发表的《〈旧五代史〉辑本的得失》《论重新整理〈旧五代史〉辑本的必要与可能》之外，近几年陈智超又发表《辑补〈旧五代史·梁太祖本纪〉导言》(《隋唐辽宋金元史论丛》第一辑)、《辑补〈旧五代史·梁太祖本纪〉导言(续)》(《史学集刊》2013 年第五期)、《〈旧五代史〉诸志标准本的论证》(《江西社会科学》2012 年第八期)、《辑补〈旧五代史〉列传导言》(上、中、下，分别收入《隋唐辽宋金元史论丛》第二、三、四辑)等重要文章，这些文章对研究《大典》体例、《大典》辑本(尤其是《旧五代史》)、《大典》复原均有重要的参考价值。陈尚君主持整理的《旧五代史》，最近亦已由中华书局出版。他们皆通过将辑本佚文还原回《永乐大典》的方法，来分析辑本产生之经过，对我们考察四库馆之辑佚方法与程序有较大的助益。

关于《宋会要辑稿》，该书是清嘉庆年间徐松私自从《大典》中辑出的，在流传过程中原稿有些散佚和混乱，经过几代学者之努力，目前已有较好的整理本(上海古籍出版社2014年版)。对它的研究，中外学者都付予了巨大的关注与热情，取得了丰硕的成果，其中最有代表性的是王云海《宋会要辑稿研究》(《河南师大学报(社会科学版)》1984年增刊本)、《宋会要辑稿考校》)(上海古籍出版社1986年版)，陈智超《解开〈宋会要〉之谜》(社会科学文献出版社1995年版)。目前，陈智超正主持国家社科基金重大项目"《宋会要》的复原、校勘与研究"，其相关研究成果也在陆续推出，如林鹄《〈永乐大典〉编纂流程琐议——以〈宋会要辑稿〉礼类群祀、大礼五使二门为中心》((《文史》2020年第一辑)等。

关于大典本方志，黄燕生的相关研究有重要的参考价值。近年，浦霞在此基础上进一步拓展研究，如《〈永乐大典〉所收方志的特点和价值——以徽州方志为考察中心》(《合肥学院学报(社会科学版)》2011年第六期)、《〈永乐大典〉本〈徽州府新安志〉编修时间考》(《中国地方志》2009年第三期)、《〈永乐大典〉本〈旌川志〉的编修时间和佚文补辑》(《中国地方志》2010年第六期)等。《〈永乐大典〉所收方志的特点和价值——以徽州方志为考察中心》一文认为，《永乐大典》虽然仅存残本800余卷，但它收录的方志具有数量多、版本早、种类全、涉及地区范围广等特点，不仅保存了丰富的资料，具有补充史料的价值，还具有校勘、辑佚等文献学价值。当然，《永乐大典》收录的方志亦存在著录文献名不严谨的现象，存在同书异名或异书同名的现象，使用时应加以注意。刘波《清人自〈永乐大典〉勾辑古佚方志考》(《中国典籍与文化》2020年第四期)指出，从方志中可以看到一些清人从《永乐大典》中勾稽古佚方志的事例，如李绂辑宋代临川地方志、周永年辑明初东昌志、孙星衍辑松江府史料、袁锡光辑宋《嘉定袁州志》、李天秀校勘《华阴县志》等，可补充对《永乐大典》辑佚史、流传史的认识。

关于三礼馆所辑之大典本稿本，张涛《三礼馆辑录〈永乐大典〉经说考》（《故宫博物院院刊》2011 年第六期）首次披露了此批稿本存于国图，非常有价值。此外，其还有专著《乾隆三礼馆史论》（上海世纪出版集团2015 年版）及论文《也谈〈永乐大典〉礼学文献残阙事》（《中国哲学史》2016 年第四期），对此批稿本有进一步的探讨。史广超《三礼馆辑〈永乐大典〉佚书考》（《兰台世界》2014 年第二十九期），亦对此批稿本的辑佚价值作了比较全面的论证。

关于四库馆大典本，史广超《〈四库全书〉中永乐大典本宋文重出误收原因考》（《郑州航空工业管理学院学报（社会科学版）》2020 年第一期）认为，文渊阁本《四库全书》收录宋人别集言明为"永乐大典本"者达 128种，载文者有 111 种，存在误收文者 67 种，近 400 篇次。分析这些篇目，其致误原因包括《永乐大典》特殊体例、《永乐大典》校勘缺憾及四库馆臣编纂不谨三方面。发掘这一重出误收规律，可为《永乐大典》诗文文献辑佚和整理提供借鉴。董岑仕《〈永乐大典〉之〈崇文总目〉、〈四库阙书〉考——兼论〈永乐大典〉中四十二卷书目汇编》（《古典文献研究》2018年第二期），对《永乐大典》中所收《崇文总目》《四库阙书》的源流、《永乐大典》之《崇文总目》《四库阙书》面貌、《永乐大典》对应卷帙如何进行书目汇编、徐松辑佚的评价等，提出一些值得重视的创见。张良《高斯得经筵进讲修史故事发覆——兼论〈中兴四朝国史〉的成书时间》（《文献》2020 年第三期），通过还原乾隆年间馆臣辑佚、整理、编订高氏文集的流程，在此基础上梳理"论修史札子"这篇奏议的文本源流，框定其上书时间，从而为廓清《中兴四朝国史》修纂的真实面貌提供文献与史实依据。近年出版的《四库提要著录丛书》（北京出版社 2010 年版）、《四库全书底本丛书》（文物出版社 2019 年版），其中收有不少大典本稿本，可资利用。而且，大典本稿本仍有新发现的可能。例如，苗润博《〈续资治通鉴长编〉四库底本之发现及其文献价值》（《文史》2015 年第二辑），即揭示了湖南图书馆所藏抄本《续资治通鉴长编》为四库大典本之稿本,并详细分析了其校勘、辑佚、史学研究方面的价值。目前该底本已由中华书局影印出版。

关于现存《大典》残本的利用与研究,赵昱《〈永乐大典〉所见明人佚集二种》(《天一阁文丛》第十六辑)、《〈永乐大典〉(卷二二七二—二二七四)新见宋元词佚作辑存》(《中国典籍与文化论丛》2019 年第 00 期)均为利用《大典》残本进行辑佚之作。范俊红《〈海外新发现永乐大典十七卷〉之〈法运通塞志〉残卷考释》(《图书馆学刊》2010 年第十二期),杜治伟《〈永乐大典〉所引〈西游记〉试探》(《明清小说研究》2020 年第一期),都刘平《〈永乐大典戏文三种〉用韵考》(《中国古代小说戏剧研究》2017 年第00 期),冯先思《〈永乐大典〉引〈玉篇〉版本考》(《文献语言学》2018 年第一期),刘洁《列藏本〈永乐大典〉所录〈角招〉俗字谱的音乐风格解析——以版本比较为视角》(《艺术探索》2020 年第五期),瞿林江《新见〈永乐大典〉残卷引"礼记类"诸书及版本考》(《文献》2018 年第一期),黄觉弘《〈永乐大典〉残卷所见杜谔〈春秋会义〉原文校说》(《东北师大学报(哲学社会科学版)》2019 年第一期)等,则从不同的角度探讨了《大典》所收诸书的版本价值、校勘价值。

关于大典学,这个概念早些年已有学者提出,而黄惠运等《关于构建"〈永乐大典〉学"的思考》(《文化与传播》2020 年第四期)可以视为有关大典学的进一步思考。该文认为,明代"江南才子"解缙是一位百科全书式的学者,其主编的《永乐大典》不仅是我国第一部大型类书,而且具有世界性文化价值。构建"《永乐大典》学"具有丰厚的学术研究基础和史料、校勘、辑佚等价值,应按照马克思主义史学理论要求,从学理上构建一门"《永乐大典》学",以促进新的历史条件下优秀传统文化的创造性转化和创新性发展。

此外,最近一些年陆续新发现了一些《大典》零本,学者也会跟进介绍,有助于我们了解这些零本的价值。不过,还有一种新发现也值得注意,即:常州图书馆古籍部王继宗最近发现,上海图书馆所藏《(洪武)常州府志》十九卷实际上是《大典》卷 6400 至 6418"常州府一至十九"之完整内容，因此，他将其复原回《大典》，并将其视为《永乐大典》残卷之新发现（可参王继宗《〈永乐大典〉十九卷内容之失而复得——［洪武］〈常州府志〉来源考》，《文献》2014 年第三期；《〈永乐大典·常州府〉清抄本校注》，中华书局，2016）。这一复原尝试从目前来看是成功的。这也启发我们思考，还有多少这样的存世书籍未被我们发现呢？

近些年外国方面有关《大典》的研究成果也有一些，例如，Lauren Christos，"The Yongle Dadian：The Origin，Destruction，Dispersal and Reclamation of a Chinese Cultural Treasure"（《"中国文化瑰宝——〈永乐大典〉的起源、毁坏、流散与恢复"》），发表于 *Journal of Library and Information Science* 36（1）：82-91（April，2010），比较全面地向西方读者介绍了《大典》的产生及流传情况。随着美国亨廷顿图书馆藏一册《大典》零本的新发现，西方有关的报道也有一些，但内容都比较简单。

综上所述，近年相关研究还比较多，也取得了不少成绩，但也存在不少缺憾。例如，关于正本流传的研究依旧难以有新的突破；关于国图所藏之外的《大典》零本的流传线索，还多有模糊不清之处。此外，从《大典》中辑出或直接抄出之书可能还有不少，除了王继宗《〈永乐大典〉十九卷内容之失而复得》所揭示的情况外，我们还需要继续寻找类似的例子。这些都是我们今后应该重点研究的方向。

三、《永乐大典》研究资料简述

关于《大典》研究的资料相当丰富，我曾做了一次较全面的汇总，编辑为《〈永乐大典〉研究资料辑刊》（以下简称《辑刊》）。兹将该《辑刊》内容分述如下：

郭伯恭《永乐大典考》是第一部严格意义上的《大典》研究专著，在《大典》研究中具有奠基性的地位。

缪荃孙《永乐大典考》一文结合自己的亲见亲闻，对《大典》在清代的流传做了较为可靠而详细的论述，是我们研究《大典》流散史的必读之作。

袁同礼《永乐大典考》、李正奋《永乐大典考》、李绮生《永乐大典志略》均是民国时期对《大典》进行综合介绍与研究的代表性著作，有重要的史料价值与参考价值。

孙壮《永乐大典考》、袁同礼《关于永乐大典之文献》、佚名《永乐大典辑闻》均是纯粹的《大典》研究资料集。其中袁同礼《关于永乐大典之文献》是对《永乐大典考》的补充，而佚名《永乐大典辑闻》与前两篇著作多有重复，因此收入本《辑刊》时做了必要的删节。

袁同礼《四库全书中永乐大典辑本之缺点》，是对四库馆辑《大典》佚书工作的批判。其主要观点一直为研究《四库》大典本学者所接受与传扬，对我们现在研究有关问题仍有重要的参考价值。

《永乐大典存目》是乾隆时清点《大典》存卷的目录，是非常珍贵的材料。原题《永乐大典点存目录》，清抄本，一册，藏国家图书馆善本部。本《辑刊》收入的是袁同礼于民国时的整理本。

袁同礼《永乐大典现存卷目表》，是其对之前有关《大典》现存卷目调查的一个总结。我们既可通过此表了解当时《大典》收藏处所，也可通过其与前后调查表的比较，分析《大典》的流散情况，以了解《大典》残卷下落的可靠线索。

《永乐大典书目（残本）》，是四库馆辑《大典》散片目录，也非常珍贵。它对我们分析其时《大典》辑本数量及馆臣的签书工作，有十分重要的意义。

孙冯翼《四库全书辑永乐大典本书目》、郝庆柏《永乐大典书目考》两书，是对《四库全书》所收大典本的统计。关于大典本的数量，研究者一直以来持有不同的意见。这两部书可为我们的有关研究提供重要参考。

《永乐大典采辑书》，转引自沈乾一《丛书书目汇编》。此目辗转抄自清乾隆间四库馆臣王际华等编的《永乐大典采辑书目》，是最早的《四库》著录大典本目录，也是研究大典本数量的重要资料。

赵万里《永乐大典内辑出之佚书目》《永乐大典辑出之佚书目补正》两

文对《四库》所收大典本数量提出了自己的看法，可与前述大典本书目相比较。

《现存永乐大典引用书目》，是据刘承干嘉业堂所藏 44 册《永乐大典》摘编而成的引用书目，是研究《大典》流散史及收书情况的重要资料。另外，此书原为民国间续修《四库》采书之用，对研究续修《四库》工作亦有一定的参考价值。

《辑刊》最后为附录，包括《〈永乐大典〉现存卷目表》和《〈永乐大典〉研究资料及论著索引》。

第一章 《永乐大典》正本的流传

一、《永乐大典》正本的流传

《永乐大典》正本自编成后，一直藏于深宫，除嘉靖间重抄《大典》外，真正接触过此书的人并不多，因而，有关此书在明代的流传及典藏，有许多不同说法。我在此对有关材料做进一步梳理，希望能较清晰地勾勒出此书在明代的流传过程，从而有助于解决迄今为止仍争论不休的有关问题。

(一)《大典》在重抄前的流传情况

《永乐大典》在永乐五年(1407)修成后，当时曾清抄过一部，其抄定本(即正本)藏于南京文渊阁东阁的下阁。据郑棠《道山集》卷二乐府"大圣乐"载："文渊东阁，前朝秘监，东观石渠，下阁九间藏《大典》，上阁牙签缥帙，百二层厨。"郑氏于永乐初年任典籍，所言不会有假。[①] 至于《大典》原稿本的情况，由于史料缺乏，已难以考究其详。我们只知道其书并没有于永乐十九年(1421)移置北京，弘治帝还曾想将存于南京的《大典》稿本让人送至北京，据周应宾《旧京词林志》卷三"书籍"载："(弘治)十一年(1498)三月，复命守备查访南京《永乐大典》遗稿奏之(圣旨：

---

① (明)过庭训纂集：《明分省人物考》(台北，成文出版社，1971)卷五十二"郑棠"："字叔美，浦江人也……永乐初纂修《大典》，用礼部尚书李至刚荐，入馆。书成，吏部铨试第一，除翰林院典籍。"

恁司礼监写帖子去说与南京内外守备并司礼监太监傅容等知道,彼处内外各衙门各库备查先年《永乐大典》遗稿,打点有了,星驰奏来。其后装盛柜扛,差委的当人员管送来京)。"不过,正统年间南京宫殿已遭大火,《万历野获编》卷一"访求遗书"条载:"至正统十四年,英宗北狩,而南京所存内署诸书,悉遭大火,凡宋元以来秘本,一朝俱尽矣。"①《清溪暇笔》亦载:"正统己巳,南内火灾,文渊阁向所藏者,悉为灰烬。"②其原稿本可能即于此时遭焚毁。

永乐十九年,《大典》随文渊阁书籍一道被移至北京。《芳洲先生年谱》载:"是年(即永乐十九年)三月,敕南京翰林院,凡文渊阁所贮古今一切书籍,自有一部至有百部以上,各取一部,亲送至京,余悉封识收贮如故。公如数取,共得百柜。中贵萧愚督操驾舟十艘分载,公与编修林志、李贞、陈景著,庶吉士王翱等三十人护行。四月六日至京。书进,公等悉留京师。"③这一百柜应包括《大典》,因为其时《大典》就藏于阁中,起取阁中书籍不可能将此重要典籍遗弃。

四月六日南京文渊阁运来之书,被临时藏置于左顺门北廊(即奉天门东庑)。但是,两天后(即四月八日),北京宫中就发生了火灾,据黄佐《翰林记》卷十二"收藏秘书"载:"(永乐)十九年四月庚子夜,奉天、华盖、谨身殿灾,火势猛烈,而奉天门东庑切近秘阁,学士杨荣奋身直入,麾武士三百人将御书图籍并积岁制敕文书舁至东华门外河次。"④宣德十年(1435),《大典》仍藏于左顺门北廊(或奉天门东庑)。据《朝鲜李朝实录中的中国史料》上编卷五载,宣德十年十二月明朝礼部员外郎萧

① (明)沈德符:《万历野获编》,4页,北京,中华书局,1997。

② (明)姚福:《清溪暇笔》,影印《续修四库全书》本,卷上,641页,上海,上海古籍出版社,1999。又可参见(明)顾起元《客座赘语》(影印《续修四库全书》本,上海,上海古籍出版社,1999)卷六"南内藏书"所载,正统十四年(1449)南京皇宫发生火灾,文渊阁剩余藏书悉为灰烬。

③ 《芳洲先生年谱》卷一,附载于(明)陈循:《芳洲文集》,影印《四库全书存目丛书》本,济南,齐鲁书社,1995。关于《大典》北运之时间,应以此为准。有的著述以为是永乐十六年(参见任继愈主编:《中国藏书楼》,921页,沈阳,辽宁人民出版社,2001),显然不对。

④ 《明太宗实录》卷二三六:"(永乐十九年夏四月)庚子,奉天、华盖、谨身三殿灾。壬寅,敕谕文武群臣曰:'……乃永乐十九年四月初八日,奉天等三殿灾,朕心惶惧莫知措意者。'"

仪在回答朝鲜使者关于《永乐大典》的问题时说："太宗皇帝命集儒臣，博采古今诸史诸书，撰述成书，名曰《永乐大传》……简帙浩繁，藏在御府满十余间，时未刊行。"这里《永乐大传》即《永乐大典》，"御府满十余间"云云，指的可能就是左顺门北廊（或奉天门东庑）。正统初年，南京运来的这批书移入文渊阁东阁。杨士奇等作于正统六年（1441）六月的《文渊阁书目·题本》云："查照本朝御制及古今经史子集之书，自永乐十九年南京取回来，一向于左顺门北廊收贮，未有完整书目，近奉圣旨，移贮文渊阁东阁，臣等逐一打点清切，编置字号，写完一本，总名曰《文渊阁书目》。"但是，查《文渊阁书目》，其中并未收有《大典》。推想《大典》当时没有随同其他典籍被移入文渊阁，而是移藏于文楼。弘治年间王鏊《震泽集》卷三十二"御书秘方赞"在谈到《永乐大典》时说："……岿焉新楼，御书在焉。何以知之，虹光烛天。"也可证此书藏于文楼。其后《大典》一直藏于文楼，嘉靖时宫中失火，"上闻变，即命左右趣登文楼，出《大典》"①。

正因为是书藏于文楼，所以不是一般人所能看到的，"顾《大典》为书，卷帙浩繁，藏之中秘，天下人既不得而见……"②即便如夏言、高拱这样任职内阁的大臣也是一样，夏言《桂洲先生奏议》卷七"奉谕重录《永乐大典》"［嘉靖二十一年（1542）］载："臣往岁奉议恭上皇天大号，伏蒙皇上赐示《永乐大典》一帙，臣恭对榻前奉阅，考据文义精详，采括事实该博，古今类书，此为渊海，视《类聚》、《纪原》、《艺文志》、《太平御览》等书不宫支指函牛耳。臣不胜快睹，甚幸。"③高拱也因为重录《大典》，才得以一睹其真容："伏以宝谟再录，幸窥云汉之章。"④

---

① 《明世宗实录》卷五一二。亦可参见（明）刘若愚《酌中志》卷十八，北京，北京古籍出版社，1994。

② （明）吴宽：《匏翁家藏集》，影印《四部丛刊》初编本，卷五十四"恭题院使王玉被赐药发方后"，上海，上海书店出版社，1989。

③ （明）夏言：《桂洲先生奏议》，影印《四库全书存目丛书》本，史部第60册，济南，齐鲁书社，1995。

④ （明）高拱：《高文襄公集》，影印《四库全书存目丛书》本，卷四"谢兼学士充大典副总裁疏"，济南，齐鲁书社，1995。

嘉靖重抄《大典》以前，只有弘治帝真正重视（如前文所述弘治帝曾命人查找《大典》在南京的原稿）并使用过《大典》。据王鏊《震泽集》卷二十奏疏"讲学篇"云："孝宗皇帝经筵之外，每观《永乐大典》，又尝索太极图、西铭等书于宫中玩之。"①弘治帝不但时常浏览《大典》，而且还从其中录出禁方，赐予御医，据前引书卷三十二"御赐禁方颂"载："今上皇帝读《永乐大典》，命录其禁方，赐御药房诸臣工，臣宠得其二焉。臣鏊间获见之。""御书秘方赞"："今上皇帝万机之暇，留心翰墨，间阅《永乐大典》，得金匮秘方，外人所未睹者，乃亲御宸翰，识以御宝，赐太医院使臣玉，盖欲推之以福海内也……"②由此也可看出，除了皇帝，其他人大概是难以看到《大典》的。

（二）嘉靖间重抄《永乐大典》

弘治之后，史载曾阅读过《永乐大典》的明代君主只有嘉靖帝，而且他还下令重抄了一部《大典》。关于《大典》重抄一事，前人论述已较多（如郭伯恭《永乐大典考》、张忱石《永乐大典史话》等），我在此只谈谈前人忽略的两个问题：

1. 关于重抄《大典》之发端问题

一般论著均认为重抄《大典》起因于宫中失火。据《明世宗实录》载，嘉靖三十六年（1557）四月丙申，皇宫内奉天、华盖、谨身三殿发生火灾，世宗连忙命人从文楼中抢运出《永乐大典》；嘉靖四十一年（1562）八月，禁中再传失火；为了预防不测，世宗命重誊《永乐大典》副本一部，贮于他所。事实上，嘉靖帝于二十一年（1542）就下令重录此书，据夏言《桂洲先生奏议》卷七"奉谕重录《永乐大典》"（嘉靖二十一年）载："……近日累奉面谕，我成祖文皇帝《大典》一书，诚自有宇宙以来所无，可谓

① 亦可参见（清）孙承泽著、王剑英点校：《春明梦余录》卷三十二，487 页。
② （明）刘若愚《酌中志》卷十八载："至孝庙弘治朝以《大典》金匮秘方，外人所未见者，乃亲洒宸翰，识以御宝，赐太医院使臣王、圣济殿内臣宠，盖欲推之以福海内也。"前引吴宽"恭题院使王玉被赐药发方后"云："钦惟皇上当政之暇，游心文艺，尝遍阅圣祖太宗文皇帝儒臣所修《永乐大典》，择医之良者，以太医院使臣王玉精于其术，亲御翰墨，特俾左右持赐之……玉被赐在弘治丁巳八月。"

瑞世鸿宝。但简帙浩大，更无副本，宝藏已久，恐将来或有遗缺，遂非全书。兹当重录一部，并藏于皇史宬，庶可与天地悠久矣……"皇史宬是于嘉靖十五年（1536）修成的，正可以用以储藏《大典》副本。只不过此事当时未能立即着手进行，原因可能比较复杂：首先，夏言认为兹事体大，需要做各方面的准备；其次，嘉靖二十一年十月，宫婢杨金英等十余人造反，差点将嘉靖帝勒死，使其未遑关注此事。因此，从上述可看出，早在嘉靖二十一年，嘉靖帝恐《大典》将来有缺失，遂下令重抄。此事虽未果行，然其重抄《大典》之心可谓未尝忘之。后来，经宫中大火之警醒，遂决意重抄，始乃有嘉靖四十一年重抄《大典》之事。另外，从上引夏言文也可看出，《大典》之副本抄好后所要入藏之"他所"，其实就是皇史宬。

2. 关于《大典》辑佚之发端问题

我们一般认为利用《大典》进行辑佚始自清全祖望或清修《四库》，事实上嘉靖重抄《大典》时，已开始了辑佚工作。就目前所知，当时曾从《大典》中辑出《名公书判清明集》和《折狱龟鉴》两书。现存明隆庆三年（1569）盛时选刻蓝印本《名公书判清明集》一书[1]，即为目前发现最早的《大典》辑本。此书现存上海图书馆，共14卷，半叶版高约6寸半，宽约4寸半；9行，24字，白口，四周双边；无鱼尾。书前有张四维"刻《清明集》叙"："曩余校录《永乐大典》，于清字编见有《清明集》二卷者，皆宋以来名公书判。其原情定罚，比物引类，可谓曲尽矣。命吏录一帙藏之。迨后校判字编，则见所谓《清明集》者，稿帕穰浩，不止前所录，而前所录者亦在其中……因并录置箧中。侍御盛君以仁将出按辽左，语政间偶及是编，取而阅之，谓读律者必知此，庶几谳拟不谬。遂携入辽，为之校订诠次，以镵于梓……隆庆己巳八月朔日。"[2]后有盛时选"《清明集》后序"："《清明集》乃宋以来诸公判案之书，自真文忠公申儆

---

① 关于此书之详细情况，可参见张升：《〈名公书判清明集〉的版本与流传》，载《图书馆杂志》，2001(7)。

② 张四维当时任重录《大典》分校官，其《条麓堂集》（影印《续修四库全书》本，上海，上海古籍出版社，1999）卷二十中收有此篇序文。

官吏，讫于惩恶，凡为类十四，为目百篇。笥藏中秘，世所希遘睹也。吾师凤磐先生校《永乐大典》，自群集中表出之。岁戊辰，选奉命按辽左，辞谒先生，且乞教，乃手授是书。选避席卒业，拜以请曰：循是慎法，庶拟谳不谬，盍梓诸，嘉惠人人？先生许可，已自序其端……时户曹丁君诚以军储饷辽，巡道刘君田以宪臬金辽，皆为先生所举士，得相订其讹以付梓人。刻既成，不知先生为然否，谨书以质之。时皇明隆庆三载冬月之吉。"从序文可知，此书先为张四维前后两次于《永乐大典》中录出，后为盛时选等校刻而成的，实为《永乐大典》本辑佚书。明初编《永乐大典》时宫廷之藏书，至嘉靖、隆庆间已散佚不少，因而其时利用《大典》进行辑佚并不奇怪。除了《名公书判清明集》《折狱龟鉴》外，当时可能还辑有其他书籍，只不过目前我们还没有其他材料证明这一点。

（三）嘉靖重抄后《永乐大典》的下落

嘉靖年间重录《大典》，至隆庆元年(1567)重录工作全部完成，此后关于正本的下落就成了一个谜。现存的《大典》为副本（即嘉靖重抄本），原储于皇史宬，后于清初移置翰林院，其残本保存至今。而《大典》正本不但到目前为止未发现有一叶存人间，而且嘉靖后几乎找不到有关正本下落的可靠记载。正因如此，关于《大典》正本的下落便有种种猜测：

1. 毁于明末清初南京

周应宾《旧京词林志》卷三"书籍"云："今内府所有书籍，外人不得而知，第闻隆庆初以《永乐大典》原本送还南内，逸其一云。"《大典》稿本早已遭焚毁，这里所说的原本，应是指正本。为何要将正本运回南京，不好理解。至于"逸其一"，也不知是正本与副本，大概是得之传闻，不可信。万历二十二年(1594)南祭酒陆可教曾提出让分巡御史携书到各地刊刻《大典》，并没有提到南京藏有正本，似亦未见《大典》。所以是书不可能送归南京。那么是否为烟幕？既为烟幕，则不妨让大家都知道。另外，若正本送归南京，涉及人员必然众多，除周应宾外，何以当时及后来无人道及？至于《四库全书总目》甚至据此进一步说南京《大典》毁于明末，则不知有何依据："至隆庆初告成（指抄录副本），仍归原本于南京……明祚既倾，南京原本与皇史宬副本并毁。"明弘光朝南京是开门迎降的，宫中并无遭焚烧的记录。如果是遭盗掠，那也应该会有残本存世，何以消失得无影无踪？至于《四库全书总目》说明末清初之际皇史宬副本也一并遭毁，那更是与事实相悖。因此，我认为此说并不能成立。

2. 殉葬说

《永乐大典》正本殉葬于嘉靖皇帝永陵玄宫之说，首创者是中华书局的张忱石先生，后有栾贵明先生力主其说。[①] 究其依据，主要有两点：其一，此书之重抄完成时间与嘉靖帝之葬期有暗合处；其二，嘉靖帝喜欢此书。据《明世宗实录》载：世宗喜欢看《大典》，"几案间每有一、二帙在焉"；嘉靖三十六年（1557）四月宫中三大殿被焚，殃及文楼，"上闻变，即命左右趣登文楼，出《大典》。甲夜中，谕凡三四传"；此后，决定"重录一部，贮之他所，以备不虞，每为阁臣言之"[②]。由于明世宗对《永乐大典》"殊宝爱之"，所以，正本极有可能殉葬于永陵。不过，我认为：第一条依据只是纯粹的巧合，因为嘉靖帝于二十一年即有重抄《大典》之命，只不过当时朝廷正忙于他事，未能着手于此（可参上文）。而第二条依据也不能成立，因为喜欢一书并非即要殉葬。何况即便是殉葬，何以一点消息都未透露。[③] 即便当时人以天机不可泄而不言，何以此后几百年亦无人提及，或无人想到，直至如今才有人想起殉葬一说。可以说，此说所做的论证纯是推测，没有一条实据。

---

① 可参见张忱石：《〈永乐大典〉正本之谜》，载《书品》，1986（2）、《〈永乐大典〉失踪之谜》，载《百科知识》，1988（13）；栾贵明编：《永乐大典索引》，"序"；栾贵明：《〈永乐大典〉之谜——关于〈永乐大典〉正本殉葬的推想》，载《寻根》，1999（4）。

② 《明世宗实录》卷五一二，8414 页。

③ 复旦大学葛剑雄对"殉葬说"质疑道：嘉靖作为一国之君，他派人抄下副本，带走原本也属正常，要把《永乐大典》存于墓中，没有必要做得如此隐秘。而且，体积庞大达 40 立方米的《永乐大典》要藏于地宫，必须花费大量人力，因此，不可能保密到连蛛丝马迹也不留。参见葛剑雄：《一些推断，尚待完善》，载《寻根》，1999（4）。此外，对"殉葬说"的质疑，还可参见陈尚君：《能备一说，未可定论》、罗哲文：《关于正本下落之我见》、王春瑜：《〈永乐大典〉正本殉葬说质疑》，均载《寻根》，1999（4）。

3. 万历毁焚说

谈迁《国榷》卷六十五载："万历末,《永乐大典》不存,抑火失之耶?"方以智《通雅》卷三"释诂(缀集)"中载:"《永乐大典》藏于文楼,嘉靖中火,上亟命救得免,复命儒臣摹抄,隆庆元年始竟。万历中因三殿火,书遂亡。"谈迁的话只是一种推测,而《通雅》中的这段话是方以智之子方中履加的按语,大约写于康熙初年,其可信性本身就值得怀疑。另外,从事理推断,这种可能性也是很小的,因为焚毁《大典》应为大事,会有人提到或史官记录,外人亦会有传闻,不会是什么秘密。何以一直无人提及?万历末年的刘若愚《酌中志》卷十八"内板经书纪略"云:"及万历年间两宫三殿复遭回禄,不知此二部,今又见贮于何处也。"也只是说不知其下落。更为重要的是,当时亲历此事的大学士沈一贯在谈到此次火灾之祸害时,也没有提到《大典》被焚。其《敬事草》卷二《三殿灾揭帖》说:"……今日火灾异常,三殿告烬……今日火势由西北至东南,旋转延烧,将及内阁。内阁与承运库相连,得内外诸臣竭力营救。今内阁西制敕房三间二披俱被焚,内贮近年常行文书取出,见存远年稿簿在高阁封贮者,因火势紧急,不及搬取。其内阁中堂东诰房房屋及所贮书籍,幸赖保存。"[①]

4. 藏于皇史宬夹墙内

此说为史学家王仲荦私下对张忱石提出的,并未见有确凿的依据及详细的论证,仅仅可能是突发奇想的一种推测。[②] 皇史宬的夹墙固然很厚,但其是专仿古代"石室金匮"之意修建的皇家档案库房,其墙厚是为了坚固及防水火,非为藏《大典》之用。况且,从收藏的稳妥与安全考虑,《大典》副本在重录完成后即入藏皇史宬,不可能再把正本藏在同一处所。

5. 毁于清朝乾清宫大火

全祖望根据清世祖顺治帝曾阅读过《永乐大典》,推测《大典》之正本在清初仍保存在乾清宫。他说:"崇祯时,刘若愚著《勺中志》(应为《酌

---

① (明)沈一贯:《敬事草》卷二,《四库全书存目丛书》本。

② 参见张忱石:《〈永乐大典〉正本之谜》,载《百科知识》,1988(6)。

中志》），已言是书不知今贮何所。是其书在有明二百余年，赖世庙得如卿云之一见，而总未尝入著述家之目。暨我世祖章皇帝万机之余，尝以是书充览，乃知其正本尚在乾清宫中，顾莫能得见者。及圣祖仁皇帝（即康熙帝）实录成，词臣屏当皇史宬书架，则副本在焉。移贮翰林院，然终无过而问之者。"从上述引文可以看出，清初顺治年间《大典》正本还贮藏在乾清宫，副本贮藏在皇史宬，而乾隆初副本移到了翰林院。全祖望还推断，《大典》正本在乾隆初仍贮藏在乾清宫中。他指出："会逢今上（指乾隆帝）纂修《三礼》，予始语总裁桐城方公（指方苞）钞其（指《大典》副本）《三礼》之不传者，惜乎其缺失几二千册。予尝欲奏之今上，发宫中正本以补足之，而未遂也。"①

到了清朝末年，缪荃孙不但承袭了正本藏在乾清宫之说，而且还进一步发挥说："嘉庆丁巳，乾清宫灾，正书遂毁。"②傅增湘也说："考全书一万二千册，其原本虽有存贮宫中之说，然清代二百余年曾无一人见及。改革以后，故宫殿阁诸处检索殆遍，而片纸不存，意者其毁于乾隆末年乾清宫之火矣。"③

不过，这种说法是没有根据的。乾隆元年修《三礼》时，利用的就是翰林院所藏的《大典》副本。另外，乾隆三十八年开馆修《四库》时，因《大典》有缺失，曾下令在全国进行搜求。如果当时宫中有正本，肯定不会只是利用翰林院所藏有残缺的《大典》进行辑佚书。至于《四库全书总目》甚至认为翰林院所藏的《大典》即为正本："今贮翰林院库者，即文渊阁正本，仅残阙二千四百二十二卷。顾炎武《日知录》以为全部皆佚，盖传闻不确之说。"那更是完全错误的。

6. 明末焚毁于北京宫中

我认为，到目前为止，此说相对而言较为可信。郭沫若在"重印永乐大典序"中说："……从此正本与副本分藏于文渊阁与皇史宬。明亡之

---

① （清）全祖望著，朱铸禹汇校集注：《全祖望集汇校集注·鲒埼亭集外编》卷十七，1070～1072 页。

② 缪荃孙：《〈永乐大典〉考》，见张升编：《〈永乐大典〉研究资料辑刊》，243～256 页。

③ 傅增湘：《藏园群书题记》，卷九子部·类书类"永乐大典跋"，486 页。

际，文渊阁被焚，正本可能毁于此时。"①目前有关《大典》正本下落的论著大都采用这种说法。

(四)对《大典》正本下落的推测

要证明明末焚毁说之可信，首先需要证明《大典》正本至明末仍存世。万历时，陆可教《陆学士先生遗稿》卷九"申饬监规疏"载："抑职又有议焉，永乐年间搜罗尽天下之书，纂校尽廷臣之力，辑为《大典》，未及颁布。嘉靖间复以卷帙损坏，重烦誊写，亦未印行。皆以板刻繁多，工力不赀之故。以职等愚虑，切谓不烦工费，可以坐致成书，谓宜于各巡按出差之时，量斋一二十册，如式刊行。工完之日，亦具正副，一送内阁，一送两监。十数差后，便可完书，流传四远，永永不绝，不负文皇帝纂辑初意。"②陆可教离重录《大典》时较近，其疏中并未言及正本已佚，且当时也并未有人指出其所说有何疏误，推测其时《大典》正本并无意外。

此后于崇祯时期还有一些关于《大典》的记载，如王世德《崇祯遗录》载："[二年(1523)]五月朔，日食时刻不验……《永乐大典》书成，未经刊布，上命先刻日食一卷行世。今《永乐大典》本惟此一册。"③《春明梦余录》卷七载："崇祯十五年(1642)八月十七日早朝毕，即登文昭阁。阁在皇极殿之东，即文楼也。上步下阁，御德政殿……上问《永乐大典》及大学、用人、理财，诸臣各有奏对。"④张岱《琅嬛文集》卷一"诗韵确序"载："大部如先大父《韵山》，多至数千卷，册籍浩繁，等身数倍。踵而

---

① (明)解缙等纂：《永乐大典》第1册，郭沫若"序"，5页。

② (明)沈德符：《万历野获编》卷二十五载："甲午春(即万历二十二年)，南祭酒陆可教有刻书一疏，谓文皇帝所修《永乐大典》，人间未见，宜分颁巡方御史各任一种，校刊汇成，分贮两雍，以成一代盛事。上即允行，至今未闻颁发也。按此书至二万余卷，即大内止写本一部。至世宗重录，以备不虞，亦至穆宗朝始告竣，效劳诸臣俱叙功优升。若付梨枣，更岂易言。"

③ 钱天树跋《永乐大典书目残本》云："《大典》全书多至二万二千八百七十七卷，虽文皇之势力，亦惮于刊刻。惟崇祯二年己巳五月朔，因日食时刻不验，侍郎徐光启奏请开设历局用西洋测法，命只刻日蚀一类行世。今亦不可多见矣。是刻本仅此而已。"《永乐大典书目残本》，民国二十九年(1940)邵锐抄本，2册，现藏国家图书馆古籍部。

④ 据《明世宗实录》卷五一三，文楼改称文昭阁在嘉靖四十一年(1562)九月。

上之，更有《永乐大典》一书。胡仪部青莲先生尊人，曾典禁中书库，携出三十余本，一韵中之一字犹不尽焉。世宗盖一便殿，以藏此书，堆砌几满。烈皇帝时，廷议再抄一部，计费十余万金，遂寝其议。"①刻《大典》的日食部分，崇祯登文楼问《大典》，甚至要再抄一部《大典》，胡氏曾得到《大典》30余册，这些记载都说明当时《大典》正本的保存应该没有什么问题。倘若正本已佚，肯定会有人乘机指出。

既然《大典》正本仍存，它一直藏于何处呢？要考查正本典藏何处，还得从嘉靖间《大典》从文楼移出开始。据《明世宗实录》卷五一二载："上(指嘉靖)初年好古礼文之事，时取(《永乐大典》)探讨，殊宝爱之。自后凡有疑却，悉按韵索览，几案间每有一二帙在焉。及三殿灾，上闻变，即命左右趣登文楼，出《大典》。甲夜中，谕凡三四传，是书遂得不毁。"《春明梦余录》卷六载："嘉靖三十六年丁巳四月十三日，奉天等殿门灾。是日申刻，雷雨大作，戌刻，火光骤起，由正殿延烧至午门，楼廊俱尽。次日辰刻，始熄。四十一年，三殿成，改奉天殿曰皇极殿……文楼曰文昭，武楼曰武成……"《大典》在嘉靖三十六年(1557)从文楼中移出后，放置于何处，史书中没有记载，从嘉靖对其"殊宝爱之"可以推测，此书仍会藏于宫中。我们从徐阶《世经堂集》看到，其卷六"处理重录《大典》奏一"云："校书官并写书者俱每日早于阁中领书，至晚交书，例该典籍二员收掌。""处理重录《大典》奏二"云："内府司礼监奏请将《大典》每一千本作一次发出，交付收掌官。"收掌官即典籍。据上述情况不难看出，《大典》之分派是依据这样的程序进行的：由司礼监将《大典》正本从内府分批(一千本)发给内阁(文渊阁)典籍，再由典籍按量每日发给校书官并抄书者。可见《大典》此时仍藏于内府。

后人多据孙承泽《春明梦余录》卷十二所载"(《永乐大典》)贮文渊阁，副本贮皇史宬"，认为《大典》在重录后入藏文渊阁。然而，重录《大典》

---

① (清)张岱：《陶庵梦忆　西湖梦寻》(上海，上海古籍出版社，1982)卷六"韵山"条亦有相关记载："胡仪部青莲携其尊人所出中秘书，名《永乐大典》者，与《韵山》正相类，大帙三十余本，一韵中之一字犹不尽焉。"

时未将《大典》全部移至文渊阁，而是分批发下，再核对回收，录完之后更没必要将其移入文渊阁。另外，万历中张萱据文渊阁藏书所修的《内阁藏书目》并没有收录《大典》，其《西园存稿》卷三十六"答邓虚舟观察"载："我朝《永乐大典》，雄视千古，扃之石室以饱蠹鱼，能不扼腕。"也只是说《大典》（副本）藏于石室（即皇史宬）。如果《大典》藏在文渊阁，那么起码是出入内阁之臣对《大典》正本是清楚的，何以没有一条关于其时《大典》藏于文渊阁的记载？相反，他们的著述中倒有不少有关当时文渊阁地方不大、藏书不多的记述。[①] 再者，孙承泽所谓"《大典》贮文渊阁"亦非其亲见；而且《春明梦余录》原文是这样记载的："永乐五年（1407）十一月告成……赐名《永乐大典》，贮文渊阁，副本贮皇史宬。"事实上，"贮文渊阁"是对《大典》刚修成而言的，"副本贮皇史宬"是对重录《大典》而言的，孙氏将二者混为一谈，以致造成后人的误解。因此，我认为，《大典》在重录后，并没有移入文渊阁。

此外，崇祯十一年（1638），崇祯皇帝曾命义渊阁典籍梁维枢整理阁中书籍，编成《内阁藏书目录》五卷。梁维枢云："《永乐大典》……《皇明典礼》一书，阁部俱无。"[②]明确指出了当时文渊阁及礼部并未藏有《永乐大典》一书。

《大典》藏于宫中之所，既不是文楼，又不是文渊阁，那就很可能是古今通集库。古今通集库作为宫中重要的收藏古今典籍之所，以往关注的人不多，因此有必要稍加介绍。据刘若愚《酌中志》卷十七载："……又稍北，有库一连，坐东向西，有石牌曰古今通集库，系印绶监所掌，古今君臣画像符券典籍贮此。每年六月初六日晒晾，如皇史宬例。"卷十六载："印绶监，掌印太监一员，掌司数十员。职掌古今通集库，并铁券、诰敕、贴黄、印信、图书、勘合、符验、信符诸事及南京解文武诰

---

① 可参见（明）王肯堂：《郁冈斋笔麈》，影印《四库全书存目丛书》本，卷二、卷四，济南，齐鲁书社，1995；于慎行《谷山笔麈》卷七，见（明）王锜，（明）于慎行：《寓圃杂记 谷山笔麈》，北京，中华书局，1984；（明）谢肇淛：《五杂俎》卷十三"事部一"的相关论述，沈阳，辽宁教育出版社，2001。

② （明）梁维枢：《见君子阁日笺》，稿本，卷二。

轴。"参侯仁之主编《北京历史地图集》，古今通集库大概在内阁之东，东华门之南，紫禁城之东南角。原先藏书较少，所以不为人们所重视，嘉靖以后藏书移入较多（文渊阁藏书减少与其有直接关系），据《春明梦余录》卷十二载："嘉靖中，（文渊）阁灾，书移通集库及皇史宬。"推想文楼之藏书因火灾而移入通集库也是很正常的事。

据上述可知，重抄后，《永乐大典》正本储古今通集库，副本储皇史宬。藏于古今通集库的《大典》正本，很有可能是在明末战乱中被焚毁了。《朝鲜李朝实录中的中国史料》上编卷五十八载："及山海关败归之后，尽括城中财宝而去，以火药烧殿宇诸门，但不害人……宫殿悉皆烧烬，唯武英殿岿然独存，内外禁川玉石桥亦宛然无缺。烧屋之燕，差池上下，蔽天而飞，春燕巢林之说，信不虚也"，"上曰：'宫室之烧烬者几何？'对曰：'皇极、文渊两殿并皆灰烬，唯武英一殿岿然独存……'"张怡《谀闻续笔》卷一载："诸宫殿俱为贼毁，惟武英独存，清人来居其中。"宫中只有武英殿岿然独存，古今通集库也应在焚毁之列，藏于古今通集库的《大典》亦难以幸免。下面的这些记载也能说明这一问题：钱谦益《有学集》卷二十六"千顷斋藏书记"载："以二祖之圣学，仁、宣之右文，访求遗书，申命史馆，岁积代累，二百有余载。一旦突如焚如，消沉于闯贼之一炬，内阁之书尽矣。"《吴梅村全集》卷十九"诗后集十一·题帖二首"其二云："金元图籍到如今，半自宣和出禁林。封记中山玉印在，一般烽火竟销沉。"自注："甲申后，质慎库图书百万卷，皆宣和所藏，金自汴梁辇入燕者，历元及明初无恙，徐中山下大都时，封记尚在，今皆失散不存。"姜绍书《韵石斋笔谈》卷上载："内阁秘府所藏书……至李自成入都，付之一炬，良可叹也！"

综上所述，我认为《永乐大典》正本在明朝的流传轨迹为：南京文渊阁东阁之下阁——北京文楼——古今通集库——明末遭焚毁。

二、《永乐大典》正本的下落

如前所述，《大典》正本的下落目前成了一个谜，引起过种种猜测，其中近年影响最大的是殉葬说。我在上一节中对此观点予以了反驳，并且认为《永乐大典》正本在明朝的流传轨迹为：南京文渊阁东阁之下阁——北京文楼——古今通集库——明末遭焚毁。

但是，比较遗憾的是，我所做的反驳，缺乏特别有力的证据，即在嘉靖后，有人亲眼看到过《大典》正本。虽然，嘉靖后也有一些记载提到有人看到过《大典》，例如，《万历野获编·补遗》卷一载："近李本宁太史云：其书冗滥可厌，殊不足观，绝非《太平御览》诸书可比。"[①]《万历野获编·补遗》是沈德符于万历四十七年（1619）撰成的，所以，其录李维桢（本宁）之言，应距嘉靖重录时不远。另外，张岱《琅嬛文集》卷一"诗韵确序"载："大部如先大父《韵山》，多至数千卷，册籍浩繁，等身数倍。踵而上之，更有《永乐大典》一书。胡仪部青莲先生尊人，曾典禁中书库，携出三十余本，一韵中之一字犹不尽焉。世宗盖一便殿，以藏此书，堆砌几满。烈皇帝时，廷议再抄一部，计费十余万金，遂寝其议。"我在上节中，也曾引用过上述张岱的这段材料，并且认为：胡氏曾利用掌禁中书库的机会携出《大典》，说明当时《大典》正本的保存应该没有什么问题；倘若正本已佚，肯定会有人乘机指出。但是，事实上，单从文字上看，我们难以确认李维桢与张岱所看到的就是正本，所以对殉葬说仍无法完全放弃。不过，在写作上节时，我已意识到张岱所提到的胡青莲尊人是非常重要的线索，但因为一时没有查出他是什么人物，就只好先搁下了。最近，随着搜得的材料越来越多，我对该问题的思考又有了新收获，因此决定对《大典》正本下落做进一步探讨。

其实，除上文提到的那段材料外，张岱还有过类似的记载。例如，

---

① （明）沈德符：《万历野获编·补遗》，789 页。

《陶庵梦忆》卷六"韵山"条载:"大父至老手不释卷……常恨《韵府群玉》《五车韵瑞》寒俭可笑,意欲广之。乃博采群书,用淮南'大小山'之义……总名之曰《韵山》……正欲成帙,胡仪部青莲携其尊人所出中秘书,名《永乐大典》者,与《韵山》正相类,大帙三十余本,一韵中之一字犹不尽焉。大父见而太息曰:'书囊无尽,精卫衔石填海,所得几何!'遂辍笔而止。"[①]张岱的大父(祖父)即张汝霖(约1561—1625),万历二十三年(1595)进士,卒于天启五年(1625)。张岱说其祖父老年仍手不释卷,要编辑《韵山》一书,故张汝霖在胡青莲家看到《大典》三十余本,大约是在万历末至天启初年。《石匮书》"艺文志序"又载:"自《大典》一成,谓古今事物莫备于此,后子孙朝遂不复以积书为事,辎轩之使不复再出……烈皇帝命再抄一部,所费不支,遂尔中止。且闻管库官吏多私窃携归,简其卷数,遗失必多。余于仪部胡敬辰家所见有二十余本,而四支韵中一字尚不能完,其书之汗牛充栋可胜计哉!"[②]可知,张岱也曾在胡敬辰家看到过《大典》二十余册,而且明确记录其为《大典》支韵的内容。张岱祖孙所看到的应该是同样的《大典》,只不过张岱看到的较少,这大概是因为张岱较其祖父稍晚(大约是在明末甚或清初)才看到,而其时胡氏所藏的《大典》或已散失了一些。那么,张岱看到的《大典》是正本还是副本呢?

(一)张氏所看到的是《大典》中的哪部分

查《大典》可知,其中的支韵排在第二,即二支韵,属平声。另外,《大典》是据《洪武正韵》编的。而据《洪武正韵》可知,支韵是排在平声第二韵的,所以称为二支韵。那么,为什么张岱记录为四支韵呢?这原因其实很简单:张岱用的是平水韵,而据平水韵,支韵是排在平声第四韵

---

① (清)张岱:《陶庵梦忆 西湖梦寻》,55页。
② (清)张岱:《石匮书 石匮书后集》,610页。又可参见傅增湘《藏园群书经眼录》"《石匮书》二百二十卷"条载:"'艺文志总论'言《永乐大典》事,云烈皇帝命再抄一部,所费不支,遂尔中止。且闻管库官吏多私窃携归,简其卷数,遗失必多。余于仪部胡敬辰家所见有二十余本,而四支韵中二字尚不能全,其书之汗牛充栋可胜计哉!思宗重抄《大典》及明末已有窃出者,亦创闻也。"傅氏在转引张岱的记述时,错将"四支韵中一字"写成了"四支韵中二字"。傅增湘:《藏园群书经眼录》第2册,225页,北京,中华书局,1983。

的，所以称为四支韵。在明清时期，社会上最通行的还是平水韵，大家作诗也都用平水韵。《洪武正韵》是洪武时期颁布推行的，但在社会上并不流行，很少有人遵循，民间还是通用平水韵。所以，张岱在记录支韵时，很容易按习惯的称法将其错记为四支韵。

另外，也许有人会问，张岱是否会将韵部记错呢？也就是说，张岱如果没记错"四"字，是否会把别的韵写成"支"韵呢？其实，这种可能性几乎没有。例如，据《大典》可知，排在第四韵的分别为：平声的"四齐"、上声的"四济"、去声的"四霁"和入声的"四曷"。"齐""济""霁""曷"这些字的字体、读音与"支"字都有差别，以张岱这样的文人对韵的熟悉程度而言，不可能写错。

因此，我认为，张岱在胡氏家所看到的就是《大典》中二支韵中的某一个字的内容。

(二)这三十或二十余册《大典》是正本还是副本

如前所述，《大典》副本(即嘉靖重抄本)原储于皇史宬，后于清初移置翰林院。乾隆三十八年(1773)开四库馆利用《大典》副本进行大规模的辑佚。当时，乾隆曾让大臣对这批《大典》副本实存卷数及册数做过统计及编目，其统计结果即为现存的《永乐大典存目》[①]。因此，我们可以利用《永乐大典存目》来查找乾隆时期《大典》所缺的卷数。如果张岱看到的这些《大典》属于副本，那么也就意味着这些《大典》在明末时已被携出，归胡氏所有，《永乐大典存目》应该会将这部分《大典》著录为缺卷。我们查《永乐大典存目》二支韵可知，乾隆时期《大典》副本二支韵中只缺卷六九八至卷七一九共 22 卷。也就是说，如果张岱看到的《大典》是副本，那么就应在这 22 卷中；如果不在这 22 卷中，张岱看到的《大典》就应该是正本。

《永乐大典》各册封面均贴有一小方签，记此册《大典》属何韵以及在此韵中属于第几册，因此，我们可以据此方签来推断《大典》各卷的分册

---

① 《永乐大典存目》(又题《永乐大典点存目录》)，清抄本，1 册，现收入张升:《〈永乐大典〉研究资料辑刊》。

情况。例如，据《大典》卷八九五至卷八九六一册所贴方签可知，此册为二支韵中的第 89 册[①]。也就是说，在卷八九五至卷八九六这一册之前（包括卷八九五至卷八九六这一册），二支韵一共有 89 册。查《永乐大典存目》可知，在卷八九五至卷八九六这一册之前（包括卷八九五至卷八九六这一册），《大典》二支韵的实存册数共 79 册，实缺 10 册。而据上文可知，二支韵中只缺卷六九八至卷七一九共 22 卷，并且恰好在卷八九五至卷八九六这一册之前的范围内，因此，二支韵中所缺的卷六九八至卷七一九共 22 卷，就是上述实缺的 10 册。

为避免《大典》因方签写错而造成的误导（其实，这种情况应该不会有，但为了以防万一），还可再找另一方签来印证。如据《大典》卷九一七至卷九一九 1 册所贴方签可知，此册为二支韵第 99 册。[②] 而《永乐大典存目》所开列在此册之前（含该册）的实存册数共为 89 册，那么也可推知，原缺的卷六九八至卷七一九共 22 卷，应一共就是 10 册。

从上述可知，《大典》副本二支韵到乾隆时期一共只缺 10 册。也就是说，张岱祖孙在胡氏家所看到的 30 或 20 余本（册）大典，不可能是《大典》副本。因为明清时期《大典》只有正本与副本两种，既然张岱祖孙看到的《大典》不是副本，就应该肯定是正本。

（三）张岱所看到的《大典》是从哪里来的

据前引张岱文可知，这些《大典》是胡青莲的尊人（父亲）从宫中携出的。"携出"是客气的说法。其实，《大典》是不会让人借出于外的，所以这里的所谓"携出"，其实就是"窃出"。前引《石匮书》"艺文志序"将此事与"私窃携归"并谈，其蕴意不言自明。

那么，胡仪部青莲是谁呢？其尊人（父亲）又是谁呢？他如何有机会窃得这些《大典》呢？据前引《石匮书》"艺文志序"所称"余于仪部胡敬辰家所见有二十余本"可知，胡仪部青莲即是胡敬辰。又查王思任《王季重

---

① 张升：《〈永乐大典〉研究资料辑刊》，668 页。

② 张升：《〈永乐大典〉研究资料辑刊》，691 页。

先生文集》卷二"杂序·胡青莲檀雪斋序"可知,胡青莲曾著有《檀雪斋集》[1]。《四库全书总目》将《檀雪斋集》40 卷著录入存目,其提要云:"敬辰字直卿,余姚人,天启壬戌进士,官至江西驿传道,终光禄寺录事。是集以所著诗赋、杂文及官县令时谳牍共为一编,其文故为涩体,几不可句读,诗格亦公安之末派。"[2]所以,胡仪部青莲即是胡敬辰(青莲应为其号),仪部是指其曾官光禄寺录事而言的。

再查现存《檀雪斋集》可知,胡敬辰之父为胡维新,字云屏,生于嘉靖十三年(1534)三月十六日,卒于万历三十四年(1606)二月二十七日,享年 73 岁。其一生行迹大致如下:嘉靖三十八年(1559)己未年进士——行人——江西巡按御史——宣大巡按御史——福建巡按御史——宁州通判——扬州推官——南京刑部广西司主事——南京刑部员外郎广东司郎中——镇江府知府——陕西行太仆苑马寺卿——山西按察司副使——大名兵备副使——广西按察司副使——云南按察司副使——陕西布政司右参政——肃州兵备副使。[3]从胡氏生平看,其并未曾掌管禁中书库,因此,张岱说其"曾典禁中书库",并不准确。

尽管胡氏未曾掌管禁中书库,但是,他是否有可能从宫中窃出《大典》呢?为了解决此问题,我们有必要分析一下这些《大典》正本是什么时候被人从宫中窃出的。

我认为,这些《大典》正本不可能是在重录前或重录时被窃出宫中的。因为:首先,《大典》是被完整重录的,而且是完全依照正本进行重录的(包括版式、分册),也就是说,正本与副本的册数与分册是完全相同的。其次,张岱祖孙所看到那部分《大典》正本是二支韵中的,有 30 (20)余册,而乾隆时期《大典》副本二支韵一共只缺 10 册,因此,重录时这些《大典》应该都在宫中。另外,重录之时,有明确的管理制度,收

---

① 参见(明)王思任:《王季重先生文集》卷二"杂序",清光绪七年(1881)刻《乾坤正气集》本。

② (清)永瑢、纪昀主编:《四库全书总目提要》,977 页。

③ 参见(明)胡敬辰:《檀雪斋集》卷三十八"行状·先府君行状",明刻本。《四库全书存目丛书》(济南,齐鲁书社,1997)所收《檀雪斋集》为残本,缺此篇行状。此行状是石野一晴博士代为检阅于日本京都大学图书馆所藏明刻本《檀雪斋集》复印本,在此谨致谢忱。

发《大典》十分严格；而重录刚结束之时，肯定会对《大典》正、副本作清点，若当时有遗失，必然很容易追查到。① 因此，这些《大典》正本流失于外，只能是重录完成之后的事情。

我们知道，隆庆元年(1567)四月赏赐重录《大典》有关人员，所以重录应在此之前就已完成，但不会离此时太远。据《文苑英华》胡维新序称，他自嘉靖四十五年(1566)六月刚到福建任巡按，就开始着手刊刻《文苑英华》，至隆庆元年(1567)正月才完工。② 可见，《大典》重录还未完成，胡维新已出任福建巡按。而胡氏任巡按福建御史时间不长，又改任宁州通判。之后，胡氏一直都在外地做官，既不在京城，更不曾典禁中书库，不可能自己从宫中窃出《大典》。因此，我推测：《大典》重录完成后过了相当长一段时间，大家注意力已不在此，有人趁机窃出部分《大典》正本，然后才辗转流到胡氏手里。

综上所述，可以得出以下几点认识：

1. 张岱在胡敬辰家看到的《大典》是正本。

2. 《大典》正本不可能用来殉葬。张岱所看到的《大典》正本，是在《大典》重录完成相当长一段时间后，被人窃出，而为胡氏所得的。如果《大典》正本用以殉葬，张岱怎么可能看到这些《大典》正本呢？也许有人会说，这是下葬后，有人从墓中窃出的。事实上，从目前了解的情况看，嘉靖墓并未被盗过；而且，若盗墓的话，应该也离下葬时期不远，明朝还未亡，这也未免太猖狂了。也许有人还会说，这可能是在临下葬前窃出的。其实，下葬前，如果要陪葬的话，肯定会查点清楚，不可能有缺失(正如前面已指出的，如果当时有缺，肯定会很容易追查出来)。因此，我坚信，《大典》正本在嘉靖后仍存于世间，其中一部分在明末被窃出，而绝大部分应该是在明亡时被焚毁了。

3. 张岱在胡敬辰家看到《大典》正本的时间应该是在明末甚或清初。

---

① 关于《大典》重录，可参见顾力仁：《永乐大典及其辑佚书研究》，第四章"永乐大典之录副及其沿革"，156～185 页，台北，文史哲出版社，1985。

② (宋)李昉等：《文苑英华》，胡维新"文苑英华序"，3～6 页，北京，中华书局，1966。

因此，我们可以说，《大典》正本的一部分，起码到明末仍存于世间。而且，从张岱所述可以看出，《大典》正本在明末被窃出的情况还很严重。我认为，胡氏所得的《大典》正本，不可能是当时流散于社会上仅有的《大典》正本。既然如此，《大典》正本残本目前仍存于世间的可能性依然存在。

第二章 《永乐大典》副本的流传

一、《永乐大典》遭劫难的真相

明嘉靖末年重录《永乐大典》，至隆庆元年(1567)完成，《大典》遂分正副：原本为正本，重抄本为副本。自此以后，《大典》正本到目前为止未发现有一叶存人间，而且嘉靖后几乎找不到有关正本下落的任何可靠记载，关于正本的下落就成了一个谜[①]。至于《大典》副本，原储于皇史宬，后于清雍正年间移置翰林院，直至 1900 年庚子事变翰林院被焚，《大典》几乎散失殆尽。目前学界多将《大典》的最后散佚归咎于 1900 年八国联军入侵北京，认为罪大恶极者为八国联军。事实上，杜泽逊先生早已撰文反驳了这种观点：《永乐大典》的确于 1900 年庚子事变遭到焚毁，地点也的确在翰林院，但翰林院被焚却与八国联军没有直接关系，因为纵火者应为围攻使馆的国人，而八国联军攻入北京，则在翰林院被焚的 54 天之后。[②] 本节在杜氏研究的基础上，参之新史料，进一步考证庚子事变前后《大典》之流散详情。

(一)庚子事变前翰林院《大典》存数

《大典》副本共有 11095 册，明嘉靖后一直藏于皇史宬，清雍正年间

---

① 参见张升：《〈永乐大典〉正本的流传》，载《图书馆建设》，2003(1)。

② 参见杜泽逊：《〈四库〉底本与〈永乐大典〉遭焚探秘》、张升：《澄清〈永乐大典〉的两个问题》，分别载《中华读书报》，2003-02-26、2003-10-08。

移入翰林院。乾隆五十九年(1794)时曾对《大典》实存册数做过详细的统计：《大典》全书 11095 册，当时还剩 9881 册(不包括目录 60 册、《韵总》1 套 2 册)，佚去 1152 册。[①]《大典》比较大规模地陆续散出，是从咸丰十年(1860)开始的。据缪荃孙《〈永乐大典〉考》载："咸丰庚申(1860)与西国议和，使馆林立，与翰林院密迩，书(《大典》)遂渐渐遗失。"[②]而《大典》散佚的主要原因是当时利欲熏心的官吏监守自盗，而非有些论著想当然地以为是英法联军盗掠[③]。刘声木《苌楚斋随笔》卷三中记录了偷盗者的伎俩："早间入院，带一包袱，包一棉马褂，约如《大典》二本大小，晚间出院，将马褂加穿于身，偷《永乐大典》二本……包于包袱内而出也。"这确实是"极巧妙刻毒"的偷书法。他们偷到《大典》后，多以十两银子一册售给他们的洋主顾。所以，王颂蔚在《送黄公度随使英法》一诗的注中说："《大典》今存翰林院者……传闻英人购去，储博物院。"并在诗中发出"顷闻伦敦城，稿尚盈两屋"的慨叹。[④]

　清光绪元年(1875)，翰林院中的《大典》只剩下不及 5000 册。光绪二年(1876)，《大典》只剩下 3000 余册。光绪十二年(1886)，缪荃孙在翰林院敬一亭中亲手翻阅过的《大典》即有九百余册。据前引缪荃孙文载："光绪乙亥(1875)重修翰林院衙门，庋置此书(指《大典》)，不及五千册。严究馆人，交刑部毙于狱，而书无著。余丙子(1876)入翰林，询之清秘堂前辈，云尚有三千余册。请观之，则群睨而笑，以为若庶常习散馆诗赋耳，何观此。且官书出借焉能借出。逮丙戌(1886)志伯愚侍读锐始导之入敬一亭观书，并允借阅。每册高二尺，广尺二寸，粗黄布连脑包过，硬面，宣纸，朱丝阑。每叶三十行，行二十八字，朱笔句读，书名或朱书或否。前后阅过九百余册，而余丁内艰矣。其书零落

① 参见张书才主编：《纂修四库全书档案》下，乾隆五十九年(1794)十月十七日军机大臣奏折，2372 页。

② 缪荃孙：《艺风堂文续集》，影印《续修四库全书》本，卷四，上海，上海古籍出版社，1999。

③ 参见张忱石：《永乐大典史话》，18 页，北京，中华书局，1986。

④ 参见孙壮：《永乐大典考》，206 页，载《国立北平图书馆馆刊》，第二卷第三、第四号，1929 年 3、4 月。

不完，毫无巨帙。"可见到光绪十二年时，翰林院中的《大典》起码仍存900余册。

光绪十八年(1892)，翰林院中的《大典》仍存有870册，因为《翰林院旧书目录》下册明确载有："《永乐大典》，存八百七十本。"①光绪十九年(1893)，《大典》也大约还有600余册②。

尽管我们不清楚自光绪十九年至庚子事变前《大典》是否还有散佚以及其散佚的数量，但可以肯定的一点是，到庚子年翰林院被焚前，翰林院中所存《大典》数最多也不会超过600余册，不到原书的十分之一。也就是说，超过十分之九的《大典》在这之前就已陆陆续续被国人盗走了。因此，从《大典》流散史的角度来看，1900年庚子事变翰林院被焚所造成的《大典》散佚，实际上并非是最严重的散佚。

(二)翰林院被焚之经过

光绪二十六年(1900)庚子事变，清军和义和团围攻东交民巷的使馆区。为了攻击使馆，围攻者采用了火攻之术。关于这一点，对于攻击者而言，应该是可以理解的，所以杜泽逊先生明确指出："放火者的目的是显而易见的，即对使馆区的安全后方英国使馆施火攻之术。放火者不可能是包围圈里的使馆人员，他们不会在孤立无援、看不到希望的情况下，雪上加霜，放火烧他们自己。"③对于使馆中人来说，虽然他们也预料到围攻者会焚烧翰林院，但是仍心存侥幸地希望中国人不至于出此下策："人们只能够希望，中国人作为一个文人学士的民族，将不愿意采

---

① 《翰林院旧书目录》2册，1937年抄本，藏北京大学图书馆善本部。另据(清)莫友芝撰，傅增湘订补，傅熹年整理：《藏园订补邵亭知见传本书目》(北京，中华书局，2009)卷六61页载："《翰林院目录》四册，清陈侃编，抄本，分四部，但记书名册数，不载撰人，不注明抄本、刊本，分类亦淆乱。光绪十八年编。内多《四库》存目之书。"可知此书即为《翰林院目录》的"旧书"部分，编于光绪十八年(1892)。

② 前引缪荃孙《〈永乐大典〉考》一文记载："癸巳(光绪十九年)起复，询之，则有六百余册。庚子拳匪倡乱，毁翰林院，以攻使馆之背。旧所储藏，均付一炬，《大典》遂一册不存。"

③ 参见杜泽逊：《〈四库〉底本与〈永乐大典〉遭焚探秘》，载《中华读书报》，2003-02-26。

取这个野蛮行动(指焚烧),毁坏他们本国的藏书室。"①

不过,在当时的情况下,什么事情都可能发生。6 月 23 日,作为英国使馆北面屏障的翰林院就这样被放火焚烧了。据《英国蓝皮书有关义和团运动资料选译》第 269 页载:"(6 月 23 日)上午十一时十五分,敌人对翰林院发动了一次坚决的攻击。攻击之前,从上驷院进行了一阵猛烈的步枪射击,然后翰林院的大部分房屋被敌人放火焚毁。火警的钟声响了,所有的人立即进行努力救火的工作。中国人仔细挑选了他们的日子,对他们所干的破坏活动显然没有感到任何不安。当时正刮着清凉的北风,火焰被刮得越来越逼近使馆的建筑物;一场顽强的战斗持续到傍晚,那时火焰才被扑灭下去,但在未扑灭之前,构成翰林院四分之三以上房屋的庙宇、考场、藏书室等已被焚毁。"《庚子使馆被围记》6 月 24 日亦载:"昨日有一放火者,伏行如猫,用其灵巧之手术,将火种抛入翰林院,只一点钟,众公使居住之英使馆顿陷于危险之域。众公使大惊。"②

由于翰林院为英使馆北邻,大火立即威胁英国使馆。所以,当时英国使馆人员一方面忙于救火,"未几英国使馆外面房子亦被焚,北风甚大,火舌将及于正室,无数男女老幼之人皆到井边,以数百种不合用之器具汲水泼之……数公使夫人,竟取房内水钵,满盛以水,珊珊而行。危险既临,多时未见之面貌亦被烟薰出,予之首领亦在其内"③;另一方面忙于抢救翰林院中所藏的珍贵文献,据《英国蓝皮书有关义和团运动资料选译》第 269 页载:"我们下命令尽可能抢救翰林院中的宝贵书籍。"④对于翰林院里的图书文献,当时使馆中人有深刻的印象:"院中

---

① 胡滨译:《英国蓝皮书有关义和团运动资料选译》,英国驻华公使窦纳乐"关于北京自 1900 年 6 月 20 日至 8 月 14 日所发生的事件的报告",268 页,北京,中华书局,1980。另可参见[英]普特南·威尔《庚子使馆被围记》(冷汰、陈诒先译,上海,上海书店出版社,2000)第 59 页载:"翰林院者,乃中国十八省之牛津、剑桥、海德堡、巴黎也,中国读书人最崇敬者厥维翰林……而在此国中则自矜博涉,处于读书人最高之位,上自王公、下至乞丐无不尊敬者。"

② [英]普特南·威尔:《庚子使馆被围记》,59 页。

③ 同上书,60 页。

④ 同上书,第 60 页载:"又有数十人从英使馆而来,受有严令,逼其作事……人数既加,二千年之文字遂得救护。"

排积成行，皆前人苦心之文字，均手钞本，凡数千万卷，所有著作为累代之传贻，不悉其年。又有未上漆之木架，一望无尽，皆堆置刻字之木板。"可惜，这些图书文献及书板（翰林院所藏除《大典》外，还有《四库全书》底本等其他大量图书）仍大多遭到焚毁或被随意抛弃损毁："数百年之梁柱爆裂作巨响，似欲倾于相连之使馆中，无价之文字亦多被焚，龙式池及井中均书函狼藉，为人所抛弃……有绸面华丽之书，皆手订者，又有善书人所书之字，皆被人随意搬移。"①有的则被使馆中人暗自盗走："其在使馆中研究中国文学者，见宝贵之书如此之多，皆在平时所决不能见者，心不能忍，皆欲拣选抱归，自火光中觅一路，抱之而奔。但路已为水手所阻，奉有严令，不许劫掠书籍。盖此等书籍有与黄金等价者。然有数人仍阴窃之，将来中国遗失之文字或在欧洲出现，亦一异事也"；"然而，大部分书籍已被火或水所毁坏，有很多书被守军人员拿去当做纪念品"。②

  翰林院所藏的《大典》显然是当时许多人乘机盗窃的主要对象，据田仲一成《日本东洋文库收集〈永乐大典〉残本的过程》载："次日（1900 年 6 月 21 日——应为 23 日），世界最古老的翰林院图书馆也烧落了……此时，服部宇之吉看到几百册《永乐大典》积累在书架上……莫利孙立刻跟日本文部省派遣的留学生狩野直喜博士，《东京每日报纸》特派员古城贞吉等一起，奔驰到翰林院书架，各自带着几本，搬到英国公使馆。"③他们各自带走的《大典》，应大多归了自己所有，其中莫利孙（莫理循）所得尤多，据前引田仲一成文载："1902 年 11 月，莫利孙想改善跟 Back-houses 的关系，送给了他价钱很贵的礼物，日记云：他送上了相当贵的大百科事典一册，这本书是指曾出自翰林院的《永乐大典》而言的，莫利孙藏有《永乐大典》至少 14 册。"另外，英人 Lancelot Giles（翟兰思）从

  ① ［英］普特南·威尔：《庚子使馆被围记》，60 页。

  ② 分别参见：［英］普特南·威尔：《庚子使馆被围记》，60 页；《英国蓝皮书有关义和团运动资料选译》，269 页。

  ③ 中国国家图书馆编：《〈永乐大典〉编纂 600 周年国际研讨会论文集》，307 页，北京，北京图书馆出版社，2003。

翰林院盗走了一册《大典》（即卷一三三四五），Thomas Biggin 也于 1900 年从翰林院盗走了一册《大典》（即卷一四六〇七至卷一四六〇九）[①]。这些情况说明当时使馆中人窃走的《大典》不在少数。

(三)翰林院被焚后《大典》的下落

翰林院被焚，其中所藏而未来得及搬走的《大典》与其他文献应该都被焚毁了，因为据 6 月 25 日威尔描述翰林院的情形说："英馆之北，今已有人驻守，置有沙袋等防御之物，阻隔敌人。此处毁坏荒凉之状，俨如坟院。"不过，在后来论述《大典》流散的论著中，往往会指出：到光绪三十年(1904)，清点翰林院残存《大典》，只有 64 册，被清末翰林院掌院陆润庠运回府中。[②] 那么，这 64 册《大典》是翰林院焚毁之余抑后来辗转移入的呢？关于这一问题，有如下记载可供参考：

据金梁《光宣小记》"永乐大典"条载："《永乐大典》藏翰林院内，自庚子后经外务部向各国联军索回者，不足二百本，分装二箱。光、宣之际，章一山同年曾见有乾隆年御题者，尤不多觏。后连图书移购习所，遂多散失。陆文端公时为掌院，令清秘堂追查，始缴上六十余本，今存图书馆。闻翰林吴怀清所收独多，渐亦售之海内外藏书家矣。"[③] 蒋芷侪《都门识小录》载："……又言洋兵入城时，曾取该书之厚二寸许长尺许者以代砖垫军用等物，武进刘葆真太史拾得数册，阅之，皆《永乐大典》也。今外交部旧棂尚存刘太史言诸总署向英馆索归《大典》三百三十册之档案，则此三百本者，皆得诸索拾之余耳。"[④] 孙壮《永乐大典考》载："清翰林院清秘堂所藏《永乐大典》，庚子前尚存八百余册。庚子之劫，全数遗失。嗣由刘太史言诸总署，向英公馆索归《大典》三百三十

[①] 中国国家图书馆编：《〈永乐大典〉编纂 600 周年国际研讨会论文集》，267 页。

[②] 同上书，参见第 155、159、249、258 页等相关论述。1912 年，中华民国政府成立，教育部咨请国务院，将翰林院所存《大典》残本送归教育部，交由京师图书馆储藏，获国务院批准。教育部当即派员前往陆润庠处，将 64 册《大典》运载到部，留下 4 册，庋置于教育部图书室(后来这 4 册也拨归了京师图书馆)，另 60 册，派专差送往京师图书馆，嘱京师图书馆妥为整理储藏。

[③] 金梁：《光宣小记》，31 页，上海，上海书店出版社，1998。

[④] 蒋芷侪：《都门识小录》，见胡寄尘编：《清季野史》第一编，90 页，长沙，岳麓书社，1985。

册，今外交部旧牍尚存。"①杨家骆《四库大辞典》载："庚子之乱，毁翰林院以攻使馆之背，居民或持之以当弹雨，或弃之以填沟壑。八国联军既入翰林院，藏书为联军兵士之所得者，或用以代薪，或辗转出售。事平后，各国渐有知珍贵者，又纷纷持归以作纪念。然尚检得三百余册。"②

以上诸家所述并不一致，问题主要集中在以下几点：

1. 《大典》是英使馆还是各国联军交回的？我认为，庚子事变后翰林院所存的《大典》是英国使馆交回的。关于此点，下面的这件档案可以证明：据《国家图书馆藏清代孤本外交档案》第 32 册所收属于"总理各国事务衙门清档"的一件档案："辛丑议约专档目录：交还"③，其中收有（光绪二十七年六月）十一日两封信，分别为："收英国公使函"（请派员来馆运取翰林院陈存《永乐大典》书本由）；"发英国公使函"（派员领取《永乐大典》等书并道谢由）④。由此可看出，《大典》是英使馆于光绪二十七年（1901）六月十一日交回的。

2. 《大典》是英使馆主动交回的还是外务部索回的？金梁、蒋芷侪及孙壮均认为是外交部索回的，而且蒋芷侪及孙壮更进一步指出索归是出自于刘太史（即武进刘葆真太史）的建议。显然，这一说法是不可靠的。首先，从上述所引档案看，此事之经过非常清楚：先是英使馆请总理各国事务衙门派员前去运取《永乐大典》，然后总理各国事务衙门当即派员领取《永乐大典》等书并表谢意。不难看出，《大典》是英使馆主动交回的。而且，据"辛丑议约专档目录：交还"所载其他档案看，当时正是一些国家纷纷交回庚子事变中所掠物品及所占地方的时候。因此，英使馆此时主动交回从翰林院中移出的《大典》，也是可以理解的。另外，所

---

① 孙壮：《永乐大典考》，191 页。

② 杨家骆：《四库大辞典》，"文献"，77 页，南京，词典馆，1935。

③ 《国家图书馆藏清代孤本外交档案》，国家图书馆藏历史档案文献丛刊之一种，北京，国家图书馆文献缩微复制中心，2003。本节所引的此档，收载此时总理衙门与各国使馆交涉交还所掠物品与所占地方的事宜，不过，只是目录及内容摘要（一般只有一句话）。

④ 从两信看出，总理衙门在收到英公使信后，于同日即回复并派员领取《大典》，而且从"等"字看，除《大典》外，还可能有其他书。

谓"武进刘葆真太史"，即刘可毅，原名毓麟，字葆真，光绪十八年进士，官编修。据《刘葆真太史文集》书后附翰林院侍读恽敏鼎等"请恤呈稿"及刘树屏"伯兄葆真家传"可知，刘可毅于光绪二十六年（1900）五月二十日被义和团民缚去，被杀身死①。五月二十日即公历 6 月 16 日，其时翰林院还未被焚，《大典》亦未从翰林院移至英使馆，清军、义和团还在围攻外国使馆区，怎么可能会有刘太史请向英使馆索归《大典》之事呢？

3. 交回的《大典》有多少本？金梁说是不足 200 本，蒋芷侪、孙壮、杨家骆均说是 300 余本，而且前两者更明确为 330 册，并云所依据的是外交部（实即外务部）档案。我认为，"330 册"的说法应该是可信的，因为一则所据为档案，二则数字如此具体，似乎并非得之传闻。当然，金氏所记的不足 200 本，其数字本身也是可信的。只不过这"不足 200 本"之数应该是在 330 册《大典》索回后，续有散失所致。关于这一点，金梁所记也能证明。据前引《光宣小记》载，索回后的《大典》移至购习所，后多散失；陆文端公（即陆润庠）时为掌院学士，令清秘堂追查，始缴上 60 余本，存翰林院图书馆。也就是说，索回的 300 余册，最后只剩下 60 余册（其实即前面提到的 64 册）。另外，伦明《辛亥以来藏书纪事诗》"吴怀清"条载："山阳吴莲溪给谏怀清，为余言庚子之乱，洋兵入城，有英兵入翰林院，大掠器物外，《永乐大典》若干册在焉。事为主将所闻，勒令送还，英兵索收据，而掌院已逃。守门役乃邀集诸翰林留京者商处置，既发遣英兵去，众议瓜分《大典》，人得若干册。事后未有究者，而《大典》亦无售处。嗣莲溪于同事家，又收得若干，共百余册。宣统间，值骤贵，莲溪因以致富。夏屋渠渠，而书亦垂尽矣。"②可见，交回的《大典》居然又为当时翰林院诸人所瓜分。从此条材料也不难看出，《大典》是英兵主动送归的。

如前所述，庚子事变前翰林院所藏《大典》最多也不会超过 600 余

---

① 参见（清）刘可毅：《刘葆真太史文集》，宣统二年（1910）刻本。

② 伦明等：《辛亥以来藏书纪事诗》，上海，上海古籍出版社，1999。

册，那么，在翰林院遭焚烧之时，英使馆移出 330 册，还有一些《大典》被人私自窃归，一些随意弃置①，由此来推算，真正被焚毁的《大典》并不会太多。

综上所述，翰林院所藏《大典》流散经过可简单描述如下：庚子事变前，主要是国人监守自盗之故，翰林院所藏《大典》只剩下最多不超过 600 余册。1900 年 6 月 23 日，翰林院遭到围攻使馆的国人焚烧，其所藏《大典》一部分被英使馆移走，一部分被使馆区内之人盗掠，另一部分被焚毁或弃置。光绪二十七年（1901）六月十一日，英使馆交回《大典》330 册。这些《大典》后来又被那些监守自盗者瓜分，以致 1912 年翰林院所藏《大典》移交京师图书馆时，只剩 64 册。

通过对庚子事变前后翰林院所藏《大典》流散经过的考察，除了进一步证实杜泽逊先生所指出的"翰林院之被焚，是国人火攻所致"外，还应该认识到：由于庚子事变前翰林院所剩《大典》本就不多，在翰林院被焚时《大典》又经移出、盗掠等，因而翰林院被焚时所直接焚毁的《大典》，并没有我们原来想象得那么多。由此我们可以推想，真正焚毁的《大典》既然不多，那么，那些遭受盗掠的《大典》，其仍存于世的可能性就很大。因此，我们有理由对找到更多的《大典》残本充满希望。事实上，庚子事变之后，国内外学者及相关机构一直没有停止过搜集散失的《大典》。据目前所知，尚有 400 余册的《大典》残本留存于世，星散于七个国家和地区，其中近 800 卷《大典》于 1986 年由中华书局影印出版。最近，又新发现了 17 卷《大典》（其中 1 卷中华书局影印本原收有，但内容不全），由上海辞书出版社编成《海外新发现〈永乐大典〉十七卷》于 2003年 8 月影印出版。

我坚信，世上仍应有一些《大典》残卷未公之于众，有待我们进一步去探寻。

---

① 有的于乱后为人所拾得。这部分应不少，因为柴萼《庚辛记事》（《梵天庐丛录》本，上海，中华书局，1936）中说，当时崇文门、琉璃厂一带古董店、旧货摊"收买此类书物，不知凡几，革文书坊买《大典》8 巨册，只京钱一吊而已"。

二、嘉业堂藏《永乐大典》的下落

刘承干嘉业堂收藏的《永乐大典》最多时曾达 44 册，不过后来很快就全部散去了，其中两册归了金梁，剩下的全部卖给了"满铁"大连图书馆。

据《嘉业堂藏书楼钞本书目》记载："其中有徐松（星伯）从《永乐大典》中辑抄出《宋会要》稿本，还有明抄本《永乐大典》44 册。"而《嘉业堂所藏永乐大典引用书目》就收有 44 册《永乐大典》[①]，可是后来编的《嘉业堂钞校本目录》（约编成于 1932 年）[②]所收则只剩下 42 册。以《嘉业堂钞校本目录》与《嘉业堂所藏永乐大典引用书目》相较，可以发现少了卷五二四八至卷五二四九、卷五二五一至卷五二五二 2 册《永乐大典》。也就是说，嘉业堂原藏的 44 册《永乐大典》，于 1932 年减少为 42 册[③]。

为什么嘉业堂所藏的《永乐大典》会减少呢？原来，卷五二四八至卷五二四九、卷五二五一至卷五二五二这 2 册《永乐大典》在 1931 年被刘承干卖了出去。关于此事，《张元济书札》（增订本）保留下来的相关信札可以帮助我们了解其具体经过[④]，如 402 页收"致刘承干（号翰怡）"信两

---

① 刘承干编：《嘉业堂所藏永乐大典引用书目》，民国抄本。1929 年 2 月，袁同礼作《永乐大典现存卷目表》收吴兴刘氏藏《永乐大典》44 册，与《嘉业堂所藏永乐大典引用书目》所收完全相同。1929 年袁同礼所做的统计应是据刘氏的藏书目而来的，因此，1929 年 2 月之前，刘氏嘉业堂肯定是曾藏《永乐大典》44 册。不过，《大典》卷二三四〇至卷二三四七，嘉业堂所藏分为 3 册，而袁同礼《永乐大典现存卷目表》从卷二三四二至卷二三四七著录为 3 册（卷二三四二至卷二三四三，卷二三四四至卷二三四五，卷二三四六至卷二三四七），册数虽同，但缺前 2 卷，可能是手民之误。1932 年袁氏重编《永乐大典现存卷目》时，对此做了修正。参见《国立北平图书馆刊》，1932 年第七卷第一期（民二十一年十二月），合订本，5155～5192 页，北京，书目文献出版社，1992。

② 周子美编：《嘉业堂钞校本目录　天一阁藏书经见录》，上海，华东师范大学出版社，1986。

③ 袁同礼《永乐大典现存卷目》（《国立北平图书馆刊》，1932 年第七卷第一期，5155～5192 页）并没有及时反映这种变化，可见没有参考《嘉业堂钞校本目录》。不过，由于其将卷二三四〇至卷二三四七分为 4 册，故较以前的统计多了 1 册。

④ 张树年、张人凤编：《张元济书札》（增订本），北京，商务印书馆，1997。

通，其一云："翰怡仁兄姻世大人阁下：前日奉示，敬悉《永乐大典》二册遵交敝公司妥递奉天分公司……弟张元济顿首，（1931）五月十四日。"其二云："翰怡仁兄姻世大人阁下：……前承交下《永乐大典》两册，嘱为转交金君息侯。当经寄往沈阳敝分馆。昨得复函，知已代交，所有议定价银一千元亦已如数收到……廿年（1931）六月十二日。"459页又收"致孙伟（字乾三）"信一通云："乾三仁兄阁下：敝友刘翰怡先生函称，承皇宫博物馆金息侯先生迭次函商，欲得其所藏《永乐大典》辽字二册，已允许出让，议定代价一千元……廿年（1931）五月十四日。"查《永乐大典目录》可知，卷五二四八至卷五二四九、卷五二五一至卷五二五二正好是《永乐大典》辽字二册。据前引三通信件可知，这两册是在1931年6月卖给了金梁（字息侯），价钱是一千元。后来，这两册《大典》又归了陈清华；1955年，入藏北京图书馆（现国家图书馆）。

嘉业堂所藏剩下的42册《永乐大典》，后来全部被"满铁"大连图书馆购入。这在1942年出版的岩田实编《满铁大连图书馆增加图书分类目录》中有反映，此书第40页就记载有1939年新增收的《永乐大典》46册，其中包括了《嘉业堂钞校本目录》所收的42册。关于"满铁"大连图书馆购入嘉业堂所藏《永乐大典》的经过，王若一文已有详细的叙述[①]，这里只补充一条王若文中没有涉及的材料，相信对进一步了解事情的经过会有所助益：据当时东洋文库主事岩井大慧说："吴兴嘉业堂刘氏承干的姨太太某氏失败于赛马，把家藏《永乐大典》出售，但是要求买主购买全部，不允许购买部分。面临这好消息，文库努力筹备以符合这条件，但鉴于刚刚脱出于危机的财力限制，不能开支这批巨款。届时我想，这宝贵资料，能够购买全部的机关，除了'满铁'大连图书馆之外，恐怕不会有的。因此先跟'满铁'爱书家松崎鹤雄氏商量以后，向'满铁'总裁松冈洋右氏提出请愿书。昭和十八年二月三日，该书全部49册就

---

① 王若：《关于嘉业堂所藏〈永乐大典〉的下落》，载《图书馆工作与研究》，2002(6)。

由'满铁'大连图书馆接受了。"①

"满铁"大连图书馆在购买嘉业堂藏《永乐大典》的同时，也从其他地方收购了 4 册《永乐大典》。如前所述，《满铁大连图书馆增加图书分类目录》收《永乐大典》46 册，除包括《嘉业堂善本书目》42 册外，另增加了卷三六一四、卷五三四五、卷二二五七〇至卷二二五七二、卷二二七六〇 4 册。据袁同礼《永乐大典现存卷目》②载：卷三六一四、卷五三四五、卷二二五七〇至卷二二五七二、卷二二七六〇这 4 册原藏于吴兴丁氏百一斋。也就是说，"满铁"大连图书馆约于 1938 年从嘉业堂买入 42 册《永乐大典》的同时，还从吴兴丁氏百一斋购入 4 册，一共为 46 册。

另外，还需注意的是，"满铁"大连图书馆在购入嘉业堂藏《永乐大典》之前，就已经入藏了《永乐大典》。据《大连图书馆和汉图书分类目录》第一编"追录"③载，有关"总记"中涉及中国的类书部分收《永乐大典》2 册，共 4 卷：卷二七三九至卷二七四〇、卷一四三八二至卷一四三八三（原书有误，将卷一四三八三著录成卷一四三八二）。1929 年 2 月，袁同礼作《永乐大典现存卷目表》④也将此两册的收藏地注明为大连图书馆。大概于 1925 年以前，"满铁"大连图书馆从北京述古堂书店购入此 2 册。

综上所述，到 1939 年，"满铁"大连图书馆收藏的《永乐大典》已达 48 册⑤。后来，"满铁"大连图书馆所藏《永乐大典》又有增加。到 1944

---

① 参见中国国家图书馆编：《〈永乐大典〉编纂 600 周年国际研讨会论文集》，313 页。这里的叙述也有误，如：昭和十八年（1943），应是昭和十三年（1938）；49 册，应是 42 册。

② 载《国立北平图书馆馆刊》，1932 年第七卷第一期，合订本，5155～5192 页。

③ "满铁"大连图书馆编，1937 年二月出版，补收 1927 年四月一日至 1936 年三月三十一日入藏之图书。

④ 载《国立北平图书馆馆刊》，第二卷第三、第四号，民国十八年（1929）三、四月出版。

⑤ 王若文引原"满铁"大连图书馆馆员大谷武男《回忆录》说，其时"满铁"大连图书馆从嘉业堂秘买了 48 册《永乐大典》。显然，大谷武男有可能是将其时"满铁"大连图书馆所藏《永乐大典》数当作了从嘉业堂购入的《永乐大典》数。关于这 48 册《永乐大典》数的具体卷目，可参见岩井大慧：《袁氏永乐大典现存卷目表补正》，见《池内博士还历纪念东洋史论丛》，昭和十五年（1940）东京座右宝刊行会印行；《大连图书馆所藏〈永乐大典〉卷目表》，载《书香》，第 132 号（昭和十六年）。

年，岛田好统计藏于"满铁"大连图书馆的《永乐大典》已达 55 册①。除了前面提到的那 48 册，又增加了 7 册：卷四八二、卷四八三至卷四八四、卷二五三七至卷二五三八、卷七九六〇至卷七九六二、卷八九七九、卷一三〇一九、卷一四六二六。这 7 册的出处，其中的卷四八二、卷四八三至卷四八四、卷一三〇一九这 3 册出自琅琊王氏，而其余 4 册则出自吴兴丁氏百一斋的旧藏②。

至于"满铁"大连图书馆所藏《永乐大典》的下落，正如王若文中所说：1945 年 10 月苏联从大连图书馆运走了这 55 册《永乐大典》；1954 年 6 月，苏联政府归还给中国政府其中的 52 册《永乐大典》，现藏于中国国家图书馆③；55 册中仍缺的 3 册为：卷四八二、卷四八三至卷四八四、卷二一九〇至卷二一九一。

为了更好地说明嘉业堂及"满铁"大连图书馆所藏《永乐大典》的流散经过，兹将相关著录列表如下：

---

① 参见岛田好：《本馆所藏稀见书解题（一）》，载《书香》，第 156 号（昭和十九年）。
② 岩井大慧将卷八九七九 1 册误记为原藏奉天丁氏。参见前引岩井大慧：《永乐大典现存卷目表》。
③ 这 52 册《永乐大典》的具体卷目，可参见赵万里：《苏联列宁图书馆送还给中国人民的永乐大典》，载《文物参考资料》，1956(2)。

卷目	嘉业堂，1931年前（材料出处：《嘉业堂所藏永乐大典引用书目》）	嘉业堂，1932年（材料出处：《嘉业堂钞校本目录》）	"满铁"大连图书馆，1939年（材料出处：《满铁大连图书馆增加图书分类目录》）	"满铁"大连图书馆，1944年（材料出处：岛田好《本馆所藏稀见书解题（一）》）	国家图书馆，1954年（材料出处：赵万里《苏联列宁图书馆送还给中国人民的永乐大典》）	备注
			收藏地、时间			
四八〇至四八一	√	√		√	√	
四八二				√		下落不详
四八三至四八四				√		下落不详
五五一至五五三	√	√	√	√	√	
八九五至八九六	√	√	√	√	√	
八九八至九〇〇	√	√	√	√	√	
九〇五至九〇七	√	√	√	√	√	
九一七至九一九	√	√	√	√	√	
二一一九〇至二一一九一			√	√	√	下落不详。国图仅有仿抄本
二二二〇至二二六三			√	√	√	
二二六四至二二六五			√	√	√	
二二七〇至二二七一			√	√	√	
二三四〇至二三四二			√	√	√	
二三四三至二三四四			√	√	√	

续表

卷目	收藏地、时间					备注
	嘉业堂，1931年前（材料出处：《嘉业堂所藏永乐大典引用书目》）	嘉业堂，1932年（材料出处：《嘉业堂钞校本目录》）	"满铁"大连图书馆，1939年（材料出处：《满铁大连图书馆增加图书分类目录》）	"满铁"大连图书馆，1944年（材料出处：岛田好《本馆所藏稀见书解题（一）》）	国家图书馆，1954年（材料出处：赵万里《苏联列宁图书馆送还给中国人民的永乐大典》）	
二三四五至二三四七	√	√	√	√	√	
二三六七至二三六九	√	√	√	√	√	
二四〇六至二四〇八	√	√	√	√	√	
二五三七至二五三八	√	√		√	√	
二六〇三至二六〇四	√	√	√	√	√	
二六〇五至二六〇七	√	√	√	√	√	
二七三九至二七四〇		√	√	√	√	
二七四一至二七四二	√	√	√	√	√	
二七五四至二七五五	√	√	√	√	√	
二九七八至二九八〇	√	√	√	√	√	
二九九九至三〇〇〇	√	√	√	√	√	
三〇〇五至三〇〇七	√	√	√	√	√	
三〇〇八	√	√	√	√	√	
三〇〇九至三〇一〇	√	√	√	√	√	

续表

卷　目	收藏地、时间					备　注
	嘉业堂，1931年（材料出处：《嘉业堂所藏永乐大典引用书目》）	嘉业堂，1932年（材料出处：《嘉业堂钞校本目录》）	"满铁"大连图书馆，1939年（材料出处：《满铁大连图书馆增加图书分类目录》）	"满铁"大连图书馆，1944年（材料出处：岛田好《本馆所藏稀见书解题（一）》）	国家图书馆，1954年（材料出处：赵万里《苏联列宁图书馆送还给中国人民的永乐大典》）	
三一三三至三一三四	√	√		√	√	
三一五五至三一五六	√	√	√	√	√	
三六一四	√		√	√	√	
五二四八至五二四九						现藏国图
五二五一至五二五二						现藏国图
五三四五						
六五〇四至六五〇五	√	√	√	√	√	
六五六四至六五六五	√	√	√	√	√	
六五八三至六五八八	√	√	√	√	√	
七二三五至七二三六	√	√	√	√	√	
七二五九至七二四〇	√	√			√	
七五一一至七五一八	√	√	√	√	√	
七五四三						
七九六〇至七九六二						

续表

卷目	收藏地、时间					备注
	嘉业堂，1931 年（材料出处：《嘉业堂所藏永乐大典引用书目》）	嘉业堂，1932 年（材料出处：《嘉业堂钞校本目录》）	"满铁"大连图书馆，1939 年（材料出处：《满铁大连图书馆增加图书分类目录》）	"满铁"大连图书馆，1944 年（材料出处：岛田好《本馆所藏稀见书解题（一）》）	国家图书馆，1954 年（材料出处：赵万里《苏联列宁图书馆送还中国人民的永乐大典》）	
八一六四至八一六五	√	√	√	√	√	
八九七九	√	√	√	√	√	
一〇四五八至一〇四五九	√	√	√	√	√	
一三〇一七	√				√	
一三〇一九					√	
一三〇八二至一三〇八四	√	√	√	√	√	
一四三八二至一四三八三	√	√	√	√	√	
一四五三六至一四五三七	√	√	√	√	√	
一四五七四至一四五七六	√	√	√	√	√	
一四六二〇至一四六二一	√	√	√	√	√	
一四六二四至一四六二五			√		√	
一四六二六					√	
一四六三〇					√	
二二五〇七至二二五七二			√		√	
二七〇六〇			√		√	

60

三、《永乐大典》副本流传史①

明嘉靖末年重录《永乐大典》，至隆庆元年(1567)完成，《大典》遂分正副：原本为正本，重抄本为副本。自此以后，几乎找不到有关《大典》正本下落的任何可靠记载，关于正本的下落就成了一个谜。②《大典》副本共有11095册，在明代隆庆元年抄成后一直藏于皇史宬，直至明亡。

(一)顺治十年(1653)

陈燝《请购遗书疏》云：

> ……臣昨于十年三月搜遗书于内院之东楼，见在简帙错乱，历四十五日始获就绪，而成集者仅千百之一二。惟《永乐大典》一书，藏于皇史宬者，有二万二千八百七十七卷。然以韵为母，事从其类，文无纲领，第可备考核而已。③

案：陈氏于顺治十年负责整理宫中藏书，提到《永乐大典》还完好地藏于皇史宬，只是价值不大，"第可备考核而已"。这是入清后朝廷官员最早关注《永乐大典》下落及利用的史料，而以往我们一直认为清代只是到康熙年间才开始有官员注意《永乐大典》的利用问题，显然是不准确的。

----

① 说明：

(1)本节通过史料编年的方式详细展示《永乐大典》副本的流散过程。

(2)本节是在张升《〈永乐大典〉副本流散史》[《中国典籍与文化》2004(4)]的基础上扩充而成的，读者可以与该文相参阅。

(3)本节有选择地收载关涉《大典》副本流传的史料，在此之外关于《大典》的其他史料，可以参见张升编《〈永乐大典〉研究资料辑刊》。

(4)《大典》副本在明代一直藏于皇史宬，而且保存基本完好。清雍正年间移入翰林院之后，才陆续散出。因此，本节只是介绍《大典》副本自清代以来的流传史。

(5)所列材料后间加案语，对材料中有关流传及相关问题做适当的解释、补充及纠正，主要为了梳理及揭示流传轨迹。

② 参见张升：《〈永乐大典〉正本的流传》，载《图书馆建设》，2003(1)。

③ (清)赵擢彤修，宋绪纂：《(嘉庆)孟津县志》，卷十"艺文"，清嘉庆二十年(1815)刻本。

至于全祖望"钞永乐大典记"："暨我世祖章皇帝万机之余，尝以是书充览，乃知其正本尚在乾清宫中，顾莫能得见者。"①进而推测《永乐大典》之正本在清初仍保存在乾清宫，这种说法是不对的。如果顺治帝真读过《大典》的话，那也只能是副本。

（二）康熙朝（1662—1722）

康熙三十二年（1693）十月徐乾学为《续编珠》作序云：

> 皇史宬所藏《永乐大典》，鼎革时亦有佚失，往者尝语詹事，值皇上重道右文，千古罕遘，当请命儒臣重加讨论，以其秘本刊录颁布。②

案：詹事，指高士奇。到了康熙朝，徐乾学发现《永乐大典》已有所遗失，并且说是在鼎革之时丢的。鼎革之时《永乐大典》曾有散失，这可能只是徐乾学的推测，但可以肯定的一点是，到康熙时《大典》确已有部分遗失。

（三）雍正朝（1723—1735）

张廷玉《澄怀园语》云：

> 此书原贮皇史宬，雍正年间移置翰林院，予掌院事，因得寓目焉。乃写本，字画端楷，装饰工致，纸墨皆发古香。③

全祖望"钞永乐大典记"云：

> 及《圣祖仁皇帝实录》成，词臣屏当皇史宬书架，则副本在焉。移贮翰林院，然终无过而问之者。④

缪荃孙《〈永乐大典〉考》云：

---

① ④ （清）全祖望著、朱铸禹汇校集注：《全祖望集汇校集注·鲒埼亭集外编》卷十七，1070～1072 页。

② （清）徐乾学：《憺园文集》，影印《续修四库全书》本，卷二十"补刻编珠序"，上海，上海古籍出版社，1999。

③ 张升：《〈永乐大典〉研究资料辑刊》，350 页。

副本在皇史宬，因恭藏《圣祖仁皇帝实录》，屏当书架，移贮翰林院。[1]

案：圣祖仁皇帝，即康熙皇帝。到了雍正朝，《永乐大典》由皇史宬移入翰林院。全祖望在雍正末至乾隆初与李绂相约，通过李绂从翰林院中借阅《大典》，抄辑《大典》中的佚书，从中辑得佚书14种。

昭梿《啸亭续录》云："皇史宬在东华门外迤南……凡列圣实录、玉牒、圣训皆藏其中，设旗员年老者八人守之，地甚严密。余于丁卯冬奉迎《纯皇帝实录》，曾一至其地。尝闻徐昆山先生述闻李穆堂侍郎言，其中藏全分《永乐大典》，较今翰苑所贮者多一千余本，盖即姚广孝、解缙所修初本，缮写精工，非隆庆间誊本之所能及。惜是日匆匆瞻礼，不得从容翻绎，未审是书尚存与否也？"[2]皇史宬从来不曾藏过《大典》正本。丁卯即嘉庆十二年（1807），其时皇史宬所藏《大典》副本早已移入翰林院。

（四）乾隆元年（1736）

全祖望"钞永乐大典记"云：

会逢今上（指乾隆帝）纂修《三礼》，予始语总裁桐城方公（指方苞）钞其（指《永乐大典》副本）《三礼》之不传者，惜乎其缺失几二千册。予尝欲奏之今上，发宫中正本以补足之，而未遂也。[3]

李绂"答方阁学问三礼书目"云：

右所开《三礼》书目，在注疏经解之外者，共一百一十六种，皆浙江藏书家所有，然购求颇难。有惧当事不行钞写而以势力强取，遂秘而不肯出者，亦有因卷帙浩繁难于钞写，恐时迟费重，遂以无可购觅塞覆者。往复行移，徒淹时日，无益于纂修……如荆公《周

---

① 缪荃孙：《〈永乐大典〉考》，见张升：《〈永乐大典〉研究资料辑刊》，243～256 页。

② （清）昭梿：《啸亭续录》卷一，391～392 页，北京，中华书局，1980。

③ （清）全祖望著、朱铸禹汇校集注：《全祖望集汇校集注·鲒埼亭集外编》卷十七，1072 页。

礼义》，徐健庵先生悬千金购之而不可得，现在尚存什之二三者，惟《永乐大典》一书。此书现存翰林院，尽可采用。礼局初开，誊录生监与供事书吏一无所事，若令纂修等官于《永乐大典》中检出关系《三礼》之书，逐一钞写，各以类从，重加编次，两月即可钞完，一月即可编定。不过三月，而宋元以前《三礼》逸书复见于天下，其功之大，当与编纂《三礼》等……《永乐大典》二万八千八百余卷，余所阅者尚未及千，然宋元《三礼》义疏，如唐成伯瑜《礼记外传》、宋王荆公《周礼义》、易袚《周礼总义》、王昭禹《周礼详解》、毛应龙《周礼集传》、项安世《周礼家说》、郑宗颜《周礼新讲义》，今世所逸之书咸在，而郑锷、欧阳谦之等诸名家之说附见者尤多，择其精义，集为成书，岂不胜于购求世俗讲章之一无可采者哉。①

李绂"纂修三礼事宜"云：

现抄《永乐大典》内《三礼》之书，《周礼》缺地官、夏官，《礼记》、《仪礼》亦多全卷缺少。查翰林院领书时，照目查收，原少一千一百四十八本，恐系遗在皇史宬内，未曾搬出。应否请旨，再往皇史宬内查寻，抑或各位中堂大人遣的实阁员，会同本馆提调、纂修官，径往宬中寻觅？②

杭世骏《续礼记集说·自序》云：

通籍后，与修《三礼》。馆吏以《礼记》中《学记》、《乐记》、《丧大记》、《玉藻》诸篇相属。条例既定，所取资者则卫氏之书也。京师经学之书绝少，从《永乐大典》中有关于《三礼》者，悉皆录出。《二礼》吾不得寓目，《礼记》则肄业及之。《礼记外传》一书，唐人成伯玙所撰，海宇藏书家未之有也，然止于标列名目，如效社、封禅之类，开叶文康《礼经会元》之先，较量长乐陈氏《礼书》，则长乐心

---

① （清）李绂：《穆堂初稿》，影印《续修四库全书》本，卷四十三。
② （清）李绂：《穆堂别稿》，影印《续修四库全书》本，卷四十九。

精而辞绮矣。他无不经见之书。至元人之经疑，迂缓庸腐，无一语可以入经解，而《大典》中至有数千篇，益信经窟中可以树一帜者之难也。明年，奉两师相命，诣文渊阁搜检遗书，惟宋刻陈氏《礼书》，差为完善，余皆残缺，无可取携。①

翟灏《无不宜斋未定稿》卷二"偕汪西颢征士周心罗明经吴季调金闻石两上舍至太学观石鼓"载：

> 吴东壁先生于三礼馆阅《永乐大典》所载石鼓事迹，有《日下旧闻》未收录者二十余条。

胡玉缙《四库全书总目提要补正·周官总义》云：

> 王文清《锄经文略》"宋儒易山斋先生《周礼总义》序"云："恭逢圣人御极，特诏修定《三礼》，并谕海内士夫家，《三礼》藏本皆得入献……未几，当事奏令纂修官入中秘文渊阁上搜遗逸礼书，予乃从阅得《永乐大典》全书，其书网罗数千家，中载《三礼》多种，而山斋《总义》在焉。案之，独《司徒》一官有缺，余五官皆完善，予为之狂喜。因出语先生族裔宗湉字公申者，时举宏博来京师，且叹且喜，因捐赀佣善书者缮之；予亦从各纂修处汇其稿，只字片言必以付，数阅月录毕，几千余页，约数十万言……"云云。玉缙案：文清所见《大典》辑本仅《地官》有缺，今《提要》称《夏官》亦佚，盖其时《大典》又散失若干册矣。②

胡玉缙《四库全书总目提要补正》"《永乐大典》"载：

> 王文清《锄经文略》"宋儒易山斋先生《周礼总义》序"附记云：(《永乐大典》)书成，卷轴充秘阁，终明代不能镂版，后张江陵奏写副本二部，一藏华盖殿，一藏武英殿，及李贼焚华盖殿，此书亦

---

① （清）杭世骏：《续礼记集说》，卷首"自序"，台北，明文书局，1992。
② 胡玉缙：《四库全书总目提要补正》上，124～125页，上海，上海书店出版社，1998。

焚，惟武英殿本尚在。世祖龙飞初，时驻跸此殿，乃移此书置皇史宬，后移秘阁。①

案：李绂与全祖望他们看过的《大典》还不到 1000 卷。他们都建议三礼馆总裁方苞从《大典》中辑佚书。这里提到《大典》佚失了"几二千册"，只是全氏大约的估算，显然不太准确，因为李绂提到翰林院按照《大典》卷目来清点时，发现只少 1148 册。至于全氏说到宫中还有正本，那更是大错。而李绂认为缺的《大典》可能还在皇史宬，希望派人去查一下。不知最后查了没有，但不管如何，《大典》应该不会落下一部分在皇史宬，应该是此前就已丢失了。

不过，全氏、李氏他们的建议还是起了一定的作用，因为乾隆元年（1736）诏修《三礼》时，纂修官确实从中辑得过佚书。吴廷华（东壁）、王文清、杭世骏等人均在三礼馆看到过《大典》，而且方苞也说："夫《周官注疏》及《订义》、《删翼》诸本，皆仆所点定也；其未定者，独《永乐大典》中所录取耳。"②

至于王文清所说的《大典》收藏等情况，则多不准确：《永乐大典》副本并无藏于武英殿的记录；重抄《大典》，也不是张居正的主意；当时重抄，也没有两部副本；副本在隆庆元年（1567）抄完后，一直藏在皇史宬，并没有先藏武英殿，后移皇史宬的经过。不过，王文清说《大典》曾移秘阁，这是颇值得重视的信息。秘阁一般是指内阁，清朝内阁所附设的内阁大库是在明朝文渊阁的基址上建的（明朝文渊阁在明清之际已毁。清朝另有一文渊阁，是乾隆时为入藏《四库全书》而建的，与此文渊阁不同）。③ 王文清和杭世骏都说曾入文渊阁搜集礼书，应该是指入内阁大库搜书。而且，杭世骏是将看《大典》与入文渊阁搜书分开来说的，说明《大典》应该不是藏在内阁大库。但是，王文清说《大典》在秘阁，而且将入文渊阁搜书与看《大典》并论，说明《大典》肯定在内阁或者内阁附近。

---

① 胡玉缙：《四库全书总目提要补正》下，1083 页。

② （清）方苞：《方苞集》，卷六"与鄂少保论修三礼书"，上海，上海古籍出版社，1983。

③ 参见张升：《明文渊阁考》，载《故宫博物院院刊》，2002(5)。

查三礼馆的相关材料可知，三礼馆是乾隆元年七月正式开馆的，是隶属于内阁的独立机构①，其馆址应在内阁或附近②。在三礼馆开馆期间，《大典》中的一部分被移置三礼馆，所以会有《大典》藏秘阁（内阁）及入文渊阁搜《大典》的提法。至于钱大昕提到《大典》曾移入文华殿，"国祯所谓重录本，即翰林院所贮。乃不言翰林，而言它所，是初写时本藏大内，国朝乃移于翰林也。今移贮于文华殿"③，则是在此基础上的误传（文华殿就在内阁、三礼馆附近）。

（五）乾隆元年（1736）、二年（1737）

"收到书目档"（乾隆元年十一月□日立）云：

> ……（乾隆元年十一月）初七日收掌官常、柏领到翰林院：《永乐大典》八十六套（每套十本），韵总一套（计二本），共计八百六十二本。……（乾隆二年）二月二十四日收掌常、柏领到翰林院：《永乐大典》六十五套零一本，共计六百五十一本。④

"三礼馆为再行知会事"（乾隆二年二月三日）云：

> 移会实录馆：本馆查抄《永乐大典》所有誊录官，副总裁徐大人二月分应捐桌饭银五两，应请照数扣存，以便备领支取。⑤

案："收到书目档"下题"乾隆元年十一月□日立"，是指从此天开始立此档，登记此天后各项入馆书目，并不是指截止时间。当时修《三礼》，利用了《大典》，并从翰林院中借出。此收到书目，应是指三礼馆而言的。例如，该档案又载"乾隆二年正月二十八日，内阁交出……朱

---

① 参见林存阳：《三礼馆：清代学术与政治互动的链环》，30页，北京，社会科学文献出版社，2008。

② （清）沈廷芳：《隐拙斋集》（影印《四库全书存目丛书补编》本，济南，齐鲁书社，2001）卷三十六"仪礼章句序"载："余向同问礼于子方子（指方苞）之门，时校《三礼》于朵殿，间为参酌。自惭弇陋，无能为役。"朵殿，可能是指内阁的侧房。

③ （清）钱大昕：《十驾斋养新录》，286页，南京，江苏古籍出版社，2000。国祯即朱国祯，其《涌幢小品》提到《大典》重录本藏之他所。这所谓他所，即是皇史宬。

④ 方甦生编：《清内阁库贮旧档辑刊》第二编。

⑤ 台北"中研院"历史语言研究所藏：《内阁大库档案》，175414－001（登录号）。

（即朱轼——引者注）手注《周礼》二卷"、"存方大人处，未曾交馆"，均是指的交三礼馆。方大人，应为三礼馆总裁方苞。收掌官常、柏，应为三礼馆收掌官常龄、柏寿。从此书目档可看出，其中所收书多与《三礼》有关。当时各省多献有关之书入三礼馆。三礼馆也派人到翰林院查相关可用之书册（如《大典》），然后借到馆中。

从上引档案看，三礼馆是陆续从翰林院借出《大典》的，而不是一次性借出的。如此说来，当时对《大典》的借阅应该是有所选择的，即应先由纂修官查阅哪些《大典》含有与《三礼》相关的材料，然后再借出这些《大典》。从所借出的《大典》含有零本的情况，也可看出这一点（倘若整套整套地借，不需要摘出零本）。因此，清廷开三礼馆时，《大典》应该没有全部被移藏三礼馆。

（六）乾隆三十二年(1767)

戴震"刊《九章算术》序"：

> 予访求二十余年不可得，拟《永乐大典》或尝录入，书在翰林院中，丁亥岁因吾乡曹编修往一观，则离散错出，思缀集之，未之能也。出都后，恒痛寐乎是。及癸巳夏，奉召入京师，与修《四库全书》，躬逢国家盛典，乃得尽心纂次，订其讹舛，审知刘徽所注旧有图而今阙者，补之。书既进，圣天子命即刊行，又御制诗篇冠之于首。①

案：戴震曾于乾隆三十二年丁亥入翰林院观《大典》。

（七）乾隆三十七年(1772)

"安徽学政朱筠奏陈购访遗书及校核《永乐大典》意见折"（乾隆三十七年十一月二十五日）：

> 臣在翰林，常翻阅前明《永乐大典》。其书编次少伦，或分割诸书以从其类，然古书之全而世不恒觏者，辄具在焉。臣请勅择取其

---

① （清）戴震：《戴震文集》卷七，130页，北京，中华书局，1980。

中古书完者若干部，分别缮写，各自为书，以备著录。书亡复存，
艺林幸甚！

(八)乾隆三十八年(1773)二月

"大学士刘统勋等奏议覆朱筠所陈采访遗书意见折"(乾隆三十八年
二月初六日)：

> ……该学政又称：前明《永乐大典》，其书虽少次伦，然古书之
> 全者具在，请择取其中若干部，分别缮写，各自为书，以备著录。
> 等语。查《永乐大典》一书，系明永乐初年所辑，凡二万二千九百余
> 卷，共一万一千九十五册，最称浩博。旧存皇史宬，复经移置翰林
> 院典籍库。扃贮既久，卷册又多，即官隶翰林者不得遍行检阅。今
> 该学政所奏，亦只系约略大凡，于原书未能悉其梗概。臣等因派员
> 前往库内逐一检查，据称：此书移贮之初，本多缺失，现存在库
> 者，共九千余本，较原目数已悬殊。复令将原书目录六十本取出，
> 逐细阅看，其书大指，系用韵以统字，用字以统事，将平、上、
> 去、入韵字为纲，依次编序。凡经史子集等部，或依音，或从其
> 类，随字收载，多系割裂琐碎。但查原书，采取各种，为数甚伙。
> 其中凡现在流传已少，不恒经见之书，于各卷中互相检勘，有足裨
> 补缺遗、津逮后学者，亦间有之。若一概摒为陈册，不为分别检
> 查，殊非采购遗书本义。惟是卷帙繁多，所载书籍又多散列各韵之
> 中，非一时所能核定。相应奏明，容臣等就各馆修书翰林等官内，
> 酌量分派数员，令其陆续前往，将此书内逐一详查。其中如有现在
> 实无传本，而各门凑合尚可集成全书者，通行摘出书名，开列清
> 单，恭呈御览，伏请训示遵行。①

"军机大臣奏检出《永乐大典》目录及全书各十本呈进片"(乾隆三十
八年二月初十日)：

---

① 张书才主编：《纂修四库全书档案》上，53～54 页。

臣等查《永乐大典》原书共一万一千余本，今现序（存）九千余本，丛杂失次，一时难以遍查。今谨将目录六十本内检出首套十本，及全书内首套东、冬字韵十本，一并检出，先行进呈御览。谨奏。①

"寄谕两江总督高晋等查访《永乐大典》佚本"（乾隆三十八年二月二十三日）：

大学士刘〈统勋〉字寄大学士管两江总督高〈晋〉、浙江巡抚三〈宝〉，乾隆三十八年二月二十三日奉上谕：近因访求载籍，以翰林院所贮之《永乐大典》内，多有人未经见之书，派员查核，约缺一千余本，较原书少什之一，不知何时散佚。闻此书当时在内阁收存时，即有遗失，似系康熙年间开馆修书，总裁官等取出查阅，未经缴回。彼时如徐乾学、王鸿绪、高士奇等，皆在书局最久，其家或尚有存留此书剩本，亦未可定。着高晋、三宝札知各本籍地方官，令向各家一为访问。倘果有其书，无论本数多寡，即为缴出送京。并谕以此书虽系官物，然在当时原无稽核，偶尔取携翻阅，无意收存，本无关碍，此时亦并不追究从前遗失之故。惟是藏书家留此残编剩帙，实为无用之储，若归之中秘，裒辑完全，颇有裨于四库。用是广为谘访，令其家不必惊惶。又或此书别经流播，因而散落人间，以及书贾坊林视为前朝旧书，转相售易，亦属事理所有。并着高晋等留心体访，如见有此书，即官为收买缴送，但须谕有司不动声色，善为搜求，不可假手吏胥，致令藉端滋扰。将此遇奏事之便，传谕知之。此并非特交查办事件，只须随便覆奏。钦此。②

"军机大臣奏蒋赐棨允称寄信回家问明有无收存《永乐大典》片"（乾隆三十八年二月二十三日）：

---

① 张书才主编：《纂修四库全书档案》上，56 页。
② 同上书，60～61 页。

臣等遵旨寄信高晋，询问徐乾学等家有无收藏《永乐大典》，因高士奇籍隶浙江，并拟写寄知三宝。又臣等面奉谕旨，并及原任大学士蒋廷锡，适侍郎蒋赐荣在此奏事，臣等即面为告知。据称：即寄信回家问明，如有收存，即行恭缴等语。合并声明。谨奏。[①]

"两江总督高晋奏遵旨查访《永乐大典》佚本情形折"（乾隆三十八年三月二十二日）：

太子太傅内大臣大学士仍留两江总督统理河务革职留任臣高晋谨奏，为钦奉上谕事……臣遵查徐乾学籍隶江苏昆山县，闻其后裔虽已式微，尚有读书之人。王鸿绪籍隶江苏华亭县，其曾孙原任礼科给事中王显曾，现在告病回籍。是此书之有无，可以一询而知。当即札饬苏州布政使增福，转饬苏州府知府孔传炯、松江府知府韩锡胙，各亲至其家，宣布圣意，善为传谕，使其家不必惊惶，悉心检查，如有此书，无论本数多寡，即为缴出。第恐此书别经流播，散落人间，或书贾坊林转相售易，一时未能即得，更应恪遵上谕，广为谘访，给价收买。复经臣遴委办事勤慎之常州府学训导孙凤鸣，给发银两，令其在于扬州、苏州收买旧书各铺，访求购觅。并传谕藏书之家，俾知留此残编剩帙，实为无用之储，理应速行缴出，将来得见圣世，订正全书，共深庆幸。并饬地方官不许假手胥吏，致滋扰累，有干参究。一俟购得此书，不拘本数，即行敬谨呈缴，以仰副圣主稽古右文、表章典策之至意。[②]

案：乾隆三十八年二月，乾隆派人从《大典》中辑佚书，并随后开馆编纂《四库全书》。当时朝廷官员只是大致清点了《大典》，发现已只有9000余册。由于此后至乾隆五十九年（1794）十月十七日再次清点时，并无遗失的记载，所以此时《大典》实存册数，应与乾隆五十九年的实存册数相同：实存9881册（不包括目录60册、《韵总》1套2册），已佚去

① 张书才主编：《纂修四库全书档案》上，61页。

② 同上书，64～66页。

1152册。鉴于其时《大典》已遗失不少，乾隆遂下旨对遗失《大典》展开查找。不过，此次调查，《大典》副本一无所获，只是意外地找到一种《大典》辑本《考工记》。[①]

(九)乾隆三十九年(1774)六月

"多罗质郡王永瑢等奏黄寿龄遗失《永乐大典》六册交部议处折"(乾隆三十九年六月二十五日):

> 多罗质郡王臣永瑢等谨奏，为奏明事。窃臣等遵旨纂办《永乐大典》内散篇各书，所有应行采录诸条，现在陆续摘抄将竣，因派令各纂修等将已经理清粘出副本，查对原书，逐一分头详细校勘，以便迅速编排成帙。正在上紧克日催办间，兹据纂修官、庶吉士黄寿龄告称：职蒙派纂辑散篇，所有现分之《考古质疑》、《坦斋通编》二部，头绪较繁，均须查对原本。缘日间校阅未毕，恐致迟误功课，因于十三日晚间，将《永乐大典》原本六册，用袱包裹带回，拟欲乘夜趱办。讵行至米市胡同，偶然腹泻下车，被贼连包窃去，追觅无踪，实属一时失于照料，不胜惶惧，理合报明查缉等语。查黄寿龄所失《永乐大典》六本，虽其中应行摘录拟入《四库全书》者，均已录有钞本，是正本即失，尚有钞本可用，但该庶吉士携带官书，理应小心慎重，乃不行防范，以致被窃，疎忽之咎，实无可辞。除臣英廉、臣张若湉现在分饬步军统领衙门番役营捕及五城司坊官役等，上紧设法严缉，务将原书查获外，理合奏明请旨，将庶吉士黄寿龄交部议处。伏乞皇上睿鉴。谨奏。[②]

"谕着舒赫德查明遗失《永乐大典》实情并各省书籍毋许携往私家"(乾隆三十九年六月二十六日):

> 乾隆三十九年六月二十六日奉旨：据办理四库全书处奏，纂修黄寿龄遗失《永乐大典》六册，请交部议处等语。《永乐大典》为世间

① 参见张升：《全祖望辑〈永乐大典〉佚书之下落》，载《图书馆研究与工作》，2003(2)。
② 张书才主编：《纂修四库全书档案》上，213页。

未有之书，本不应听纂修等携带外出，况每日备有桌饭，各员饱食办公，尽一日之长，在馆校勘，已可不误课程，原无藉复事焚膏继晷。至馆中设有提调人员，稽查乃其专责。携书外出，若曾经告知提调，即当与之同科；或纂修私自携归，该提调亦难辞失察之咎。着舒赫德查询明确，据实覆奏。其所失之书，仍着英廉等上紧严缉，毋致阙少。至在馆之总裁，朝夕共事，亦不应漫无觉察若此，并着明白回奏……钦此。①

"多罗质郡王永瑢等奏黄寿龄携书私回不能觉察自请交部议处折"（乾隆三十九年七月初二日）：

多罗质郡王臣永瑢等谨奏，为遵旨明白回奏事。窃臣等具奏纂修官黄寿龄遗失《永乐大典》六册一折，本月二十八日接奉谕旨：在馆之总裁，朝夕共事，不应漫无觉察若此，并着明白回奏。钦此。臣等跪读之下，不胜惭悚。伏念《永乐大典》为人间未有之书，我皇上稽古右文，简派翰林编校，汇入《四库全书》，优给官餐，俾得从容翻阅。该纂修等自应逐日就馆编纂，何得私自带归，致贻踈失。臣等蒙恩综司馆务，开馆以来，时饬知诸翰林，每日领阅书籍，务须随领随缴，并嘱各提调随时稽查。乃于黄寿龄私带回家，不能觉察，致有遗失之事。荷蒙圣明训示，惶愧无地。臣等实无可以回奏之语，惟有仰恳天恩，将臣等交部议处。所有《永乐大典》，现交提调等通行查检，敬谨收贮，嗣后断不致各纂修任意携取外，至各省送到遗书，现即遵旨严查，造具总册，按部点清，分别局贮，并饬令各纂修等务须在馆校阅。臣等仍不时稽查，如尚有私自携带者，一经察出，即行指名参处。其所失书本，臣英廉等仍督令番捕人等，上紧设法严缉务获。合并声明。谨奏。②

"大学士舒赫德奏遵旨查明提调等失察黄寿龄携书外出请交部察议

---

① 张书才主编：《纂修四库全书档案》上，216～217 页。
② 同上书，219～220 页。

折"（乾隆三十九年七月初二日）：

> 臣舒赫德谨奏，为遵旨查奏事……臣随即传齐该提调等，将黄寿龄携书出馆曾否告知之处，面加询问。据称：黄寿龄实系私自携出，并未告知提调。如果知情，此时奉旨查询，岂有敢于隐瞒，更受重处分之理等语。臣恐该提调实系与闻，有心推卸，因复传纂修黄寿龄询问，据称：因赶办散篇，恐误课程，携归连夜纂辑，不意行至中途被窃。是日寿龄出馆极晚，未及告知提调等语。臣细加确核，该提调等实未知有携书私回之事。但伊等职司提调，凡属在馆书籍，自应实力稽查，乃于黄寿龄携带《永乐大典》归家，漫无觉察，以致遗失，实难辞咎，应请旨将提调官洗马梦吉、检讨王仲愚等及是日该值之收掌等，俱交部察议。至臣等总裁官，亦殊疎忽，另行明白回奏外，所有臣奉旨查询缘由，理合据实覆奏。谨奏。①

"内务府总管金简奏黄寿龄携书外出提调等率意从事请交部议处折"（乾隆三十九年七月初三日）：

> 奴才金简谨奏，为参奏事……上月十三日，庶吉士黄寿龄将《永乐大典》六册携出被窃，彼时该提调等并未告知奴才。至十六日早，奴才闻有此事，随即差内府番役头目立住，面见纪昀、黄寿龄，详问被窃地方并书名、纸色、式样，密令番役等遍加踩缉，务期全获。正在查访之间，二十五日晚，据供事禀称：本处遗书一事，已于今早由报具奏。奴才伏思一切章奏，无论大小，奴才既列衔名，即宜参酌。该提调于被窃之初，并未即时禀明，而发报之先，又不将奏折送阅，事关奏请，未便率意从事，若不据实奏闻，恐将来辗转效尤，实于公务无裨。除奴才失察之咎，公折奏请交部议处外，请将该提调、收掌等交部议处，以示惩戒。为此，谨奏请旨。②

---

① 张书才主编：《纂修四库全书档案》上，220~221 页。
② 同上书，222~223 页。

"寄谕署步军统领英廉密缉偷窃《永乐大典》正贼并覆奏访缉情形"（乾隆三十九年七月十八日）：

> 大学士于〈敏中〉字寄署步军统领·尚书英〈廉〉，乾隆三十九年七月十八日奉上谕：英廉奏黄寿龄遗失《永乐大典》六册，于七月十五日夜，在御河桥河沿上检得等语。《永乐大典》六本，既经检获，不至缺少，固属甚好。但正贼尚未弋获，虽据折称仍饬旗营员弁番役人等，严缉务获，恐员役等不过具文了事。朕思此书遗失以来，为日已久，必其人偷窃后，潜向书肆及收买废纸等处售卖，〔书〕贾等知《永乐大典》系属官物，不敢私行售卖。该犯亦知缉捕严紧，不敢存留，遂于黄夜潜至河畔，以冀免其祸。情形大概如是。①

案：乾隆三十九年六月，发生了一件意外之事，即四库馆纂修官黄寿龄私自携出《大典》6 册，在回家途中被人窃去。乾隆非常生气，下令追查，但毫无进展。一个月之后，正当朝廷上下为此窃案一筹莫展之时，此 6 册《大典》又完好无损地在御河（玉河）桥边上被拾了回来。至于偷窃者为谁，为何窃得而复交回，则又成了一个谜。

（十）乾隆五十九年（1794）十月

"军机大臣奏遵查《永乐大典》存贮情形并将首卷黏签呈览片"（乾隆五十九年十月十七日）：

> 遵查《永乐大典》，只有一部，现在翰林院衙门存贮。原书共二万二千九百三十七卷，除原缺二千四百四卷，实存二万四百七十三卷，共九千八百八十一本，外有目录六十卷。查卷首载永乐原制序文及姚广孝等原进表文。谨将首卷序表及东字韵内载李舜臣《江东十鉴》一册，一并黏签呈览。谨奏。②

案：《大典》原有 22937 卷（含目录 60 卷），其中正文部分 22877 卷。

---

① 张书才主编：《纂修四库全书档案》上，225～226 页。
② 同上书，2372 页。

这里原缺 2404 卷，是指正文而言的，所以实存 20473 卷也是指的正文。这 20473 卷共为 9881 册。此外，还有目录 60 卷（共 60 册）、《韵总》一套 2 册，连前共为 20533 卷，9943 册。那么，乾隆五十九年《大典》（含目录）实存数为：20533 卷，9943 册。《大典》原有 11095 册（含目录、《韵总》1 套 2 册），因此，乾隆五十九年时《大典》实缺数为：2404 卷，1152 册。

(十一)乾隆(1736—1795)、嘉庆(1796—1820)之际

英和《恩福堂笔记》卷上云：

> 余未第时，因仓有海运名，即注意于运务。迨入翰林后，每于清秘办公之余，辄阅《永乐大典》，凡有元一代海运事宜，手自摘录，汇抄成册，藏之于家。[①]

案：英和(1771—1840)幼名石桐，字树琴，一字定圃，号煦斋，索绰络氏，满洲正白旗人，隶内务府。乾隆五十八年(1793)癸丑科二甲二十五名进士，曾官编修、学士、户部尚书、协办大学士等。其入翰林并阅看《大典》，约在此时。

(十二)嘉庆十五年(1810)

阮元《仪征县志·序》云：

> 嘉庆十四年，在翰林院检《永乐大典》，见其中有宋绍熙《仪征志》、嘉定《真州志》，命小史抄一副本，藏诸箧笥。[②]

阮元跋《河南志》云：

> 余于嘉庆十五、六年间，在京师文颖馆总阅《全唐文》。时《永乐大典》多移在馆，有馆中供事钞得东汉《东都城图》一纸、西晋《洛阳京城图》一纸、后魏《洛阳宫城图》一纸、《金墉城图》一纸，余阅而喜之，亦不能究其从何处钞出，遂令照钞数纸，知此图非后人所

---

① （清）英和：《恩福堂笔记·诗钞·年谱》卷上，27 页，北京，北京古籍出版社，1991。

② 转引自郑伟章：《文献家通考》，603 页，北京，中华书局，1999。

能造，必唐以前人旧书中之遗迹也。①

案：嘉庆十五年，朝廷开馆修《全唐文》，利用《大典》作为征引资料。嘉庆十五年，阮元总阅《全唐文》，曾将《大典》移置于"文颖馆"。其时有不少参修者（如徐松、胡敬、孙尔准等）借此从《大典》中辑出佚书，最著名的当数徐松辑得的《宋会要辑稿》。

关于文颖馆的位置，《钦定日下旧闻考》卷六十四载："西斋房旧为皇清文颖馆，后又为功臣馆。乾隆三十八年（1773）于院署置钦定四库全书馆，原心、宝善二亭及西斋房皆为校雠之所，遂移功臣馆于状元厅。"②《养吉斋丛录》载：嘉庆年间文颖馆在宫中尚衣监后，殿宇二层。③两者所述不一，以何者为准呢？其实，全唐文馆即设在皇清文颖馆，就在翰林院，所以阮元云在文颖馆校《全唐文》。这里的文颖馆指的就是翰林院中的皇清文颖馆。而《大典》就藏在翰林院中的敬一亭，所以移出移入均较为方便。

(十三)嘉庆十六年(1811)

翁树培云：

> 嘉庆己巳（十六年）冬，文颖馆辑唐文，以《永乐大典》参校。④

《（光绪）顺天府志》卷一二六"艺文志五·翁树培古泉汇考八册"载：

> 树培曾请观《永乐大典》，终日手自钞写，凡稍涉泉币者，无不采入。

案：翁树培借开馆修《全唐文》的机会，利用《大典》编校《古泉汇考》。翁树培，字宜泉，号申之，顺天大兴（今属北京市）人，翁方纲次

---

① 转引自（元）佚名纂修、（清）徐松辑：《河南志》，附录"缪荃孙跋"，228 页，北京，中华书局，1994。

② （清）于敏中等：《（钦定）日下旧闻考》第 4 册，1056 页，北京，北京古籍出版社，1985。

③ （清）吴振棫：《养吉斋丛录》，180 页，北京，北京古籍出版社，1983。

④ 转引自艾俊川：《读〈永乐大典〉校本〈泉志〉札记》，见中国国家图书馆编：《〈永乐大典〉编纂 600 周年国际研讨会论文集》，214 页。

子，乾隆五十二年（1787）进士，官刑部郎中；博学好古，好摹写篆、隶，擅篆钟鼎文字，凡古之刀币货布，皆能辨识，所著有《古泉汇考》等。

（十四）嘉庆二十年（1815）

傅增湘《藏园群书经眼录》云：《御制校永乐大典诗并纪事》一册，许乃济题识：

> 《永乐大典》只有一部，现存翰林衙门敬一亭。原书共二万二千九百三十七卷（内有目录六十卷），除原缺二千四百四卷，实存二万四百七十三卷，共九千八百八十一册。嘉庆乙亥夏偕同清秘堂诸友重加编查，因取首册倩供事录出，藉见此书大概。……是年六月十七日仁和许乃济谨识。①

案：嘉庆二十年（1815），《大典》仍藏于翰林院敬一亭，许乃济等人对其做过清点，发现其与乾隆朝修《四库》时所存之数一样，并无遗失。其时《全唐文》刚编成不久，借出的《大典》应已归还，故能做全面的清点。

（十五）嘉庆（1796—1820）、道光（1821—1850）间

姚元之《竹叶亭杂记》云：

> 宋曹士冕作《法帖谱系》，世罕得其本。浙江鲍士恭家有藏本，人亦希见。余尝于《永乐大典》中写出之。其论《淳化帖》之支派甚详。
>
> 元人卖猫有契，《永乐大典》载其契云："一只猫儿是黑斑，本在西方诸佛前……年月日契。"②

案：姚元之（1773—1852），字伯昂（印），号荐青，又号竹叶亭生，晚号五不翁，安徽桐城人；嘉庆十年（1805）进士，累官至左都御史；著

---

① 傅增湘：《藏园群书经眼录》，855页。
② 分别参见（清）姚元之：《竹叶亭杂记》卷四，101页；卷八，172页，上海，上海古籍出版社，1996。

有《竹叶亭纪诗稿》《竹叶亭杂记》。其自《大典》抄辑出《法帖谱系》，当在嘉庆、道光年间（其中进士之后）。国家图书馆善本部藏《永乐大典目录》60 卷、《韵总歌括》1 卷、《韵总》4 卷，题明解缙等辑，清抄本，共 14 册，半页 10 行，无格，每册首页盖有"桐城姚伯卬藏书记"朱长方印，也应该是姚元之抄于此时。

（十六）道光四年（1824）

道光四年四月"翰林院来文一件（移送《永乐大典》钱字诸韵本到馆）"云：

> 准国史馆文称，本馆现有应查《永乐大典》钱字一韵之处，相应行文贵院检出，派员领取，等因前来。今本院将《永乐大典》钱字韵自卷四千六百六十八起，至卷四千六百九十六止，内附前字……诸韵，共十四本，逐页检明，交馆员领去，俟贵馆查阅后，即将原书缴还本院，以便归库。幸勿久延可也。

道光四年闰七月二十七日"翰林院来文一件（知照派员领取《永乐大典》龟、命等字韵）"云：

> 翰林院典籍厅为移送事，本馆现有应查《永乐大典》龟字、命字二韵之处，相应行文贵院检出，派员领取，等因前来。今本院将龟字自卷二千七百零五起至卷二千七百零九止，内附圭字；又将命字自卷一万八千六百零七起至卷一万八千七百八十六止，内附鸣、□等字，《永乐大典》八十一本，逐页检明，交馆员领去，俟贵馆查阅后，即将原书缴还本院，以便归库。幸勿久延可也。①

案：道光四年的两件档案说明，其时《大典》的收藏应还较完好，对其管理亦较严，移取、交还均有一定的手续。从这也可看出，当时修书各馆亦曾借阅《大典》，并非如下引缪氏文所说的：《大典》无人过问，蛛

---

① 以上两档均参见第一历史档案馆藏《国史馆全宗档案》"编纂"第 524 号，"国史馆为纂办各志传调取档案书籍与内阁等衙门的来往文件"〔起乾隆三十九年至光绪二十年（1774—1894）〕。

网尘封。

(十七)道光八年(1828)

缪荃孙《〈永乐大典〉考》云:

> 道光戊子八年重修《一统志》,嘉兴钱心壶给谏仪吉曾奏请重辑
> 《大典》未尽之书,谕俟《统志》修毕,再行核办,新安相国颇以为多
> 事。逮《统志》成而西陲兵起,给谏亦降官,无人敢理此事矣。原书
> 万余册,恭庋敬一亭,蛛网尘封,无人过问。

案:道光八年,《大典》仍藏于翰林院敬一亭。乾隆时《大典》就只剩
9000余册,所以此时不可能仍有万余册。所谓"原书万余册"云云,推
测缪氏之意,大概是指其时《大典》的散佚还并不严重。

(十八)道光二十五年(1845)

《何绍基手写日记》云:

> (道光二十五年二月)初六日,早上馆,馆中人□,几无坐处,
> 同□生先出,至翰林院,与溥、福诸君同饭。饭后看《永乐大典》及
> 前明朝报、实录。朝报等俱在尘土中,不堪入目,可叹也。①

(十九)咸丰十年(1860)

缪荃孙《〈永乐大典〉考》云:

> 咸丰庚申十年与西国议和,使馆林立,与翰林院密迩,书(《大
> 典》)遂渐渐遗失。

案:《大典》比较大规模地陆续散佚,是从咸丰十年开始的。《大典》
散佚的主要原因是当时利欲熏心的官吏监守自盗所致,而非有些论者以
为是英法联军盗掠所致。②《茇楚斋随笔》记录了偷盗者的伎俩:"其盗
书之法:早间入院,带一包袱,包一棉马褂,约如《永乐大典》两本大

---

① (清)何绍基:《何绍基手写日记》,103页,台北,世界书局,1971。

② 参见张忱石:《永乐大典史话》,17~18页。

小。晚间出院，将马褂穿于身上，偷《永乐大典》两本，仍包入包袱内，如早间带来样式。典守者见其早挟一包入，晚复挟一包出，大小如之，不虞其将马褂加穿于身，偷去《永乐大典》两本，包于包袱内而出。"①这确实是"极精巧刻毒"的偷书法。他们偷到《大典》后，多以十两银子一册售给他们的洋主顾。所以，王颂蔚在《送黄公度随使英法》一诗中发出"顷闻伦敦城，稿尚盈两屋"的慨叹。②不过，查《不列颠博物院图书馆中国书籍绘画目录》[英国杜格拉（Robert Kennaway Douglas）编，1877年铅印本，藏中国科学院国家科学图书馆]，其中并未收有《永乐大典》；而《英国博物院图书馆中国书籍钞本目录补编》[英国杜格拉（Robert Kennaway Douglas）编，1903年铅印本]亦只收《永乐大典》1册（卷一九七八九至卷一九七九〇）。不知王颂蔚所言是否可信。

(二十)咸丰十一年(1861)

《翁同龢日记》云：

> 咸丰十一年七月初六日，到署检书，见《永乐大典》。是书藏敬一亭，久无人问矣。亭屋三椽，中设宝座，旁列书架十二。《大典》本以朱丝界画，缮手工整，高二尺许，宽尺许，在架者不及架之半，尘积寸余，零落不能触手矣。③

案：翁氏所看到的《大典》，收藏地方不变，但书已是积尘盈寸，不堪触手。而且，当时《大典》在架者不及架之半，按乾隆时9900余册算，估计翁氏看到的应不及5000册。

(二十一)光绪元年(1875)

缪荃孙《〈永乐大典〉考》云：

> 光绪乙亥重修翰林院衙门，庋置此书，不及五千册。严究馆人，交刑部毙于狱，而书无著。

---

① 刘声木：《苌楚斋随笔续笔三笔四笔五笔》卷三，49～50页，北京，中华书局，1998。

② 孙壮：《永乐大典考》，载《国立北平图书馆馆刊》，第二卷第三、第四号，206页。

③ 陈义杰整理：《翁同龢日记》，127页，北京，中华书局，1989。

案：当时只剩下不及 5000 册。

(二十二)光绪二年(1876)

缪荃孙《〈永乐大典〉考》云：

> 余丙子入翰林，询之清秘堂前辈，云尚有三千余册。请观之，则群睨而笑，以为若庶常习散馆诗赋耳，何观此？且官书出借焉能借出？

案：当时只剩下 3000 余册。

(二十三)光绪十一年(1885)

文廷式《纯常子枝语》卷三载：

> 《永乐大典》今存于翰林院者仅八百余册，余乙酉、丁亥在京时，志伯愚锐詹事方协办院事，曾借读三百余册。

《文廷式集》中有不少其抄《大典》材料的记载，如卷四"史志上·补晋书艺文志"："綦母邃《列女传注》案：《永乐大典》二百六《列女传》：……綦母邃注曰……据此，则邃注《列女传》，明初犹存"，"张诠《子张子》八篇，《永乐大典》六千三百三十九引《江州志》曰：张诠……"，"张野《庐山唱和诗》，《永乐大典》六千三百三十九引《江州志》曰：张野……"；卷五"史志下·唐人交州记辑本序"："余于《永乐大典》卷一万一百二十得唐人《交州记》一卷，今辑录于此，以存边隅之故实焉"；卷六"笔记上·琴风余谭"："《永乐大典》一万四千一百二十五引《春秋后语》云：……"，"笔记中·芗屑"："卢邈。(《永乐大典》引《宜春志》：……)"；卷十"书简·致于式枚书(十五)"："日来欲倩伯愚借《永乐大典》读之，亦残年一乐也"，"书简·致于式枚书(十九)"："《大典》钞数卷，亦恒辍手，劳而无功，学者所深戒也"。[①]

《书林清话》云：

> 《永乐大典》有百余本在萍乡文芸阁学士廷式家。文故后，其家

---

① 以上分别引自吕叔子编：《文廷式集》，364、428、547、570、799、936、1190、1193页，北京，中华书局，1993。

人出以求售，吾曾见之。皆入声韵，白纸八行朱丝格钞，书面为黄绢裱纸。盖文在翰林院窃出者也。[1]

《天理图书馆善本丛书·永乐大典》附竺沙雅章"解题"引内藤湖南手书一纸云：

> ……文芸阁太史尝语余云：庚子变前，翰林所藏尚九百余本。

案：伯愚即志锐。文氏借读《大典》在光绪十一年秋冬间。在这期间，文廷式曾在翰林院借阅过《大典》300 余册，而盗走了起码 100 余册。后来文廷式和内藤湖南说起翰林院所藏《大典》还有 900 余本，大概是指光绪十一年而言的。

(二十四)光绪十二年(1886)

缪荃孙《〈永乐大典〉考》云：

> 逮丙戌光绪十二年志伯愚侍读锐始导之入敬一亭观书，并允借阅。每册高二尺，广尺二寸，粗黄布连脑包过，硬面宣纸朱丝阑。每叶三十行，行二十八字，朱笔句读，书名或朱书或否。前后阅过九百余册，而余丁内艰矣。其书零落不完，毫无巨帙。

《敬孚类稿》云：

> ……光绪丙申(光绪二十二年，1896)秋九月，偶与江阴缪筱珊编修荃孙及诸友泛舟秦淮，谈及此书……筱珊又云：今翰林院所存者，咸丰末三两年多为英人窃购，送之西洋院中，存者不过九百多本。其书一人所窃，不过能携四五本。[2]

案：缪氏云其前后共阅过 900 余册，似乎翰林院所藏《大典》并不止 900 余册。不过，缪氏在光绪二十二年对萧穆忆及此事，说到当时只有

---

[1] 叶德辉：《书林清话》，185 页，长沙，岳麓书社，1999。

[2] (清)萧穆：《敬孚类稿》，《近代中国史料丛刊》本，卷九"记永乐大典"，台北，文海出版社，1969。

900 余册；而且，前述文廷式提到光绪十一年时《大典》也只有 900 余册，因此，到光绪十二年时，翰林院所藏《大典》不过 900 余册。

(二十五)光绪十四年(1888)

《艺风老人日记》云：

> （戊子四月）四日乙酉……校《永乐大典》。……五日丙戌……校《永乐大典》……（戊子四月）六日丁亥……校《顺天府志》毕，还《同听秋声图》手卷及《永乐大典》三册于志伯愚……《永乐大典》中有明初《顺天府志》二十卷，今存四千六百五十起、四千六百五十七止，为《府志》卷七至卷十四，中引《元和郡县志》六条。①

案：缪氏通过志锐（伯愚）借阅《大典》，并从其中录出《永乐大典·顺天府》等。《大典》卷四六五○至卷四六五七，待访。

中华书局 1986 年影印本《永乐大典》第九册，卷一一九○五至一一九○七，第 8347 页，李文田题记：

> 《大典》自乾隆中馆臣抄校后置翰林院，自后多散失，今存五百余本耳。萍乡文芸阁孝庭（廷式，光绪壬午举人），馆志伯愚庶子家（锐，庚辰翰林，清秘堂办事），遍读之，手录其菁华，为言：当日辑《大典》，只是随意采取耳，惜不能及未佚之时而读之也。此册即孝庭属抄出者。宋元间广州舆地之书，大半今人所不得复见，真可宝也。光绪戊子四月装治甫毕，漫记于卷端。顺德李文田记。

案：500 余册之说，可能有误。

(二十六)光绪十八年(1892)

傅增湘《藏园群书题记》"永乐大典跋"条云：

> 《永乐大典》旧藏于翰林院敬一亭中……庋阁既久，扃锸渐疏，职掌者既取携自如，吏胥辈又时时盗窃，听其日以消亡，曾不为之

---

① 缪荃孙：《艺风老人日记》，15、16 页，北京，北京大学出版社，1986。

整理。洎壬辰岁，陈君孟陶奉掌院命编辑《翰林院书目》，余得睹传抄之本，其子部目所载《大典》，存八百七十册，此官纂之书，其册数宜确然可据。然丙子至此，曾未二十年，而锐减至四分有一。[①]

案：陈孟陶，即陈侃。光绪十八年，翰林院中的《大典》仍存有 870 册，因为《翰林院旧书目录》下册明确载有："《永乐大典》，存八百七十本。"[②]光绪二年(丙子)《大典》仍有 3000 余册，故傅氏感叹在不到二十年的时间内《大典》锐减至原来的四分之一。

(二十七)光绪十九年(1893)

缪荃孙《永乐大典考》云：

> 癸巳起复，询之，则有六百余册。庚子拳匪倡乱，毁翰林院，以攻使馆之背。旧所储藏，均付一炬，《大典》遂一册不存。

案：600 余册之说可能有误。

(二十八)光绪二十年(1894)

《翁同龢日记》云：

> 光绪二十年六月初十日，至清秘堂坐，办事诸君咸集，揖坐。看明抄《四史》(不全)、《永乐大典》(剩八百余本)[③]。

《敬孚类稿》云：

> 江建霞言，甲午年(光绪二十年)简放湖南学政，召见时，上谕及上海石印《图书集成》，建霞因拜言能以《永乐大典》石印尤善。上

---

① 傅增湘：《藏园群书题记》，482 页。

② 《翰林院旧书目录》2 册，1937 年燕京大学图书馆据东方文化总委员会图书馆藏抄本传抄，藏北京大学图书馆。另据莫友芝撰、傅增湘订补、傅熹年整理《藏园订补郘亭知见传本书目》卷六第 61 页载："《翰林院目录》四册，清陈侃编，抄本，分四部，但记书名册数，不载撰人，不注明抄本、刊本，分类亦淆乱。光绪十八年编。内多四库存目之书。"可知此书即为《翰林院目录》的"旧书"部分，编于光绪十八年。

③ 陈义杰整理：《翁同龢日记》第 5 册，2706 页。

深以翰林院所藏之本殊剩无几为惜。建霞又拜言，皇史宬藏本可据。上谕已经敕查，并无此书，更无他处可查矣。①

(二十九)光绪二十三年(1897)

《恽毓鼎澄斋日记》光绪二十三年十一月二十八日：

> 看《永乐大典》，本系二万二千九百三十七卷，今存者八百五十四本而已。

案：当时还有 854 册。恽毓鼎(1862—1917)，字薇孙，一字澄斋，大兴(今属北京)人，祖籍江苏常州。光绪十五年考中进士，改翰林院庶吉士，次年散馆任翰林院编修。

(三十)光绪二十六年(1900，庚子)六月

《庚子使馆被围记》6 月 24 日云：

> 昨日有一放火者，伏行如猫，用其灵巧之手术，将火种抛入翰林院，只一点钟，众公使居住之英使馆顿陷于危险之域。众公使大惊……予前已述过，英使馆之东、南二面为别使馆所掩护，不能直接受攻，除非外线之人失守而退，敌始能至耳。西边因有上驷院之保护，亦不必十分设防，故敌人之能直接来攻者，唯余二处：一为窄狭之北方，一为西南角，其间有中国矮小房子接于使馆之墙，彼中国人奇异之攻击，只能于此二处发展，初自西南角来攻，今则转其锋于北面，放火烧翰林院。翰林院者，乃中国十八省之牛津、剑桥、海德堡、巴黎也，中国读书人最崇敬者厥维翰林，院中排积成行，皆前人苦心之文字，均手钞本，凡数千万卷，所有著作为累代之传贻，不悉其年。又有未上漆之木架，一望无尽，皆堆置刻字之木板……而在此国中则自矜博涉，处于读书人最高之位，上自王公、下至乞丐无不尊敬者……数百年之梁柱爆裂作巨响，似欲倾于相连之使馆中，无价之文字亦多被焚，龙式池及井中均书函狼藉，

---

① (清)萧穆：《敬孚类稿》卷九"记天禄琳琅目录三四两编本"。

为人所抛弃……有绸面华丽之书，皆手订者，又有善书人所书之字，皆被人随意搬移……其在使馆中研究中国文学者，见宝贵之书如此之多，皆在平时所决不能见者，心不能忍，皆欲拣选抱归，自火光中觅一路，抱之而奔。但路已为水手所阻，奉有严令，不许劫掠书籍。盖此等书籍有与黄金等价者。然有数人仍阴窃之，将来中国遗失之文字或在欧洲出现，亦一异事也……未几英国使馆外面房子亦被焚，北风甚大，火舌将及于正室，无数男女老幼之人皆到井边，以数百种不合用之器具汲水泼之。予归时，见数公使夫人，竟取房内水钵，满盛以水，珊珊而行。危险既临，多时未见之面貌亦被烟薰出，予之首领亦在其内。①

田仲一成"日本东洋文库收集《永乐大典》残本的过程"中载 Woodhouse 暎子"北京罹火——义和团与莫利孙"云：

次日（1900 年 6 月 21 日，应为 23 日），世界最古老的翰林院图书馆也烧落了……此时，服部宇之吉看到几百册《永乐大典》积累在书架上……莫利孙立刻跟日本文部省派遣的留学生狩野直喜博士，《东京每日报纸》特派员古城贞吉等一起，奔驰到翰林院书架，各自带着几本，搬到英国公使馆。②

英国驻华公使窦纳乐"关于北京自 1900 年 6 月 20 日至 8 月 14 日所发生的事件的报告"：

人们只能够希望，中国人作为一个文人学士的民族，将不愿意采取这个野蛮行动（指焚烧），毁坏他们本国的藏书室。

（6 月 23 日）上午十一时十五分，敌人对翰林院发动了一次坚决的攻击。攻击之前，从上驷院进行了一阵猛烈的步枪射击，然后翰林院的大部分房屋被敌人放火焚毁。火警的钟声响了，所有的人

---

① ［英］普特南·威尔：《庚子使馆被围记》，59～60 页。
② 中国国家图书馆编：《〈永乐大典〉编纂 600 周年国际研讨会论文集》，307 页。

立即进行努力救火的工作。中国人仔细挑选了他们的日子，对他们所干的破坏活动显然没有感到任何不安。当时正刮着清凉的北风，火焰被刮得越来越逼近使馆的建筑物；一场顽强的战斗持续到傍晚，那时火焰才被扑灭下去，但在未扑灭之前，构成翰林院四分之三以上房屋的庙宇、考场、藏书室等已被焚毁……我们下命令尽可能抢救翰林院中的宝贵书籍。然而，大部分书籍已被火或水所毁坏，有很多书被守军人员拿去当做纪念品。[①]

"翰林院掌院学士昆冈折"（光绪二十七年四月初十日）云：

> ……今准全权大臣转抄英国全权大臣照会，奴才始知上年五月二十七日翰林院衙署种火根由，实系当日乱军趁风纵放所致，确非西人焚毁。且闻延烧时，西人尚敦睦谊，出力救援。奴才不敢发陈奏在先，稍涉回护。相应自行检举，据实更正。

附"抄录英国照会呈阅"：

> 大英钦命全权大臣萨照会事：昨阅邸抄，内有翰林院掌院学士昆奏折，内开：翰林院衙门于上年五月二十六日已被洋人焚毁等语。不胜诧异。查此语迹类欺妄，谅在洞鉴之中。盖翰林院于上年五月二十七日，趁北风时，被中国兵队放火，以图延烧本馆，经窦大臣函致总署王大臣有案。彼时非但本馆被困之诸国人民未经种火，反冒死往救，以期房廊书册免付焚炬。[②]

杨家骆云：

> 庚子之乱，毁翰林院以攻使馆之背，居民或持之以当弹雨，或弃之以填沟壑。八国联军既入翰林院，藏书为联军兵士之所得者，或用以代薪，或辗转出售。事平后，各国渐有知珍贵者，又纷纷持

---

① 胡滨译：《英国蓝皮书有关义和团运动资料选译》，268～269 页。
② 故宫博物院明清档案部编：《义和团档案史料》下册，1155 页，北京，中华书局，1959。

归以作纪念。然尚检得三百余册。①

孙壮《永乐大典考》云：

> 清翰林院清秘堂所藏《永乐大典》，庚子前尚存八百余册。庚子之劫，全数遗失。嗣由刘太史言诸总署，向英公馆索归《大典》三百三十册，今外交部旧牍尚存。

《都门识小录》云：

> ……又言洋兵入城时，曾取该书之厚二寸许长尺许者以代砖支垫军用等物，武进刘葆真太史拾得数册，阅之，皆《永乐大典》也。今外交部旧牍尚存刘太史言诸总署向英馆索归《大典》三百三十册之档案，则此三百本者，皆得诸索拾之余耳。②

《檐曝丛记》云：

> 光绪庚子所失宫庙诸物馆阁图书，据鹿传霖折奏，翰林院失去书籍：《永乐大典》六百零七册，又经史载籍四万六千余册。③

《藏园群书题记》"永乐大典跋"条云：

> 庚子之役，翰林院以地邻英馆，遂为英兵所据，文卷图籍悉被摧夷，或投入井中，或取填战垒。有人曾见东直门外油坊制篓者皆用《大典》残叶，取其大幅坚厚，外注以油，经久不渗。蹂践摧残，可以想见。④

案：1900年6月23日，义和团及清军围攻使馆区，翰林院被焚，藏于翰林院的《大典》及其他珍贵典籍多遭焚毁。关于翰林院纵火一事，目前多将《大典》的最后散佚归咎于1900年八国联军入侵北京，认为罪

① 杨家骆：《四库大辞典》，"文献"，77页。
② 蒋芷侪：《都门识小录》，《中国野史集成》第50册，268页，成都，巴蜀书社，1993。
③ 章乃炜、王蔼人编：《清宫述闻》，516页，北京，紫禁城出版社，1990。
④ 傅增湘：《藏园群书题记》，482页。

大恶极者为八国联军（媒体亦多据此报道）。事实上，杜泽逊先生早已撰文反驳了这种观点：《永乐大典》的确毁于 1900 年庚子事变，地点也的确在翰林院，但翰林院被焚却与八国联军没有直接关系。因为纵火者应为围攻使馆的国人，而八国联军攻入北京，则在翰林院被焚的 54 天之后[1]。

在翰林院遭焚烧之时，《大典》的命运是这样的：一部分被使馆中人搬到了英使馆保存，一部分被使馆中人盗走[如：翟兰思从翰林院获得 1 册（卷一三三四五），Thomas Biggin 从翰林院获得 1 册（卷一四六〇七至卷一四六〇九）[2]]，一部分被焚，一部分被遗弃不顾。《永乐大典》共失去 607 册。这一统计数是如何确定的，目前还不清楚。我推测其有可能是来自庚子事变前翰林院统计的实存《大典》册数。

庚子事变之后，遗散的《大典》很快就流入了市场，成为中外收藏家长久以来追逐的对象。《庚辛记事》上说，当时崇文门、琉璃厂一带古董店、旧货摊"收买此类书物，不知凡几，革文书坊买《大典》8 巨册，只京钱一吊而已"。

（三十一）光绪二十七年（1901）

《国家图书馆藏清代孤本外交档案》所收属于"总理各国事务衙门清档"的一件档案"辛丑议约专档目录：交还"[3]，载其时总理衙门与各国使馆交涉归还所掠物品与所占地方的事宜，其中收有（光绪二十七年六月）十一日两封信，分别为："收英国公使函"（请派员来馆运取翰林院陈存《永乐大典》书本由）、"发英国公使函"（派员领取《永乐大典》等书并道谢由）。

伦明《辛亥以来藏书纪事诗》"吴怀清"云：

> 山阳吴莲溪给谏怀清，为余言庚子之乱，洋兵入城，有英兵入

---

[1] 参见杜泽逊：《〈四库〉底本与〈永乐大典〉遭焚探秘》，载《中华读书报》，2003-02-26。

[2] 中国国家图书馆编：《〈永乐大典〉编纂 600 周年国际研讨会论文集》，267 页。

[3] 孙学雷编：《国家图书馆藏清代孤本外交档案》第 32 册，北京，全国图书馆文献缩微复制中心，2003。

翰林院，大掠器物外，《永乐大典》若干册在焉。事为主将所闻，勒令送还，英兵索收据，而掌院已逃。守门役乃邀集诸翰林留京者商处置，既发遣英兵去，众议瓜分《大典》，人得若干册。事后未有究者，而《大典》亦无售处。嗣莲溪于同事家又收得若干，共百余册。宣统间，值骤贵，莲溪因以致富。夏屋渠渠，而书亦垂尽矣。岁已巳(1929)，余自沈阳归，有友托物色《大典》，余思及莲溪，往询之，则已殁。其家尚藏二册，一全，一不全，皆有精图，不欲卖。余强之，全者要值三千元，不全者减三之二，未成交。不知终能保之否?①

《藏园群书题记》"永乐大典跋"条云：

然辛丑和议告成，由英使备文交还吾国者尚有三百余册。余闻李木斋师言，当日移交外交部时，师实身与其役，黄绸钜帙，罗列几案，高叠如山。英使朱迩典语师曰："吾二人缘是往还奔走，粗效功勤，宜有薄酬，用志兹役。"径就案上各检一册携归。其书既还，仍归翰院。②

案：《文献家通考》云："吴怀清，字莲溪，陕西山阳县人。"③

从两信可看出，总理衙门在收到英公使信后，于同日即回复并派员领取《大典》，而且从"等"字看，除《大典》外，应该还有其他的书籍。从档案及相关材料看，《大典》是英使馆主动送还的，并非如前引有些论者所称是刘葆真太史主张索取的。④

总之，庚子年翰林院被焚前，翰林院中所存《大典》可能只有600余册，约为原书的百分之五。也就是说，百分之九十五的《大典》在这之前就已陆陆续续被国人盗走了。另外，庚子事变期间，翰林院《大典》一部

① 伦明等：《辛亥以来藏书纪事诗》，54 页。
② 傅增湘：《藏园群书题记》，487 页。
③ 郑伟章：《文献家通考》，1395 页。
④ 参见张升：《〈永乐大典〉遭劫难的真相》，载《河北学刊》，2004(4)。

分被移走，一部分被盗，一部分被焚，一部分被遗弃，而移走的那一部分在乱后被英使馆送还了 300 余册。因此，从《大典》流散史的角度来看，1900 年庚子事变翰林院被焚所造成的《大典》散佚，实际上并非是最严重的。由此我们可以推想，真正焚毁的《大典》既然不多，那么，那些遭受盗掠的《大典》，仍存于世的可能性就很大。

(三十二)光绪二十八年(1902)

田仲一成"日本东洋文库收集《永乐大典》残本的过程"载：

> 1902 年 11 月，莫利孙想改善跟 Backhouse 的关系，送给了他价钱很贵的礼物，日记云：他送上了相当贵的大百科事典 1 册，这本书是指曾出自翰林院的《永乐大典》而言的，莫利孙藏有《永乐大典》至少 14 册。可见莫利孙保存《永乐大典》，达到十几本，莫利孙富有藏书，尤其是研究中国的欧美人著作无不所有，1917 年他把这一类欧美书籍全部托付于日本三菱岩崎久弥氏，1924 年岩崎氏以这类洋书为基础，创办东洋文库以劈开一条研究亚洲历史的新路，如此东洋文库跟莫利孙早就有了关系，这后来使莫氏所藏《永乐大典》的一半就归于东洋文库。但是东洋文库本身，未得到莫氏旧藏本以前，早就自主地开始收集《永乐大典》残本而工作。[①]

恽毓鼎《崇陵传信录》云：

> 犹忆甲午五月初，毓鼎因考试翰詹，由编修擢赞善。召见，上首问翰林院藏书及《永乐大典》所存册数……(明修《永乐大典》)凡二部，一置乾清宫，一赐翰林院。明亡后，宫中一部不知存否。其储院者一万二千余册，国初开四库，馆臣就《大典》所录搜辑佚书甚伙，其后渐有亡佚。毓鼎初入词馆，犹见有八千余册。光绪庚子兵攻使馆，翰林院后墙正界英馆，亦毁于火。《大典》散入英馆，焚毁遗失者过半，院中所存仅八百余册。最后由院移送学部，则仅数十

---

① 中国国家图书馆编：《〈永乐大典〉编纂 600 周年国际研讨会论文集》，307～308 页。

册。……壬寅年间，闻厂肆有《大典》十余册出售，每册价三十、二十两不等。毓鼎急往求之，则已为捷足者所得。①

案：恽毓鼎"初入词馆"，应在光绪十五年。恽氏云其时《大典》仍有8000余册，这是不可能的，可参前述。

(三十三)光绪三十一年(1905)

《恽毓鼎澄斋日记》：

> (十一月)十五日……与筱斋检视《永乐大典》残本。此书本一万二千余册，庚申之变，仅存八百余册。庚子翰林院毁于兵火，书亦散失。乱后搜罗，不过二百余册矣。天壤间只存此数，憾惜久之。②

案：庚申，为咸丰十年(1860)，其时《大典》仅存800余册，这是不可能的，可参前述。庚子事变后，归还翰林院的300余册《大典》又陆续散失，至此时只存200余册。

(三十四)光绪三十三年(1907)

Thomas Biggin 于1900年从翰林院获得1册(卷一四六〇七至卷一四六〇九)，于同年捐给牛津大学图书馆。③

(三十五)宣统元年(1909)

《光宣小记》"永乐大典"云：

> 《永乐大典》藏翰林院内，自庚子后经外务部向各国联军索回者，不足二百本，分装二箱。光、宣之际，章一山同年曾见有乾隆年御题者，尤不多觏。后连图书移购习所，遂多散失。陆文端公时为掌院，令清秘堂追查，始缴上六十余本，今存图书馆。闻翰林吴怀清所收独多，渐亦售之海内外藏书家矣。④

① 恽毓鼎：《崇陵传信录》，489页，成都，四川人民出版社，1989。
② 恽毓鼎：《恽毓鼎澄斋日记》，284页，杭州，浙江古籍出版社，2004。
③ 参见中国国家图书馆编：《〈永乐大典〉编纂600周年国际研讨会论文集》，267页。
④ 金梁：《光宣小记》，31页。

案：章梫，字一山，浙江宁海海游（今属三门）人，光绪三十年进士，由庶吉士授检讨。从英使馆索归《大典》的情况可参前述，此云从各国联军索归，不可信。光绪三十一年翰林院《大典》还有 200 余册，至此时已是不足 200 册。另外，章氏曾见《大典》中有乾隆御题，应是可信的。可参本节"1945 年"条案语。

1909 年，清点翰林院残存《大典》，只有 64 册，被清末大臣陆润庠（文端公）运回府中。该年筹建京师图书馆，学部议将翰林院残存《大典》移交京师图书馆：翰林院所藏《永乐大典》"无论完阙破碎，一并移送臣部，发交图书馆妥慎储藏"①。

(三十六) 1912 年 (壬子)

《张元济傅增湘论书尺牍》，1912 年 10 月 5 日傅信云：

都中见有《永乐大典》一册，系学字号，系二万一千九百八十四、五卷，索价五十元，不肯减。又有十灰韵崔字（皆崔姓小传）一册，索二百元（又一人持来），则不能议值矣。学字册内所载皆历代设州郡县学之文，吾辈览之尚有味，不知公欲之否。十年前见秋荸购一册，价五十，全系医书……（此书外人亦购之，颇出重价）。

1912 年 10 月 31 日傅信云：

《永乐大典》已为留下，日内寄申。闻授经新在京购数册，每册至一百廿五元。内中有抄《通鉴》、《宋史》及《学庸》者，不知何以出如此重价也。

1912 年 11 月 20 日傅信云：

《永乐大典》遵交朱君寄上。前途固来索回矣。然前叶又非原

---

① 宣统元年（1909）八月初五日"学部奏请饬翰林院将所藏《永乐大典》等书籍移送京师图书馆储藏片"，见李希泌、张椒华编：《中国古代藏书与近代图书馆史料（春秋至五四前后）》，135 页，北京，中华书局，1982。

装，究逊一筹。第内容较董购为佳耳。①

孙壮《永乐大典考》云：

> 壬子，翰林院裁撤，国务院接收后，仅余六十四册，现存居仁堂北平图书馆中。壬子冬，访玉尊阁主人，获见《永乐大典》真本三巨册……一册作三千一百四十三至四十四卷……一册作三千一百四十五至四十六卷……一册作三千一百四十七至四十八、九卷……又有残册作一万四千三百八十一卷。

《藏园群书题记》"永乐大典跋"条云：

> 《永乐大典》旧藏于翰林院敬一亭中。至辛丑以后，翰林院裁撤，其残帙乃时时流入厂市，余所见者不下数十册，往往为介于南北友好及图书馆中，所自藏者只《水经注》四册、《南台备要》一册而已。未几，是五册者亦举以让人，而箧中俄空矣。前岁过史吉甫太史家，出所藏两册相示，一为《堪舆图说》，一为《诗话》，心窃羡之。已而吉甫卧病，医药无资，乃言愿得五百五十金以《诗话》一册归余，急诺其请……是册凡三卷，卷第为八百二十一至二十三……时国论方新，古学旧书多不措意，寺胥厂估潜移密取，流入坊肆者一册可售十金，管钥益以疏弛。辛亥革命，官寺一空，微闻清秘堂诸君职司典守者协议朋分，人得十许册以去。残余之物点付教育部者，只六十四册。余领部务时，署中图书室存留四册，余皆发给图书馆收藏。②

《藏园订补郘亭知见传本书目》卷十下"永乐大典"条云：

> 《永乐大典》……至乾隆五十九年十月七日敕查《永乐大典》存数覆奏折中言，《大典》实存二万四百七十三卷，共九千八百八十一

---

① 张元济、傅增湘：《张元济傅增湘论书尺牍》，28～29、31页，北京，商务印书馆，1983。

② 傅增湘：《藏园群书题记》，482～487页。

本，外目录六十卷。嘉庆二十年许乃济曾加点查，仍存此数。此后六十年度置敬一亭中，无人过问，殆至光绪元年重修翰林院时，重加点查，所存乃不及五千册，则此六十年中散失达五千册之巨……此后佚失更复加速，光绪十八年陈孟陶编辑翰林院书目，再行查点，仅存八百七十册，是十八年间佚失又达四千册之巨。庚子之役，翰林院为英军所据，此残存之八百余册，或堆叠墙脚以登高射击，或叠置壕前以倚为屏蔽，蹂躏践踏之余，至辛丑议和交还吾国时，只余三百余册。此笈笈三百余册归之翰林院后亦不能保守，至辛亥革命时，盗窃瓜分之余，只存六十四册，点付教育部保存。①

田中庆太郎回忆说：

前面说到的罗叔言（罗振玉）来住京都时，经董授经（董康）中介，我们文求堂买下了十册。当时，各图书馆等单位，也只是作为范本买下一册而已。当时，一册作一百五十日元左右，当然这是写本。我到北京去的时候，也不断购买，到地震前后一共买了二十册。其中五、六册转卖给了美国国会图书馆。另外，前后三次共卖给东洋文库十五册。东洋文库还有得自莫里逊旧藏的，大约一共收集了近二十几册的《永乐大典》。近年来，不再有藏本陆续出现，因此，它的价值越来越贵起来。今天，一册大概要值五六百日元。《永乐大典》在英、美、法等国也被收藏有数十册。②

尾崎康"日本对《永乐大典》的收藏、保护、研究情况"：

据说董康带来 17 册。现在已经明确的有卷六六五、六六六（京都大学人文科学研究所藏）和卷二七三七、二七三八（天理图书馆藏）。内藤湖南曾说："我与朋友各购一本。"因此，在大阪、京都的

① （清）莫友芝撰，傅增湘订补，傅熹年整理：《藏园订补郘亭知见传本书目》第 2 册，802 页。

② ［日］田中庆太郎编，［日］高田时雄、刘玉才整理：《文求堂书目》第十六册附录"汉籍书店的变迁·关于《永乐大典》"，461 页，北京，国家图书馆出版社，2015。

学者、实业家的旧藏书中很可能有与之相关的《永乐大典》。①

案：史宝安，字吉甫，河南尉氏县（一作卢氏）人，徐坊之长婿，曾为清翰林院编修。

1912 年，中华民国政府成立，教育部咨请国务院，将翰林院所存《大典》残本送归教育部，交由京师图书馆储藏，获国务院批准。教育部当即派员前往陆润庠处，将 64 册《大典》运载到部，留下 4 册，庋置于教育部图书室（后来这 4 册也拨归了京师图书馆），另 60 册，派专差送往京师图书馆，嘱京师图书馆妥为整理储藏。②

日本东京文求堂书店主人田中庆太郎，清末民初常驻北京搜书。关于田中庆太郎在中国购《大典》的情况，《琉璃厂小志》所引孙耀卿"日本书商来京搜书情形"云："日本东京文求堂书店主人田中庆太郎，清光绪末叶，每年必至我国北京，搜罗书画法帖一次或两次……并经常托文友堂代搜《永乐大典》，每册现银壹佰圆，购去数十册。"③

（三十七）1913 年（癸丑）

《艺风老人日记》云：

> （癸丑十二月）四日乙酉……董受经来……又交出未售书：……
> 《大典》两册。④

叶昌炽《缘督庐日记抄》卷十五：

> （癸丑六月初二日）又以三百元从京估得《永乐大典》残本三册，
> 不啻千金市骏矣。闻鞠生亦得两册，流出东瀛者不少矣。

案：鞠生，即张元济（号菊生）。

---

① ［日］田仲一成：《日本东洋文库收集〈永乐大典〉残本的过程》，见中国国家图书馆编：《〈永乐大典〉编纂 600 周年国际研讨会论文集》，316 页。

② 参见 1912 年 7 月 16 日"教育部为送交《永乐大典》六十本致京师图书馆函"，见李希泌、张椒华编：《中国古代藏书与近代图书馆史料（春秋至五四前后）》，201 页。

③ 孙殿起：《琉璃厂小志》，371 页，北京，北京古籍出版社，2001。

④ 缪荃孙：《艺风老人日记》，2661 页。

韩涛(Thomas H. Hahn)"五册的变奏曲——康奈尔大学图书馆《永乐大典》统计趣闻"记载了康奈尔大学图书馆藏 5 册《大典》的情况：Charles W. Wason 大概于 1913 年以前购得 3 册。1918 年后 Alfred Sze 先生赠给康奈尔大学 2 册。①

相岛宏"国立国会图书馆藏《永乐大典》的保存和利用及日本的研究情况"载：日本国会图书馆从书店采购《大典》1 册(卷二二七九至卷二二八一)。②

纽约市公共图书馆抄本档案部从 W. 艾姆斯手中购得《大典》1 册(卷一五九五七至卷一五九五八)。③

(三十八)1914 年(甲寅)

《艺风老人日记》云：

> (甲寅十月)八日癸亥······傅沅叔来，交《大典》一册。
> (甲寅十月)廿九日乙巳······送《大典》一册与菊生。④

《张元济傅增湘论书尺牍》，1914 年 2 月 22 日傅信云："初十入都一行，无所得，只得《永乐大典》一部，尚是原装，值五十元，不知尊处尚欲留一册否(尚有数册，亦类书类)。(张元济批答：如是原装，值每册五十元，愿留四册)"1914 年 6 月 24 日傅信："《永乐大典》三册，遵命购得，其价已问伯恒兄取用，可一百五十元。村字一册似更佳。此外如有佳者，再为购一册，以足四册之数，但可遇不可求耳。"1914 年 9 月 3 日傅信："《大典》竟为人收去，可惜。顷又有两本，颇多道家言，大要价亦须五十番，如愿收，乞示知。"1914 年 9 月 22 日傅信："又见《永乐大典》一本，忠字号(《忠经》、《忠传》皆全)，内附图数十叶(工笔画人物)，真乃罕见之物。湘所见数十册矣，然有图者绝少······第此册

① 中国国家图书馆编：《〈永乐大典〉编纂 600 周年国际研讨会论文集》，333～342 页。
② 中国国家图书馆编：《〈永乐大典〉编纂 600 周年国际研讨会论文集》，324～329 页。
③ [美]艾思仁：《翰林院与英国使馆——〈永乐大典〉随笔》，见中国国家图书馆编：《〈永乐大典〉编纂 600 周年国际研讨会论文集》，251～255 页。
④ 以上分别见缪荃孙：《艺风老人日记》，2768、2773 页。

索价至一百元，不知公愿收否？近来此书通行价约五六十元。若特别者自须稍贵。"1914 年 9 月 27 日傅信："又有《大典》一册，乃杭字，皆记杭州宋时风俗物产，如《武林旧事》、《西湖老人繁胜录》(此书不见著录，有十余叶)，均佳。但亦索百元。"1914 年 10 月 13 日傅信："《永乐大典》(案：即前述忠字号)一册价八十六元，已付之……《大典》杭字册《西湖老人繁胜录》、《都城纪胜》二种皆完全，书主视此甚重，与前册无殊。然湘观之则尤胜。刻下持去，闻暂不售，湘欲假一抄亦不可得。"1914年 12 月 27 日傅信："杭字《大典》小山前辈以百元购去，款固未付，当时属交尊处。"①

案：孙壮(1879—1938)，北京大兴人，字伯恒，出身收藏世家，斋名"读雪斋"和"澄秋馆"。

(三十九)1915 年(乙卯)

《艺风老人日记》云：

(乙卯十一月)廿四日乙未……翰怡还《永(乐大)典》本奏议六册……廿五日丙申……翰怡借《永乐(大典)》奏议一册云。②

案：刘承干，浙江吴兴(今湖州)人，字贞一，号翰怡，一作翰贻，别署求恕居士，著名藏书家，藏书楼名嘉业堂。

(四十)1916 年(丙辰)

《艺风老人日记》云：

(丙辰十月)十四日乙酉……还《说文》、《大典》……与刘翰怡……③

(四十一)1917 年(丁巳)

《傅斯年图书馆善本古籍题跋辑录》(第 1 册)"《永乐大典》存一卷一

---

① 以上分别引自张元济、傅增湘：《张元济傅增湘论书尺牍》，52、54、55、56、57、58、60 页。

② 缪荃孙：《艺风老人日记》，2898 页。

③ 同上书，2991、2999 页。

册，明嘉靖内府钞本，存第 14912 卷六暮，民国六年、十三年（1917、1924）邵章手书题跋"云：

> ……先王父《四库简明目录标注》云："类书如明之《永乐大典》二万二千八百七十七卷，目录六十卷，今阙二千四百二十二卷。"时道光中叶事也。咸丰末季，多为西人窃购，送之博物院中。至光绪初年，存翰林院者遂不及八百卷。王蒿隐、缪艺风曾亲见之。庚子拳乱起，翰林院沦入使馆界内，炮火所经有洞穿者，凌夷散佚。乞（迄）京师图书馆成，由翰林院移入者，仅六十册耳。厂肆持售往往而有，余获兹一册都四十五叶，盖嘉靖重写之本。其永乐原本是否留存大内，则大为考古家所疑……岁丁巳冬，邵章识。①

案：王颂蔚，号芾卿，又号蒿隐，长洲人。缪荃孙，字炎之，又字筱珊，号艺风，江苏江阴人，著名藏书家。

（四十二）1918 年（戊午）

《艺风老人日记》云：

> （戊午四月）十九日乙亥……陈文小以《永乐大典》二册求售。②

《张元济傅增湘论书尺牍》，民国七年（1918）九月十九日张信云："宝瑞臣同年收得《大典》可以见让，闻之甚喜，如《经世大典》可以联贯，或不联贯而章节各有起讫者，弟愿全得之。"民国七年十月三日张信："《永乐大典》之《经世大典》三册，地图二册，每册百元，亦可购入。但需原装，倘系改装，则请从缓，已托伯恒转告。弟既整购五百元，尚有郎字韵一册，当然不及百元，可否以半数（即五十元）让归敝处。乞代商。"民国七年十月十日张信："《永乐大典》五册，想已如价购入，尚余一册，当然较廉，能以五六十元并得之否。"民国七年十月十二日张信："昨日肃奉一函，方谓《永乐大典》五册必已由尊处代为购到，乃今晨得

---

① 汤蔓媛：《傅斯年图书馆善本古籍题跋辑录》第 1 册，释文，157 页，台北，台北"中研院"历史语言研究所，2008。

② 缪荃孙：《艺风老人日记》，3163 页。

伯恒信，谓得公电话已经售与田中，书共八册，得价千元云云。《经世大典》在我国已不可见，今竟有三册之多，流入东邦，殊为可惜。故发去一电，文为：宝书八册，请照东价壹竿截留，或酌加百番等语。此电即由伯恒译呈，不知能仗大力挽回否？万一不能，所有《经世大典》三册，如与罗叔蕴所印者（似在《雪堂丛书》之内）不相重复，务乞代恳瑞臣同年允我借影一分，俾不至绝迹于中土。"民国七年十月十八日张信："《永乐大典》为田中攘夺而去，至为可惜，弟于十二日尚有一电一信，请加价截留，亦姑作万一之想耳。十九日来书谓已成交，必更无望，但不知借影一层能否办到……前函缮就尚未发，又得本月十五日来书，展诵祗悉，《永乐大典》为美人分去，度即为施永高君，已函商借影，不知能办到否？"①

案：宝熙（1871—1930），字瑞臣，号沈盦，满洲正蓝旗人，清宗室，河北宛平（今北京）人，光绪十八年进士。施永高（Walter T. Swingle，或译"施永格"），美国农业部植物学专家，从 1918 年 4 月到 1919 年 7 月在中国和日本为美国国会图书馆搜购了大量典籍。

（四十三）1919 年

夏天，叶恭绰在英国购得《永乐大典》五册（卷 13494-13495、卷 13506-13507、卷 13991、卷 20478-20479、卷 20648-20649）。

（四十四）1920 年

东洋文库董事石田干之助从东京有名书商文求堂田中庆太郎处购买了《永乐大典》十册。②

《永乐大典戏文三种》卷首叶恭绰题记云："余于民国九年游欧时，一日，在伦敦闲游，入一小古玩肆，惊见此册。又'职'字一册，遂购以归。此标戏文二十七，足征前后所辑戏文尚多，惜均已佚，此仅存本，

---

① 以上分别见张元济、傅增湘：《张元济傅增湘论书尺牍》，80、82、83、83、84 页。
② ［日］田仲一成：《日本东洋文库收集〈永乐大典〉残本的过程》，见中国国家图书馆编：《〈永乐大典〉编纂 600 周年国际研讨会论文集》，308 页。只知此事发生在 1920 年之前，但不知具体时间，姑附于此年。

诚考吾国戏剧者之瓖宝也。"①

James Russell Brazier 捐赠《大典》卷一一九〇七 1 册给英国阿伯丁大学图书馆②。

案：叶恭绰从伦敦买回的为《大典》戏字韵 1 册（戏文二七，卷13991），收《小孙屠》《张协状元》《宦门子弟错立身》戏文 3 种。此册现藏台北"国家图书馆"。

(四十五)1922 年

《标点善本题跋集录》上册"《水经注》四十卷六册……近人王国维、沈曾植各手校并跋"：

> 乌程蒋氏传书堂藏《永乐大典》四册，自卷一万一千一百二十七至一万一千一百三十四，凡八卷，皆八贿中水字注，乃《水经注》之卷一迄卷二十也……壬戌上巳，海宁王国维记于海上寓居之永观堂。③

东洋文库从莫利孙夫人手中购入七册《大典》④。

案：传书堂，为蒋汝藻的藏书楼。蒋汝藻（1877—1954），字孟苹，号乐庵，吴兴（今湖州）南浔人，著名藏书家。

(四十六)1925 年

《张元济傅增湘论书尺牍》，民国十四年(1925)八月十日张信云：

> 《永乐大典》仓字四册自可留，湖、江两册木老及刘、蒋诸君必可留，惟光字二册甚无谓，鄙意每册如在一百二三十元之间，敝处可以购留。祈代谐价。

---

① 民国二十年(1931)四月，古今小品书籍印行会据以排印为《永乐大典戏文三种》。

② 参见[英]David Helliwell：《英国图书馆所藏〈永乐大典〉》，见中国国家图书馆编：《〈永乐大典〉编纂 600 周年国际研讨会论文集》，282 页。

③ 台北"中央图书馆"特藏组编：《标点善本题跋集录》上册，167 页，台北，台北"中央图书馆"，1992。

④ [日]田仲一成：《日本东洋文库收集〈永乐大典〉残本的过程》，见中国国家图书馆编：《〈永乐大典〉编纂 600 周年国际研讨会论文集》，310 页。

民国十四年十月五日张信云：

> 《大典》仓字号三册，如文友肯让，弟愿出五百元。

民国十四年十一月三日张信云：

> 又代购《永乐大典》两册，均收到。《大典》略阅一过，并无《经世大典》在内，大约均在许君耆所收之内，捷足先登，殊为可惜。另抄拟作罢矣。①

案：木老，指李盛铎。李盛铎（1859—1934），号木斋，江西德化县（今九江市）人，近代著名藏书家。许君耆，即许珩，字君耆。伦明《辛亥以来藏书纪事诗》"刘体智"条附注："有许君耆者亦好积书，所蓄亦富，有宋本唐僧《宏秀集》、《切韵指掌图》等，皆归晦之。最近闻君营业亏累，不知波及藏书否？"

(四十七)1926 年

《张元济傅增湘论书尺牍》，民国十五年（1926）九月三十日张信云：

> 知在都中得《大典》一册，为未见之书，拟印行，甚善甚善……京友函告，见《大典》有未辑书凡八册，每册三百元，已为日本人买去，与吾兄所见，其一耶，其二耶？

1926 年 10 月 11 日傅信云：

> 《永乐大典》拟在京印行，其书为台字，乃《南台备要》一书，似无刻本……《永乐大典》见者多已辑之书，贵友当有见耳。②

(四十八)1931 年

《琉璃厂小志》云：

> 至（民国）二十年（1931），曾往山西某县，游某古玩铺，见架上

---

① 以上分别见张元济、傅增湘：《张元济傅增湘论书尺牍》，121、123、124 页。
② 同上书，135、135～136 页。

书，有残本《永乐大典》签条一纸，遂令铺伙取下，凡十余册，廉价得之。①

《张元济书札》"致刘承干（号翰怡）"云：

前日奉示，敬悉《永乐大典》二册遵交敝公司妥递奉天分公司……(1931)五月十四日。

前承交下《永乐大典》两册，嘱为转交金君息侯。当经寄往沈阳敝分馆。昨得复函，知已代交，所有议定价银一千元亦已如数收到……廿年(1931)六月十二日。

"致孙伟（字乾三）"云：

乾三仁兄阁下：敝友刘翰怡先生函称，承皇宫博物馆金息侯先生迭次函商，欲得其所藏《永乐大典》辽字二册，已允许出让，议定代价一千元……廿年(1931)五月十四日。②

美国哈佛大学哈佛燕京学社于 1931 年在北平购得《大典》卷七七五六至卷七七五七 1 册，价格为 300 元。先存之于北平燕京大学图书馆，后运美。是年 10 月以前入藏"哈佛燕京图书馆"③。

案：刘承干所藏《大典》中的 2 册（卷五二四八至卷五二四九、卷五二五一至卷五二五二）于 1931 年 6 月卖给了金梁（字息侯），价钱是 1000 元。后来此两册又流入陈清华之手。1955 年，北京图书馆从陈清华之手购入，现藏于国家图书馆。

(四十九)1933 年

1933 年 5 月 3 日，教育部电令北平图书馆将宋元精本、《永乐大典》、明代《实录》及明人文集挑选精品南迁，以防不虞。接电后，北平

---

① 孙殿起：《琉璃厂小志》，123 页。
② 以上分别载张树年、张人凤编：《张元济书札》(增订本)，402、402、459 页。
③ 沈津：《二本〈永乐大典〉》，http：//blog. sina. cn//s/blog _ 4e4a788a0100bds8. html，2008-12-16。

图书馆即将包括《永乐大典》在内的善本典籍运往上海，存放于公共租界仓库，并成立国立北平图书馆上海办事处负责管理①。

(五十)1934 年

1934 年 4 月 16 日，据北平来的消息，有北平某氏希望一起出售其所藏《永乐大典》，如果可能的话，全部购买为宜，价格定为每册 500元。不过，东洋文库只购入 1 册(卷八四九至卷八五一)，从松筠阁购买。②

案：该年，北平图书馆馆藏《大典》已达 93 册。

(五十一)1935 年

《张元济傅增湘论书尺牍》，1935 年 1 月 9 日傅信云：

> 《大典》单阅悉，除已见复印件及专书无可采外，兹拟假数册，列目于左，希遇便赐寄，无任幸盼：三千五百二十五、六，九真韵，门字一册。一万四千三百八十四，四霁韵，冀字一册。二万一千九百八十三、四，七药韵，学字一册。三千五百七十九、八十、八十一，九真韵，村字一册。此册查目知为公所藏(张注：已于去年售去济家用矣)。

民国廿四年(1935)元月十三日张信云：

> 需用《大典》门、冀、学字三册，遵属检出，遇有妥便，即托带呈。至村字册为弟所藏，已于前岁售与叔弢矣。③

案：《大典》门、冀、学字 3 册为东方图书馆所藏。

(五十二)1937 年

1937 年"八一三"事变以后，上海沦陷，不久欧战爆发，国内外局

---

① 参见陈红彦：《国家图书馆藏〈永乐大典〉述略》，见中国国家图书馆编：《〈永乐大典〉编纂 600 周年国际研讨会论文集》，256～263 页。以下关于国家图馆收集《大典》之经过，多参此文。

② 参见[日]田仲一成：《日本东洋文库收集〈永乐大典〉残本的过程》，见中国国家图书馆编：《〈永乐大典〉编纂 600 周年国际研讨会论文集》，311～312 页。

③ 以上均见张元济、傅增湘：《张元济傅增湘论书尺牍》，331 页。

势进一步恶化，北平图书馆存放在上海租界仓库的珍贵图籍面临危机。代理馆长袁同礼先生和上海办事处钱存训先生通过驻美使馆与美国联系，决定将存沪善本再作挑选，而后运往美国寄存。袁同礼先生负责移运事项，徐森玉、王重民先生负责挑选，共选取善本近 3000 种，2 万余册，其中有《永乐大典》60 册。这些善本分装 102 箱，分批由商轮运出，于民国三十年(1941)十月全数运毕，于太平洋战争发生之前运抵美国，由美国国会图书馆代为保管。1965 年，这批善本转运到台湾，目前存放在台北"故宫博物院"内。[①]

(五十三)1938 年

"满铁"大连图书馆从嘉业堂买入 42 册《永乐大典》的同时，还从吴兴丁氏百一斋购入 4 册，一共为 46 册。"满铁"大连图书馆在这之前，就已经入藏了 2 册《永乐大典》(《大连图书馆和汉图书分类目录》第一编收《永乐大典》2 册)。这样，其时"满铁"大连图书馆共藏 48 册。

案：松崎鹤雄代表"满铁"从嘉业堂买了 42 册。1939 年日本东洋文库主事岩井大慧调查《永乐大典》在国内外的分布情况："国立北京图书馆 85 册，大连图书馆 48 册(现 55 册)、美国议院图书馆 39 册、东洋文库 32 册。"[②]值得注意的是，文中开列的"48"册，是指 1939 年岩井大慧调查时"满铁"大连图书馆所藏《永乐大典》的数目，括号中特别标明"现 55 册"，是指 1944 年"满铁"大连图书馆所藏《永乐大典》的数量(参下文)。

(五十四)1939 年 4 月

东洋文库购入 5 册(卷一〇五六，卷一一九二，卷一二〇〇，卷二二五四至卷二二五五，卷一〇八一二至卷一〇八一四)。[③]

---

① 参见陈红彦：《国家图书馆藏〈永乐大典〉述略》，见中国国家图书馆编：《〈永乐大典〉编纂 600 周年国际研讨会论文集》，256～263 页。

② ［日］岩井大慧：《永乐大典现存卷目表》，载《史学杂志》(日本)，第 50 编第 7 号，1939-07。

③ 参见［日］田仲一成：《日本东洋文库收集〈永乐大典〉残本的过程》，见中国国家图书馆编：《〈永乐大典〉编纂 600 周年国际研讨会论文集》，312 页。

(五十五)1940 年

东洋文库购入《大典》1 册(卷一一八八)[1]。

(五十六)1941 年

《琉璃厂小志》云:

> 刘炽昌书店。刘炽昌,河北深县人,独自经营,曾于一九四一年前由西四牌楼南路西亚东书局以廉价得明朱丝栏钞本《永乐大典》一册,首尾缺页,书口内书名被火烧灼。[2]

(五十七)1942 年

卷一〇四二一至卷一〇四二二、卷一五八九七至卷一五八九八 2 册,为文献保存同志会购自周越然,后转运至香港大学冯平山图书馆,于该年 2 月 2 日为日本侵略军劫去,战后才追回(1947 年 2 月才回国)。徐森玉(鸿宝)《汉石经斋文存》第 258 页,徐文堪"记先父徐森玉先生二三事"载:"一九四一年十二月八日太平洋战争爆发,香港随即陷落。上述三万多册图书(案:指在上海用中英庚款为"中央图书馆"购得的图书中,其中存港大的三万余册)被日军强行运往东京,辗转交给帝国图书馆,由该馆委托版本目录学者长泽规矩也整理……一九四六年八月十八日,中国方面予以接收,翌年二月回归祖国。"

(五十八)1943 年

东洋文库购入 10 册《大典》,很可能是 1943 年前后在北京或上海购买的。[3]

Mr. Cecil Kirke 赠给大英博物馆 6 册《大典》(卷九一三至卷九一四,卷三〇〇二,卷六八五〇至卷六八五一,卷七三八九至卷七三九〇,卷

---

[1] 参见[日]田仲一成:《日本东洋文库收集〈永乐大典〉残本的过程》,见中国国家图书馆编:《〈永乐大典〉编纂 600 周年国际研讨会论文集》,312 页。

[2] 孙殿起:《琉璃厂小志》,154 页。

[3] 参见[日]田仲一成:《日本东洋文库收集〈永乐大典〉残本的过程》,见中国国家图书馆编:《〈永乐大典〉编纂 600 周年国际研讨会论文集》,314 页。

八〇八九至卷八〇九〇，卷二〇一八一至卷二〇一八二）。①

(五十九)1944 年

岛田好统计藏于"满铁"大连图书馆的《永乐大典》已达 55 册。除了前面提到的那 48 册，又增加了 7 册，其中 3 册为吴兴丁氏百一斋的旧藏。②

(六十)1945 年

《胡适王重民先生往来书信集》，"王重民致胡适（1945 年 8 月 5 日）"云：

> 在英国时，重民曾以六磅半为北平图书馆买一册《大典》（农字韵）。又有一册是"馆"字，因有乾隆题诗，索价一百五十磅，当然买不起，据说后来落入日人之手。因为那册内有一书是《清明馆伴录》，乾隆特为那部书题诗。

"胡适致王重民（1945 年 9 月 29 日）"云：

> 顷复检吾兄八月廿四日函，有此语："如重民在英伦所见乾隆题《清（当作'重'）明节馆伴录》的那一册，当然是题在《大典》上，然后著入《四库》，后来或有忌讳，又改入存目。"……我要请问的是兄所说英伦所见一册《大典》，是否果真有御题在《大典》原本之上？我不信《大典》任何一册有御题。所题都是辑抄清本……若英伦所见之《馆伴录》上有御题，我颇疑此中另有作伪问题。③

1945 年 10 月，苏联经济学家波波夫率调查团来大连，从"满铁"大连图书馆挑选了中国古籍 801 种，4960 册（其中中文贵重书 199 种，2781 册），其中就包括 55 册《永乐大典》。这 55 册《大典》后来藏于列宁图

---

① ［英］David Helliwell：《英国图书馆所藏〈永乐大典〉》，见中国国家图书馆编：《〈永乐大典〉编纂 600 周年国际研讨会论文集》，273 页。
② 参见张升：《再谈嘉业堂藏〈永乐大典〉的下落》，载《图书馆研究与工作》，2005(3)。
③ 以上分别见北京大学信息管理系、台北胡适纪念馆编：《胡适王重民先生往来书信集》，413、423 页，北京，国家图书馆出版社，2009。

书馆。

案：查《大典》目录，可知王重民所见有御题的那一册可能为卷一一三一二至卷一一三一三，现存英国伦敦大学东方语言学校。《大典》原本上是否有乾隆御题诗，胡适表示怀疑。不过，据《纂修四库全书档案》"军机大臣奏遵查《永乐大典》内有御题诗章者一并呈览片（乾隆五十九年十月二十日）"载："遵查《永乐大典》，内奉有御题诗章者，共十三册，又卷末一册，谨一并呈览。谨奏。"[①]可见，《大典》确实有御题，只不过不多罢了（一共有 13 册）。如此说来，此本尤显珍贵。

(六十一)1950 年

11 月，牛津大学图书馆购入《大典》1 册（卷八〇七至卷八〇八）。[②]

(六十二)1951 年

苏联列宁格勒大学东方学系图书馆将 11 册《大典》赠还给中国政府，由文化部拨交北京图书馆收藏。北京图书馆（现国家图书馆）将此批书进行展览，促使一批人陆续捐献出《大典》。

该年，在张元济先生的倡议下，商务印书馆董事会一致通过会议，将商务印书馆所属东方图书馆收藏的《大典》21 册赠送给北图。

8 月 20 日，周叔弢先生率先将家藏的《大典》1 册无偿捐献给北图。紧接着，赵元方先生将家藏的《大典》1 册（卷二二七七至卷二二七八）捐赠出来。富晋书社也赠给北图 1 册《大典》（卷一八二二二至卷一八二二四）。

案：据俄国学者 Irina Popova 说，有 64 册《大典》从中国流传出来被 A. V. Rudakov 带到俄罗斯，直到 1935 年一直保存在远东学院。在得到苏联科学院远东分院的认可之后，《永乐大典》的 11 册被移至列宁格勒，在那里它们被保存在列宁国立大学图书馆（9 册）和苏联科学院

---

① 张书才主编：《纂修四库全书档案》下，2372 页。《大典》首册即有乾隆御题诗并纪事，可参傅增湘：《藏园群书题记》，489～490 页。

② ［英］David Helliwell：《英国图书馆所藏〈永乐大典〉》，见中国国家图书馆编：《〈永乐大典〉编纂 600 周年国际研讨会论文集》，272 页。

东方研究院(2册)。① 这里所归还的11册，应即是他说被移至列宁格勒的11册。

(六十三)1954年

1954年6月，苏联政府(国立列宁图书馆)归还给中国政府其中的52册《永乐大典》，现藏于中国国家图书馆。②

案：这52册是苏联从旧大连图书馆选走的55册中的。所缺的3册为：卷四八二、卷四八三至卷四八四、卷二一九〇至卷二一九一(此册国家图书馆仅有仿抄本)。这3册的下落，目前不得而知。

(六十四)1955年

德意志民主共和国将3册《大典》赠还北图，苏联科学院也通过中国科学院图书馆移赠1册《大典》给北图。

经周恩来总理批准，北图从香港著名藏书家陈清华处购回了一批珍贵善本，其中有《大典》4册。

(六十五)1956年

美国哈佛大学燕京图书馆从欧洲购得卷八八四一至卷八八四三1册《大典》。③

(六十六)1958年

北京大学图书馆将4册《大典》、广东省文物管理委员会将3册《大典》移赠给北图。

向北图捐赠《大典》的，还有张季芗先生、金梁先生、徐伯郊先生、陈李蔼如先生，各捐赠1册。

(六十七)1960年

英国人Poole的遗孀卖给大英博物馆《大典》1册(卷六九三三至卷六

---

① 参见［俄］Irina Popova：《俄罗斯〈永乐大典〉的研究》，见中国国家图书馆编：《〈永乐大典〉编纂600周年国际研讨会论文集》，135页。

② 关于苏联归还《大典》的详细情况，可参见赵万里：《苏联列宁图书馆送还给中国人民的永乐大典》，载《文物参考资料》，1956(2)。

③ 参见沈津：《二本〈永乐大典〉》，http：//blog.sina.com.cn//s/blog_4e4a788a0100bds8.html，2008-12-16。

九三四)。这册是 Poole 于 1900 年在翰林院获得的。①

(六十八)1983 年

该年，山东掖县村民孙洪林先生家中发现 1 册《大典》(卷三五一八至卷三五一九)，送交掖县文化馆。掖县文化馆为使《大典》聚合，将此册转送北图。

颜惠庆将家藏《大典》1 册赠与上海图书馆。②

案：至此，中国国家图书馆入藏的《大典》，除去现存台湾的 62 册以外，总数已达 161 册。

(六十九)1989 年

英国国家图书馆获得《大典》1 册(卷一四二一九至卷一四二二○)③。

(七十)2003 年

新发现了 17 卷《大典》(其中一卷中华书局影印本原收有，但内容不全)，由上海辞书出版社编成《海外新发现〈永乐大典〉十七卷》于 2003 年 8 月影印出版。

(七十一)2013 年

国图新入藏《永乐大典》"模"字韵的"湖"字 1 册(卷二二七二至卷二二七四)。

(七十二)2014 年 10 月

美国洛杉矶亨廷顿图书馆发现了 1 册《永乐大典》(卷一○二七○至卷一○二七一)。

(七十三)2020 年 7 月

法国新发现两册(卷二二六八至二二六九湖字、七三九一至七三九二丧字)，中国浙江收藏家金亮先生通过拍卖购得。

---

① ［英］David Helliwell：《英国图书馆所藏〈永乐大典〉》，见中国国家图书馆编：《〈永乐大典〉编纂 600 周年国际研讨会论文集》，267 页。

② 参见沈津：《书城风弦录——沈津学术笔记》，21 页，桂林，广西师范大学出版社，2006。

③ ［英］David Helliwell：《英国图书馆所藏〈永乐大典〉》，见中国国家图书馆编：《〈永乐大典〉编纂 600 周年国际研讨会论文集》，269 页。

综上所述，兹总结如下：

第一，《大典》副本自翰林院散出，主要是在清咸丰十年（1860）以后。

第二，《大典》残本流散到世界多个国家，且有不少是在私人手里，这增加了我们搜寻《大典》下落的难度。

第三，《大典》的最后散佚确实是因 1900 年庚子事变翰林院被焚，但当时翰林院中只剩不到十分之一的《大典》，而超过十分之九的《大典》在这之前已被国人盗走了。也就是说，庚子事变中翰林院被焚，并非是《大典》遭受的最严重劫难。

第四，民国时期较多《大典》零册开始流入市场，曾为许多人经眼或收藏，从中应该可以找到一些关于《大典》下落的新线索。

第五，依据《大典》残本陆续被发现的情况看，我相信今后应该还能找到新的《大典》残本。

第三章　四库馆开馆前大典本辑佚

一、《名公书判清明集》

《名公书判清明集》，又称《清明集》或《清明录》，现存有南宋刻本（残本）与明隆庆三年(1569)盛时选刻蓝印本（即《大典》辑本）。①

（一）南宋刻本

南宋刻本《名公书判清明集》（残本），现藏日本东京岩崎氏静嘉堂，民国初年张元济编《续古逸丛书》将其影印录入。是书共存 8 册②，不分卷。版框高 18.5 至 20.8 厘米，宽 13.2 厘米。每半叶 9 行，每行 16 字，黑口，上下双黑鱼尾，四周双边。书口题"判一"及页码。书前有序文一篇，但文句断缺，难以识认，只约略可知序文乃"幔亭"作于南宋景定辛酉年［即景定二年(1261)］长至日。由此亦可推知其书约刻于南宋景定二年③。此书序文后附有"清明集名氏"表，开列朱熹、蔡久轩等人字号及籍贯，以供阅读此书之用。由于正文中各篇判语均只载作者字号，

---

① 《名公书判清明集》：(1)宋刊残本，民国初年张元济《续古逸丛书》收其影印本；(2)明隆庆三年(1569)盛时选刻蓝印本，藏国家图书馆善本部，《四库全书存目丛书·子部》收其影印本。

② 参见严绍璗：《汉籍在日本的流布研究》，290 页，南京，江苏古籍出版社，1992。

③ (清)莫友芝撰、傅增湘订补、傅熹年整理的《藏园订补邵亭知见传本书目》卷七"子部·法家类·补"认为是书为"宋末建本"。这是有道理的，因为查杨家骆主编《宋人传记资料索引》(台北，鼎文书局，1978)，幔亭即詹师文，南宋末福建崇安人，"字叔简，刻意好学。庆元二年(1196)第进士，调江西宪司检法官，治狱无冤；讨平赤水关贼，秩满归家，与真德秀、邹应龙交游，不复仕进。有《幔亭遗稿》、《通典编要》"。

所以据此可以轻易查得其姓名。从所录名姓看，均为南宋属下南方各地当时有名士大夫，共 28 人。此书正文前有"名公书判清明集析类·目录"，但只载"户婚门"及其下 22 小目，各小目用小字注明所收判语条数，合计 117 条。

关于此书的流传情况，明以前已不详，明初入藏内阁，正统间钱溥所抄《秘阁书目》有著录，杨士奇《文渊阁书目》卷十四宿字号第一厨书目"政书"亦载："《清明录》，一部八册，阙。"①嘉靖末年，高拱、张四维等人参与重录《大典》，张氏从中辑出《名公书判清明集》，推想其时内阁所藏原本《名公书判清明集》已流失。明中期官员从内阁中窃走过大量典籍，此书之流失亦不足为怪。入清后，其初期流传详情难以确知，只知乾隆间此书藏于浦祺之手，今存宋本有其藏印"浦祺之印""浦氏扬烈""浦伯子""浦玉田藏书记"多方②。又钱大昕于乾隆末年在苏州讲学时获读此书③，应即为浦氏之藏。后此书辗转归马玉堂、郁松年所藏④，于清末流入陆心源之皕宋楼⑤。光绪末年，陆氏善本旧藏尽鬻与日人，因而此书随之入藏日本静嘉堂文库，直至今日。此书是静嘉堂所藏日本"重要文化财"之十八种宋版书之一。⑥

(二)明隆庆三年盛时选刻蓝印本

此书现存上海图书馆⑦，共 14 卷，版高约 6 寸半，宽约 4 寸半。9

① 两目所载实为一书，此处所谓阙，并非杨士奇编目时已佚，而是后来此书佚失，核查者以杨目对照，故注明为阙。

② 参见郑伟章《文献家通考》卷七载："浦祺(1733—1795)字玉田，一字扬烈，先世自江苏无锡迁常熟，家于任阳里……平生无他嗜好，键户读书，晨夕弗辍，庋藏几及十万卷。"

③ 钱大昕《竹汀先生日记钞》(《嘉定钱大昕全集》第 8 册，南京，江苏古籍出版社，1997)卷一载："读宋刻《名公书判清明集》，止户婚一门。"

④ (清)莫友芝撰，傅增湘订补，傅熹年整理：《藏园订补郘亭知见传本书目》卷七"子部·法家类·补"载：是书"马玉堂、郁松年递藏。郁氏《宜稼堂书目》稿本载，第四十号内有宋板《清明集》二套，一百五十元，即是此书。陆心源盖得诸郁氏也"。今存宋本前有郁松年"泰峰见过"藏章。案：郁松年，字万枝，号泰峰，清道光间藏书家。

⑤ (清)陆心源《皕宋楼藏书志》(《清人书目题跋丛刊》，北京，中华书局，1990)卷一一四"总集类三"载："《名公书判清明集》残本二百三十二页。"

⑥ 参见严绍璗：《汉籍在日本的流布研究》，290 页。

⑦ 国家图书馆善本部亦藏有此书之残本，明张四维辑，明隆庆三年盛时选刻蓝印本。8 册，10 卷，即卷一至卷十。无目录。书前有"齐氏子双图籍""刘绍炎印"朱印两方。

行 24 字，白口，四周双边，无鱼尾。书前有张四维"刻《清明集》叙"："曩余校录《永乐大典》，于清字编见有《清明集》二卷者，皆宋以来名公书判。其原情定罚，比物引类，可谓曲尽矣。命吏录一帙藏之。迨后校判字编，则见所谓《清明集》者，稿帕穰浩，不止前所录，而前所录者亦在其中……因并录置箧中。侍御盛君以仁将出按辽左，语政间偶及是编，取而阅之，谓读律者必知此，庶几谳拟不谬。遂携入辽，为之校订诠次，以镵于梓……隆庆己巳（十四年，1580）八月朔日。"后有盛时选"《清明集》后序"："《清明集》乃宋以来诸公判案之书，自真文忠公申儆官吏，讫于惩恶，凡为类十四，为目百篇。笥藏中秘，世所希遭睹也。吾师凤磐先生校《永乐大典》，自群集中表出之。岁戊辰，选奉命按辽左，辞谒先生，且乞教，乃手授是书。选避席卒业，拜以请曰：循是慎法，庶拟谳不谬，盍梓诸，嘉惠人人？先生许可，已，自序其端……时户曹丁君诚以军储饷辽，巡道刘君田以宪臬金辽，皆为先生所举士，得相订其讹以付梓人。刻既成，不知先生为然否？谨书以质之。时皇明隆庆三载冬月之吉。"从序文可知，此书先为张四维前后两次于《永乐大典》中录出，后为盛时选等校刻而成的，实为目前所知最早的《永乐大典》本辑佚书。明初编《永乐大典》时宫廷之藏书，至隆庆时已散佚不少，因而其时利用《大典》进行辑佚并不奇怪。除了《名公书判清明集》《折狱龟鉴》外，当时可能还辑有其他书籍，只不过目前我们还没有其他材料证明这一点。

此书前有目录：卷一、卷二为官吏门，卷三为赋役门、文事门，卷四、卷五、卷六、卷七、卷八、卷九为户婚门，卷十为人伦门，卷十一为人品门，卷十二、卷十三、卷十四为惩恶门。虽有 14 卷，但只有七大门类，而盛时选称其书"为类十四，为目百篇"，显然是名不副实。全书还有很多地方留有后人校读之墨迹，增加或调整个别类目，增删或改正文字等，附于原文之旁。

上海图书馆所藏之《名公书判清明集》，应来源于近代藏书家周越然之旧藏，因为此书前有"周越然"藏印。周越然，浙江吴兴人，原名之彦，别署走火，清诸生，任商务印书馆编辑多年，嗜书成癖，多善本；

著有《六十回忆》《书书书》《版本与书籍》等。其《书书书》(上海中华日报
社 1944 年版)"古之判语"篇谈到此书版本情况,指出:"余家藏之明本
系白皮纸蓝印者,较宋本约多三分之二。""倖运"篇中还记述了其购得此
书之经过[大约在民国十八年(1929)春季,上海某书店,以廉价购得]。
《四库全书存目丛书·子部》所收之《名公书判清明集》即是据此书影
印的。

以明本与宋本相较,可以明显发现它们之间的不同:第一,版式、
字体不一。版式之不同,上面已述;字体方面,宋本字大,端庄厚重,
明本字小、呆滞。第二,目录不一。宋本只存"户婚门",我们拿明本
"户婚门"与之相较,发现小目名称有些不同,如宋本"接脚",明本作
"接脚本";宋本"库本",明本作"库本钱";宋本"离",明本作"离婚"。
明本归类较混乱,如卷六有"赁屋"目,卷九又有"赁屋"目;卷七有"女
承分"目,卷八又有"女承分"目;卷七有"立继类",卷八又有"立继类"。
这显然是辑佚时失检所致。宋本则不存在这种情况。第三,正文文字不
一。如"蔡久轩",宋本"立继"类作"久轩",明本则作"蔡九轩";宋本
"立继类"有"又唤到尊长供无昭穆相当之人乞立异姓"小目,而明本将此
小目混入正文中。另外,明本还有一些文字之衍、漏情况。第四,宋本
所收判语作者为 28 位,而明本所收有在 28 位之外者,可能是元朝增补
入的内容。

除了南宋刻本(残本)与明隆庆三年(1569)盛时选刻蓝印本,《名公
书判清明集》还有清辑本。据《四库全书总目·名公书判清明集》载:"是
书十七卷。《永乐大典》本。不著撰人名氏,辑宋元人之案牍判语,分类
编次,皆署其人之别号……其词率以文采俪偶为工,盖当时之体如是
也。"可知乾隆开四库馆时,馆臣曾从《永乐大典》中辑出《名公书判清明
集》十七卷。可惜此书已佚,无法知其详。

最后,需要解释一下《名公书判清明集》到底是宋人著作还是元人著
作。《名公书判清明集》最初肯定是宋人著作,但该书传至元朝又增入了
一些元朝的内容,因此,卢文弨《补辽金元艺文志》收载《清明集》,认为
是元人所作;前引《四库全书总目》更明确称此书为"辑宋元人之案牍判

语，分类编次"，将其列入元人著作。关于该问题的详细解释，读者可参看陈智超《宋史研究的珍贵史料——明刻本〈名公书判清明集〉》①。

二、《折狱龟鉴》

明嘉靖末年重抄《永乐大典》，张四维不但从中辑出《名公书判清明集》，而且还辑出《折狱龟鉴》，两书均为宋代法律名著。

(一)《折狱龟鉴》简介

《折狱龟鉴》是宋代郑克编撰的一部案例故事集，是在五代和凝父子《疑狱集》的基础上增扩而成的。其书采撷正史、传记、墓志、笔记中有关侦查破案、司法鉴定、辨诬雪冤、审断疑狱等大量案例，分载于二十门类之下。

1. 关于书名

此书的书名，一般均题作"折狱龟鉴"，但晁公武《郡斋读书志》和《文献通考》则著录为《决狱龟鉴》20 卷。这可能是因为"决"与"折"音、义相近所造成的讹误，正确的写法还是"折狱龟鉴"。《四库全书总目提要》亦云："谨案《折狱龟鉴》，宋郑克撰。是书《宋志》作二十卷。晁公武《读书志》、陈振孙《书录解题》，俱题作《决狱龟鉴》，盖一书而异名者也。"②

另据《折狱龟鉴》(清抄本)陈柏"刻折狱龟鉴录序"，又称此书为《折狱龟鉴录》。这大概是为与原书相区别，单就此辑本而言的(关于此辑本，下文有详述)。不过，这一题名，在后来的重刊本中又改称为"折狱龟鉴"。

---

① 中国社会科学院历史研究所宋辽金元史研究室点校：《名公书判清明集》，附录七，北京，中华书局，1987。

② (清)永瑢、纪昀主编：《四库全书总目提要》，518 页。不过，经查陈振孙《直斋书录解题》原书，并没有题作《决狱龟鉴》，而是题作"折狱龟鉴"；而且，《宋史·艺文志》该书也不作 20 卷，而是 3 卷。《四库全书总目提要》这里所述有疏误。

2. 关于卷数

此书的卷数，亦有多种提法，其中早期的相关记载提到两种情况：20 卷与 3 卷。如《文献通考》作《决狱龟鉴》20 卷。《玉海》卷六十七载："《崇文目》(指《崇文总目》)有之，一本云郑克《决狱龟鉴》二十卷。"《郡斋读书志·后志》卷一载："《决狱龟鉴》二十卷。"黄虞稷《千顷堂书目》载："郑克《折狱龟鉴》二十卷。"可是，《宋史》卷二〇四"艺文志"载："郑克《折狱龟鉴》三卷。"《直斋书录解题》载："《折狱龟鉴》三卷。"《玉海》卷六十七又称："《折狱龟鉴》，绍兴中郑克撰，三卷。"我认为，这些说法应该都是有道理的。所谓的 20 卷，是指该书门类而言的；所谓的 3 卷，是指该书的册数而言的。据相关记载可知，原书内容分为二十门：释冤、辨诬、鞫情、议罪、宥过、惩恶、察奸、核奸、摘奸、察慝、证慝、钩慝、察盗、迹盗、谲盗、察贼、迹贼、谲贼、严明、矜谨。① 所谓的 20 卷，其实指的就是这二十门。而据《文渊阁书目》载："元《折狱龟鉴》一部三册。"②因此，又以册数代卷数，定为三卷。由此推知，其实原书并不分卷，只是分成二十门，装订成 3 册。

3. 关于作者

据杨奉琨考证③，原书成书、刊印于南宋初年，作者为赵克。赵克，《宋史》无传，只知道他是开封人，字武子，一字克明，宣和六年(1124)进士，南宋初曾以迪功郎任建康府上元县尉，后以承直郎任湖南提刑司干办官④。另外，关于郑克，还可参胡玉缙《四库全书总目提要补正》所载："陆氏《仪顾堂续跋》云：提要(指《四库提要》)未载克字里仕履，案：克字武子，开封人，累官承直郎湖南提刑司干官。绍兴三年，下诏恤刑，戒饬中外，俾务哀矜，克因阅《疑狱集》，分类其目为此书，

---

① 宋末元初人刘埙《隐居通议》(影印《文渊阁四库全书》本，上海，上海古籍出版社，1987)"杂录"载："《折狱龟鉴》，高宗绍兴三年降诏恤刑，戒饬中外，俾务哀矜。时有承直郎郑克明为湖南提刑司干官，因阅和凝《疑狱集》，嘉其用心，乃分类其事，自释冤、辨诬至严明、矜谨，凡十二门。"提到只有"十二门"，可能是误写，也可能是他看到的已是残本。

② 此处所谓的"元"，是指元代此书重刻过，现存有此书元代序文。

③ 参见杨奉琨：《疑狱集 折狱龟鉴校释》，"前言"，上海，复旦大学出版社，1988。

④ 参见余嘉锡：《四库提要辨证》，523 页，昆明，云南人民出版社，2004。

见《书录解题》……惟诸书皆作郑克，《通议》作郑克明，岂克又字克明与？"①

（二）关于明辑本《折狱龟鉴》

《折狱龟鉴》到明初时还存于世，故得以录入《永乐大典》中。明初《文渊阁书目》亦著录有："元《折狱龟鉴》一部三册。"至嘉靖朝，此书已属罕见，故大学士张四维在参与重抄《大典》时，从中发现有此书，即请人抄出，交付其门人陈文烛，请他刻以传世。交与陈文烛之本，先由陈氏请人于隆庆年间校刻，后由周希尹于万历年间重刻，但两刻均已不存，只有重刻本的清抄本存世。此外，明万历二十三年(1595)张四维之子张泰徵又重刻了陈文烛校刻本，该重刻本至今仍存于世。上述诸家刻本，均定此书为 2 卷。《千顷堂书目》载："《折狱龟鉴》二卷，不著撰人姓氏。"所指应该是就明辑本而言的。

1. 明万历二十三年张泰徵重刻本，上、下 2 卷，2 册，现藏于中国国家图书馆善本部②

该书前附张泰徵"重刊《折狱龟鉴》序"载："……因出先君子所遗《折狱龟鉴》一帙，翻而布之。其间全活凡几，昭雪凡几，抗辩凡几，门虽不一，然皆出之以哀矜……万历二十三年仲春……河南布政使司分守河北道左参议蒲坂张泰徵谨识。"此书还收有元代旧序一篇(元奉训大夫湖南道儒学提举陵阳虞应龙撰)③。据元序可知，该郡所藏《折狱龟鉴》原版有残缺、灭裂之处，同知郝居正莅任后，即命人刊补行世。可见，录入《永乐大典》的《折狱龟鉴》，是元代重刻的，而非宋版。这与前述《文渊阁书目》著录的"元《折狱龟鉴》一部三册"的说法是一致的。

此书内容共分为五门：卷上，释冤十条。卷下，辨诬二十五条、鞫

---

① 胡玉缙撰，王欣夫辑：《四库全书总目提要补正》，787 页，上海，上海书店，1998。

② 另还有一部藏北京大学图书馆，题"明万历怀庆府乔万里刻本"。此外，张泰徵重刻本还有一翻刻，藏天津图书馆，题"明万历间王邦才刻本"。参见郝艳华：《〈永乐大典〉史论》，59 页。

③ 据张泰徵考证，此序应作于元顺帝至正壬午年，而不是至元壬午年。

情十条、议罪二十七条、原贷十一条①。原书有二十门，此只有五门，可见张四维从《永乐大典》抄出的只是《折狱龟鉴》原书中的一部分。

2. 清抄本，上、下 2 卷，2 册，现藏中国国家图书馆普通古籍部

书前所收陈柏"刻《折狱龟鉴录》序"[隆庆四年(1570)庚午秋九月九日]载："《折狱龟鉴录》一册，元虞应龙所序，不详其纂之何人，第言宜春旧有板，镌于郡斋，乃府尹张国纪与诸书并发其藏，归之校官，同知郝居正因刊补焉。是书在中秘，人罕见者，太史凤磐张先生(指张四维)见而录之，授仲子文烛，时官廷尉，顷守淮安，乃命刻而传焉。仲子盖先生礼闱所校士，且言先生能一一诵其大旨。余览其书目，释冤者四十，释诬者二十五，鞠情者十，议罪者二十七，原贷者十一，其间有事与情相埒，又类附之。"陈文烛"《折狱龟鉴》后序"载："《折狱龟鉴》，蒲坂张先生校《永乐大典》，录而藏之，其详在家大人叙中，烛乙丑为先生所举士……嗣官廷中，亭疑狱，是书置座右……越三年，出守淮阳，过东海……因梓之郡斋。家所藏书未携，命教官杨子澄从人借观，校其讹谬，余俟博雅裁焉。先生有《清明集》，亦录自阁本，盛(侍)御梓之辽左，当并传于世。明隆庆辛未(五年)二月朔日陈文烛玉叔撰。"②边维垣"重刻《折狱龟鉴录》序"(万历甲戌九月既望)载："五岳陈公自竟陵寄予《折狱龟鉴录》，予滥竽湖南陈臬事，狱牍充栋……因命衡阳令周子希尹刻之。"万历甲戌，即万历二年(1574)。此书前署：湖广衡州府衡阳县知县周希尹校梓，衡阳县儒学教谕程中立同校。

据上述可知，此书源于张四维抄自《永乐大典》的《折狱龟鉴》辑佚稿本，陈文烛命教官杨澄对原稿做过校勘，刊刻于隆庆五年，定名为"折狱龟鉴录"。然后，陈文烛之父陈柏又将此书寄给边维垣，边维垣重又请周希尹进行校刻，刊刻时间约在万历二年。此清抄本就是抄自于周希

---

① "原贷"门，《四库》大典本改为"宥过"门。
② 另可参见(明)陈文烛：《二酉园文集》，卷二"折狱龟鉴序"，民国间影印《湖北先正遗书》本。

尹重刻本。[1]

此书亦包括释冤、辨诬、鞫情、议罪、原贷五门。由于原书有二十门，此辑本只有五门，有很多内容在此书中找不到，所以此书目录后附有案语称："书目分门者五，而释冤第五条称鞭巫事，又见惩恶门。书乃于原贷见之，无所谓惩恶门者。且诸条间有称钩慝、证慝、谲贼、察贼、迹贼诸门，书并不载。岂其书尚有脱简与？"

需要注意的是，原书此条案语前题"澄案"，据前述可知，澄应指的是杨澄，而杨澄是为陈文烛校勘此书的，所以案语应是杨澄作的。不过，张泰徵在重刻此书时则将此"澄案"改成了"谨案"。

（三）关于《四库》大典本《折狱龟鉴》

《四库全书》子部法家类中收有《永乐大典》本《折狱龟鉴》8卷，是馆臣从《大典》中辑出的。[2]《四库全书总目》此书提要称："今世所传钞本只存五门，余皆散佚。"当时存世之《折狱龟鉴》，应即指上述的明辑本（只有五门）。提要还称："惟《永乐大典》所载尚为全书，而已经合并连书，二十卷之界限，不复可考。谨详加校订，析为八卷，卷数虽减于旧，其文则无所缺失也。"可见，8卷之数，是馆臣自定的。至于馆臣自认为大典本《折狱龟鉴》所收已是完书，则遭到陆心源的批驳。据陆氏《仪顾堂续跋》载："《通议》（指《隐居通议》）摘录《龟鉴》（指《折狱龟鉴》）十余条，辨诬门李端为岐州刺史、议罪门邢州为盗、钩慝门王恭戍边、章举为句章令、南方有伪装殴伤者五条，今本（指大典本）失收，可据以补其阙。"[3]可见，《大典》本《折狱龟鉴》所收仍有不少缺漏。

至于《四库总目》此书提要还称："其间论断，虽意主尚德缓刑，而时或偏主于宽，未能悉协中道。"余嘉锡通过检核全书，认为提要发言太轻率："乃知提要之说，特粗阅其书首尾二三卷，因而立论，未尝细核

---

[1]　上述陈柏序、边维垣序在抄本中均有文字错误，此据（明）陈柏：《苏山选集》（影印《四库全书存目丛书》本，济南，齐鲁书社，1995）卷五"折狱龟鉴序"做了修正。

[2]　还可参见《永乐大典书目（残本）》［民国二十九年（1940）邵锐抄本］收："《折狱龟鉴》，郑克，四卷。"

[3]　转引自胡玉缙：《四库全书总目提要补正》，787页。

全书也。"①而这种情况在《四库》提要中可能还比较普遍，这是我们利用《四库全书总目》时需要特别注意的。

三、全祖望辑《永乐大典》佚书之下落

全祖望在雍正八年至乾隆二年(1730—1737)间与李绂相约抄辑《永乐大典》佚书，从中辑出佚书 14 种②。全氏之辑佚开《四库》开馆辑《永乐大典》佚书之先河，可惜的是，全氏之辑本今皆不传，后人无法了解其所辑书的具体情况。不过，我在翻检《纂修四库全书档案》中，发现其中有一条线索，有助于我们考求其辑本的下落。

乾隆三十八年(1773)二月，朝廷组织人员校辑《大典》工作正式开始。由于当时《大典》已阙 1000 余本，乾隆怀疑康熙间开馆修书时徐乾学、王鸿绪、高士奇等人私自携出，于是下旨让这些涉嫌官员所在地方的地方官查访。可惜《大典》原本一无所获，只是意外地找到一种《大典》辑本《考工记》。据《纂修四库全书档案》"浙江巡抚三宝奏呈续获天一阁等家遗书目录并《永乐大典·考工记》六本折"(乾隆三十八年四月二十八日)载："至《永乐大典》一书，臣节次转饬各属，上紧查访，并委员携带银两，四处购觅。现据宁波府禀：据鄞县贡生卢址呈缴遗书二十余种，除发局核对有无重复另行查办外，并据缴出抄存《永乐大典》内《考工记》一部，计六本，称系祖上遗留，今闻访购，情愿呈缴等语。虽未识现在《永乐大典》内是书曾否缺少，但既有找获，自应遵旨即为送京。"③由于卢址与全祖望同为鄞县人，且全祖望曾从《大典》辑出过《考工记》2 卷，

---

① 余嘉锡：《四库提要辨证》，524 页。

② 据曹书杰：《中国古籍辑佚学论稿》(长春，东北师范大学出版社，1998)附录一，这14 种书为：《学易蹊径》、《易疑拟题》、《尚书讲义》、《曹放斋诗说》、《周官新义》(附《考工记》2 卷)、《古礼》、《古礼释文》、《古礼识误》、《春秋义宗》、《春秋鲁十二公年谱》、《明永乐宁波府志》、《公是先生文抄》、《唐说斋文抄》、《二先生文抄》。

③ 张书才主编：《纂修四库全书档案》上，106 页。

那么，卢址所献的大典本《考工记》是否就是全氏所辑的呢？卢址所献的大典本《考工记》下落又如何呢？兹分述如下：

(一)卢氏所献的《考工记》1 部 6 本，应为全祖望辑本

全氏从《大典》中辑出王安石的《周礼新义》，其中附有《考工记》二卷，这在《鲒埼亭集外编》卷二十三"荆公《周礼新义》题词"中有明确记载："荆公之书，五官而已，有郑宗颜者采其说，别注《考工记》2 卷。今《新义》已缺其二，而《考工》尚有存者。"全氏去世时（乾隆二十年，1755），其双韭山房的一部分遗书售给了门人卢镐的族人，得白金二百两，才得以安葬。[①] 卢镐（1723—1785），字配京，号月船，浙江鄞县人，全氏弟子。据严可均《铁桥漫稿》卷七"全绍衣传"载："卒时葬具未备，不得已，尽出所藏万余卷归之门生卢镐之族人卢址抱经楼，得白金二百金以治丧。"可知卢镐的族人即为卢址，全氏的这些遗书就成了卢氏抱经楼的藏书，其中可能包括大典本《考工记》2 卷。又据郑伟章《文献家通考》卷六载：卢址（1725—1794），字丹陛，又字青厓，浙江鄞县人，年十九为县诸生。乾隆十三年（1748）补增广生，十九年，以贡生议叙（奏疏称"鄞县贡生卢址"，即指此），授中书舍人，以两目失明，遂绝意进取。其"博学嗜古，尤善聚书。遇有善本，不惜重价购之……搜罗三十年，得书数万卷"[②]。需要注意的是，卢址的抱经楼，非杭州卢文弨的抱经堂。其抱经楼藏书至民国初始彻底散出。

从前面的论述可知，全氏从《大典》中辑出过《考工记》2 卷，而其去世后藏书一部分归卢址，所以我们有理由推想卢氏在全氏去世后所献的《考工记》就是全氏所辑的大典本《考工记》。至于卢氏说此书"系祖上遗留"，那可能是纯粹的托词，否则不可能"祖上遗留"正好与全氏之辑佚书相同。

---

① 参见(清)全祖望著，朱铸禹汇校集注：《全祖望集汇校集注》，卷首"全谢山先生年谱"。

② (清)钱大昕：《潜研堂文集》，影印《续修四库全书》本，卷二十一"抱经楼记"，上海，上海古籍出版社，1999。

（二）卢氏所献的《考工记》2 卷可能即《四库全书》所收的《考工记》2 卷

《四库全书》收录有"王安石《周官新义》十六卷，附《考工记解》二卷，《永乐大典》本"。《四库全书总目》卷十九"经部十九·礼类一"载其提要云："今《永乐大典》阙地官、夏官二卷，其说遂不可考……安石本未解《考工记》，而《永乐大典》乃备载其说。据晁公武《读书志》，盖郑宗颜辑安石《字说》为之，以补其阙。今亦并录其解，备一家之书焉。"提要中并未说《考工记解》2 卷是完全用的全氏所辑的《考工记》2 卷，但我认为，这种可能性是很大的，因为：首先，全氏所辑的《考工记》1 部 6 本送至四库馆时，可能四库馆臣并未从《大典》中辑出《考工记》。乾隆三十八年(1773)二月辑佚《大典》工作正式开始，最先开始的是签佚书单的工作，佚书单签出后，即交缮书处"迅速缮写底本"；底本缮成后，纂修官又对照原书，"详细校正"，才能写出提要，拟定"应刊、应抄、应删"三项，上报正总裁官审定[1]。从签佚书单到辑出佚书需要相当一段时间，而乾隆三十八年四月之后不久全氏所辑的《考工记》1 部 6 本即已送至四库馆，四库馆臣正可乐观其成，无须再予辑佚。其次，倘四库馆臣从《大典》中另辑出《考工记》，那么，肯定会将其与送呈的全氏所辑的《考工记》相校阅，将其所校情况反映在《四库》提要中(这种做法在《四库》提要中很普遍)，而如今《四库》提要中并未提到这一点。

最后想说明的一点是，全氏所辑的其他大典本佚书，大概不会在卢址处，因为其时朝廷搜求《大典》甚急，卢氏不可能家里留着其他的《大典》辑本而只献此书，授人口实，以招致不必要的麻烦。所以卢氏要么不献，要么就将其所藏大典本均献。由此推测其所藏的全氏所辑大典本只有此书。[2] 那么全氏其他辑本哪去了呢？据《鄞志·纪事》载："谢山(即全祖望)归道山，著述半入蒋樗庵、卢月船两家……蒋无嗣守之人，

---

[1] 张书才主编：《纂修四库全书档案》上，"办理四库全书处奏遵旨酌议排纂四库全书应行事宜折"(乾隆三十八年闰三月十一日)。

[2] 今查(清)卢址《抱经楼书目》4 卷(清抄本，藏国家图书馆善本部)，没有全氏之辑本。此目编于乾隆四十二年(1777)，离献书时不远，倘其收藏有全氏辑佚书，应有反映。

无可复问。"①可知全氏之书，除自家收藏一部分外，一部分归卢月船（即卢镐。其实应为卢址），还有一部分归蒋樗庵。蒋氏之藏书后来很快就散佚了。因此，全氏之辑书可能有一部分归了蒋氏，随着蒋氏藏书的散佚而散佚了。当然，全氏去世前或去世后，其辑本在其自家亡佚或流散到其他人手里亦是有可能的。

---

① 转引自郑伟章：《文献家通考》，245 页，北京，中华书局，1999。

第四章 《四库全书》大典本辑佚(一)

一、四库馆签佚书单考

清乾隆中《四库》开馆期间对《永乐大典》所做的辑佚工作，主要包括下面几项程序：签出佚书——抄出佚文(散片或散篇)——粘连成册(即辑佚稿本)——校勘并拟定提要——誊录成正本。其中最初步的工作是签出佚书。所谓签出佚书，是指《四库》馆辑佚《永乐大典》时，先将《大典》原本分派给纂修官，再由纂修官逐册阅读，用事先制好的签条标明该册所要辑佚的书名、页码及佚文条数，粘贴于各册之上(这些签条一般粘贴在《大典》封里)，然后交誊录官誊录。这些签条，即为签佚书单(也可简称签单)。目前存世的《永乐大典》残本中仍存有一些这样的签条，为我们研究《大典》辑佚提供了非常珍贵的第一手材料。兹据目前所收集到的签条，对其略作解读，以期促进有关研究的重视与利用。

(一)签条

如图 4-1 和图 4-2 所示，签条的格式及其主要内容包括：(1)纂修官。各签条的纂修官，是指负责检阅该册《永乐大典》原书而签出佚书的馆臣。当时负责签

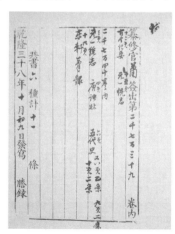

图 4-1

图 4-2

书的纂修官，在此项下面一般只填写其姓氏。那么，纂修官间有不少同姓者，如何区分呢？为此，一般是于姓氏旁（或上或下或旁边）署上该纂修官的籍贯或官衔，如一位陈姓纂修官在姓下注"浙"字，是指其为浙江人；一位邹姓纂修官在姓下注"西"字，是指其为江西人；一位邹姓纂修官在姓上注"侍讲"字，是指其为翰林侍讲官，等等。（2）签阅卷数，是指纂修官签阅的该册《永乐大典》卷数。（3）佚书书名、佚文条数及各条佚文在该册

《大典》中的位置。（4）签出的佚书总种数、佚文总条数。这是对各签条著录佚书种数及佚文条数的汇总，如图 4-1 签条著录为"共书六种计十一条"，是指在《永乐大典》卷二七三九中共签出佚书 6 种，佚文 11 条。有个别的签条未填此项内容，但绝大多数都填了。（5）发写时间。即发下誊抄该册《大典》所签出佚文的时间。其中年份是固定的，各签条均已事先印上乾隆三十八年，因而只是填写月份与日期。（6）誊录者姓名，是指该册《大典》发下给哪位负责誊抄。但目前我所经眼的签条中，不知为何，没有一张署有誊录者姓名。①

一般来说，每册《大典》用一张签条填写上述各项内容。但是，如果 1 册《大典》中所签出的佚书较多，在一张签条上填写不下，就需用两张甚至三张填写，一起贴于本册封里上。如纂修官刘氏所签《大典》卷九一七至卷九一九这 1 册，即贴有两张签条；《大典》卷二九七八至卷二九八〇为 1 册，现存签条一张，只包括该册的卷二九七八、卷二九七九，推测还有一张签条，是用来填写卷二九八〇的佚书的，但已脱落不存。有时，因为该册《大典》所收佚书较多，纂修官还会另用一张较大的白纸取

---

① 签条上署誊录者之名，应是为了统计、考查其工作。当时可能有其他统计、考查方式，所以不在此处填写。

代原签条，按签条格式将各项内容抄在上面，粘贴于该册《大典》封里，如《大典》卷二五三九至卷二五四〇、卷三〇〇三至卷三〇〇四2册，均是如此。

（二）纂修官

我们知道，负责签出《永乐大典》佚书的纂修官从一开始就确定为三十人。据乾隆《御制文集·四集》卷十七"汇辑四库全书联句"载："《永乐大典》每十册为一函，共一千一百余函，翰林三十人，匀派分阅，按日程功。"又据《纂修四库全书档案》"办理四库全书处奏遵旨酌议排纂四库全书应行事宜折"（乾隆三十八年闰三月十一日）载："《永乐大典》内所有各书，现经臣等率同纂修各员逐日检阅，令其将已经摘出之书迅速缮写底本，详细校正后即送臣等复加勘定，分别应刊、应抄、应删三项……今所办《永乐大典》内摘出各书旧本颇多……现有之纂修三十员，仅敷校办《永乐大典》。"①邹炳泰《午风堂丛谈》卷二亦载："乾隆癸巳（乾隆三十八年，1773）二月，上命大学士刘统勋等将《大典》内散篇纂集成书，总纂则纪编修昀、陆刑部锡熊，纂修三十人，余时为庶常，亦膺是选。"而且，这三十签书纂修官是从翰林（包括庶吉士）中选取的，据"大学士刘统勋等奏议覆朱筠所陈采访遗书意见折"（乾隆三十八年二月初六日）载："……容臣等就各馆修书翰林等官内，酌量分派数员，令其陆续前往，将此书内逐一详查。其中如有现在实无传本，而各门凑合尚可集成全书者，通行摘出书名，开列清单，恭呈御览。""大学士刘统勋等奏议定校核《永乐大典》条例并请拨房添员等事折"（乾隆三十八年二月二十一日）载："今奉旨校核《永乐大典》……臣等谨遵旨于翰林等官内，择其堪预分校之任者，酌选三十员，专司查办，仍即令办事翰林院。"②

那么，这三十人都是谁呢？史料中没有明确记载。现存签条上的纂修官姓氏，无疑是我们考查这三十位纂修官的重要线索。兹据签条上所出现的纂修官姓氏列表 4-1 如下：

---

① 张书才主编：《纂修四库全书档案》上，74～76 页。
② 以上分别见张书才主编：《纂修四库全书档案》上，53～54 页、59 页。

表 4-1 纂修官姓氏表

签书者	签书范围	发写时间
侍讲邹氏	卷四八九至卷六六六	乾隆三十八年（1773）十月十二日至十一月十二日
刘　氏	卷八九九至卷九一九	乾隆三十八年□月□日
姚　氏	卷二三四〇至二三六九	乾隆三十八年□月□日
萧　氏	卷二五三五至卷三二五一	乾隆三十八年八月廿九日至十一月廿六日
陈　氏（下注：浙）	卷三五二五至卷三五八七	乾隆三十八年八月初二日至八月初四日
蓝　氏	卷五二〇〇至卷五二四五	乾隆三十八年九月初十八日
邹　氏（边上注：西）	卷五四五三至卷五四五六	乾隆三十八年□月初五日至□月初四日
王　氏（下注：松江）	卷六五二三至卷六五二四	乾隆三十八年九月初一日
徐　氏	卷六五五八至卷六五五九	乾隆三十八年□月□日
王　氏	卷六八三七	乾隆三十八年□月□日
黄　氏	卷七二三七至卷七三二七	乾隆三十八年九月□日
庄　氏（边上注：陕或西）	卷七七五六至卷八五〇七	乾隆三十八年□月□日
陈　氏	卷八九〇九	乾隆三十八年十月□日
吴　氏	卷一〇二八七至卷一〇五四〇	乾隆三十八年八月廿七日至九月二十五日
秦　氏	卷一〇八一四至卷一〇九四九	乾隆三十八年□月□日
黄　氏（安徽）	卷一一九〇三至卷一二一四八	乾隆三十八年八月初十日
王　氏	卷一三一三九至卷一三一四〇	乾隆三十八年十一月十二日
林　氏	卷一四〇五五至卷一四〇五六	乾隆三十八年□月□日
萧　氏	卷一四三八一	乾隆三十八年十一月二十六日
林　氏	卷一四四六一至卷一四四六二	乾隆三十八年九月初十日

续表

签书者	签书范围	发写时间
闵　氏	卷一五〇七三至卷一五〇七五	乾隆三十八年八月十二日
陈　氏(广东)	卷一六二一七至卷一六二一八	乾隆三十八年十一月二十四日
李　氏	卷一九四一六至卷一九四二三	乾隆三十八年八月初七
刘　氏(边上注：东)	卷一九四二六	乾隆三十八年十一月初九

结合前引"汇辑四库全书联句"等材料及上表所提供的姓氏，为考出这三十位纂修官的姓名，我认为可以从以下几条线索来分析：

1. 这三十人，除特殊情况外，一般均应出于《四库》馆臣中[①]，其中尤以职名表中三十九位校勘《永乐大典》纂修兼分校官为主。

2. 由于乾隆三十八年二月已开始签书，因此，乾隆三十八年三月之后入四库馆者则可排除在外。

3. 这三十人应是乾隆三十八年二月时就已任翰林官(包括庶吉士)者。

4. 如前所述，签条姓氏有旁注，是为了区分同姓的纂修官。据此推测，只要姓氏有旁注，则至少有两位同姓的纂修官。因此，上述签条显示，纂修官应有两位姓刘(其中一位为山东人)、两位姓邹(其中一位为翰林侍讲，另一位为江西人)、两位姓庄(其中一位为陕西人)、三位姓陈(其中一位为浙江人，一位是广东人)、两位姓黄(其中一位是安徽人)、两位姓王(其中一位为江苏松江人)。

5. 如前所述，由于统一将《大典》匀派给三十位纂修官分阅，每人负责签阅《大典》的卷数范围应是相对集中的。也就是说，每人所签阅的《大典》卷数范围一般不会被别人所签阅的《大典》卷数隔开。因此，据上

---

① 《四库》馆臣的名单，可参见张升：《四库全书馆研究》附录一，北京，北京师范大学出版社，2012。

表考察，那些姓氏相同而又没有旁注标示区别的纂修官，如果其中间为他姓纂修官所隔开，则应视为不同的纂修官（即同姓而不是同一人）。据此又可以推知上表所涉及的纂修官中，有两位姓萧、三位姓王（其中一位为江苏松江人）、两位姓林。除此之外，另有姓李、吴、秦、蓝、徐、闵、姚的纂修官各一位。因此，这三十位纂修官中，可确定姓氏者有二十五位。

综合上述线索进行分析，参照《四库》职名表，可考出这三十位纂修官的大致情况如下：

三位姓陈，其中一位为陈昌图（浙江人），一位为陈昌齐（广东人），另一位应出自陈初哲或陈国玺或陈科锎。

两位姓刘，其中一位为刘湄（山东人），另一位可能为刘校之或刘跃云。

三位姓王，其中一位为王嘉曾（江苏松江人），另两位可能出自王尔烈、王坦修、王增、王汝嘉之中。

两位姓黄，其中一位是黄轩（安徽人），另一位可能为黄寿龄或黄良栋。

两位姓庄，其中一位为庄承篯（陕西人），另一位可能为庄通敏。

两位姓邹，其中一位为邹炳泰（据前引邹氏文），另一位为邹玉藻（江西奉新人）。

两位姓林，其中一位可能为林澍蕃，另一位不详。

两位姓萧，可能出自萧际韶、萧九成、萧广运之中。

姓闵者，应为闵思诚；姓李者，可能为李尧栋、李镕；姓吴者，可能出于吴典、吴寿昌中；姓秦者，可能为秦泉；姓蓝者，可能为蓝应元；姓徐者，可能为徐天柱；姓姚者，应为姚颐。

此外，另五位可能出自范衷、莫瞻菉、平恕、孙辰东、俞大猷、彭元玙、沈孙琏、周厚辕、周兴岱、张家驹、黎溢海、苏青鳌、潘曾起之中。

据前引乾隆"汇辑四库全书联句"可知，《大典》是匀派给三十名纂修官分阅的。也就是说,当时《大典》还剩 9881 册[①],每位纂修官约分得330 册。但是,据上表"签书范围"中所开列的《大典》卷数可推知,有个别纂修官的签书范围并没有这么大,如负责签阅卷一四三八一的萧姓纂修官,他最多只可能签阅卷一四〇五七至卷一四四六〇(因为其相邻的两位纂修官中,前一位至少已签阅到卷一四〇五六,后一位至少已签阅到卷一四四六一),这部分《大典》,共约 120 余册[②]。为什么会出现这种情况?可能原先是匀派好的,后来因为人员变动、签书进度快慢等原因而有些变化。

(三)佚书佚文

各纂修官所签书单中著录佚书书名及佚文出处的方式,大体是一致的,但也有一些细微的差别。例如,若一张签条所签只有 1 卷《大典》,则该卷签出的佚书书名按出现顺序依次开列在签条中即可(如图 4-2 所示)。若一张签条所签有 2 卷或 3 卷《大典》,则一般会分别标明各卷所签出的佚书(如图 4-1 所示)。但是,纂修官有时为贪图方便,只在签条第一行中填写所签阅的《大典》卷次,以下则通过分行另起著录的方式,来区别不同卷次中签出的佚书书名。

从《大典》中签出的佚书书名,一般沿用《大典》引用时的名称。但是,《大典》在引书名时多用省称,如《周礼复古编》,省称《复古编》;别集,多称某人集,而不用原名,如《大隐居士诗集》,称《邓绅伯集》。因此,纂修官在签写中有时也会根据自己的了解做一些改动,以改回通用的名称,但这种情况并不多。

各签条签出的佚书书名下,往往会标明其佚文在本卷《大典》中的第几页、共有几条,如邹姓纂修官所签《大典》卷四八九的签条载:"敬斋泛说二,三页一,七页一",是指本卷有佚书《敬斋泛说》中的佚文两条,分别为第三、第七页各一条;刘姓纂修官所签《大典》卷九〇一的签条

---

① 张书才主编:《纂修四库全书档案》下,"军机大臣奏遵查《永乐大典》存贮情形并将首卷黏签呈览片"[乾隆五十九年(1794)十月十七日],2372 页。

② 此册数是据《永乐大典存目》推算得出。《永乐大典存目》,原载《北平图书馆馆刊》,1932 年第六卷第一号,现收入张升编:《〈永乐大典〉研究资料辑刊》。

载："胡祗遹集一条，一页内至三页内"，是指《胡祗遹集》的佚文一条，在本卷第一页至第三页内，等等。有时，为方便起见，该佚书在一页中只有一条佚文时，则单标页数，而不标条数，如：萧姓纂修官所签《大典》卷二九四八的签条载："石林燕语一"，是指《石林燕语》的一条佚文在本卷第一页中；又载："晋史挥麈五"，是指《晋史挥麈》的一条佚文在本卷第五页中，等等。倘若该佚书在一页中有两条以上的佚文时，则要将条数标出，以防誊录者漏抄，如前引签条载："马明叟实宾录七，二条，又二十四页一条"，是指《实宾录》的两条佚文在本卷第七页中，还有一条佚文在本卷第二十四页中。

因为有的佚文是出自《大典》引文的小注中，为方便誊录者查找出处，纂修官还会将其详细出处标明，如蓝姓纂修官所签《大典》卷五二四五的签条载"一统志七页小注一，八页小注二"，是指《元一统志》的一条佚文，在本卷第七页小注中，另两条佚文在本卷第八页小注中。

如果该册《大典》所收内容全部为某部佚书的佚文，则只简单标明佚书书名及该册《大典》所收的卷数即可，如李姓纂修官所签《大典》卷一九四一七的签条仅写"经世大典一卷"；所签《大典》卷一九四一八至卷一九四一九的签条仅写"经世大典二卷"，等等。

有个别的纂修官在填写签条时，只开列佚书书名，既不标明条数，也不标明页码，如徐姓纂修官所签《大典》卷六五五八至卷六五五九的签条载："祝洙《附录》、金履祥《考证》、许谦《丛说》、杜英《旁通》、何文渊《事文引证》、马豫《缉义》、陈栎《发明》、史伯璿《管窥》、赵德《笺义》、赵德《附录》、王充耘《经义贯通先儒精义》、李好文《经训要义》、程复《心章图》、答禄与权《窥豹管》、邹霆炎《衍义》、魏公著《句解》、熊禾《标题事义》、赵次城《考义》、倪士毅《辑释》、尹和靖《言行录》、詹道《传纂笺》。以上书见有即钞。"这显然是不太负责的做法。不过，这种情况在签条中并不多见。

综上所述，绝大多数情况下，纂修官在填写签条时还是相当负责的，佚书佚文在《大典》中的详细出处标示得很清楚，既方便誊录者抄写，又方便后来的校核，为《四库》大典本辑佚奠定了良好的基础。

(四)发写时间

如前所述,签条最后一行还要填写该册《大典》发下誊抄所签出佚文的时间,其中各签条均已事先印上乾隆三十八年(1773),只需填写月份和日期。由于需要首先从《大典》中签出佚文,才能发下给誊录来誊抄,因此,我们也可推知,按照四库馆的计划,签书的工作应该是在乾隆三十八年年内就要完成的。

关于签条最后所填的时间,以往多认为是纂修官填写的签书时间。[①] 事实上,这应该是发写时间,因为:第一,每张签条中明确印有乾隆三十八年□月□日发写,肯定指的是发写时间;而且,据四库馆中的运作规定,发写是《四库》提调官负责的,签书的纂修官不可能来填写发写时间。第二,吴姓纂修官所签《大典》卷一〇二八七的签条所填发写时间为:"乾隆三十八年八月廿七日发写。"其边上又用墨笔注上:"九月初七日发。"这说明,原计划八月二十七日发写,后因故改为九月七日发写。倘若是签书时间,何时签完是确定的,不会有更改的可能。由此也可证明签条后所填写的时间是发写时间。第三,据于敏中在乾隆三十八年七月十三日的一封信中说:"《永乐大典》内凑集散片,原如鸡肋。但既办辑多时,似难半途而废。此时各纂修自俱采完,何人所采最多,或竟有全无所得者,便中约叙草单寄阅。"[②]《永乐大典》在乾隆三十八年七月已签阅完毕,而目前所见签条所填时间均为乾隆三十八年八月以后的,则不可能是纂修官的签书时间。

据我推测,每张签条由签书的纂修官填写好后,贴于《大典》封里,交回四库馆提调处,由提调官分发给誊录抄写,随分发时填上发写时

---

① 如《现存永乐大典引用书目》(东方文化总委员会编,民国油印本)将《永乐大典》卷二九七一所贴签条称为:"乾隆三十八年十一月十八日纂修官萧签校书名一叶。"我受其影响,亦曾认为是签书时间,并据以推测签书结束的时间。参见张升:《四库馆签〈永乐大典〉辑佚书考》,载《文献》,2004(1)。

② (清)于敏中:《于文襄手札》,影印本,第18通,北平,北平图书馆,民国二十二年(1933)。

间。① 发写是陆续进行的。从上表所列"发写时间"可看出，发写从乾隆三十八年八月一直持续至十一月。由于目前所见签条有限，上述发写时间并不能代表全部《四库》大典本的发写时间。据《武英殿聚珍版丛书》所收大典本的提要可知，早在乾隆三十八年四月，已经有一些大典本被整理出定本并写有提要。② 因此，《大典》签条最初的发写时间，当在乾隆三十八年四月之前。至于其发写的截止时间，据《纂修四库全书档案》"多罗质郡王永瑢等奏黄寿龄遗失《永乐大典》六册交部议处折"(乾隆三十九年六月二十五日)载："臣等遵旨纂办《永乐大典》内散篇各书，所有应行采录诸条，现在陆续摘抄将竣，因派令各纂修等将已经理清粘出副本，查对原书，逐一分头详细校勘，以便迅速编排成帙。"也就是说，乾隆三十九年六月二十五日，誊录《大典》佚文的工作即将完成。由于发写是誊录之前的一项工作，因而发写的工作当在此之前就结束了。

二、四库馆签大典本的数量

清乾隆中四库开馆期间对《永乐大典》所作的辑佚工作，主要包括下面几项程序：签佚书单——抄出佚文(散片或散篇)——粘连成册(即辑佚稿本)——校勘——誊录成正本。其中最初步的工作是签佚书单。所谓签佚书单，是指四库馆臣辑佚《大典》时，先将《大典》原本分派给纂修官，再由纂修官逐册阅读，用事先制好的签条标明该册所要辑佚的书名、页码及佚文条数(有时只标书名，不标页码及佚文条数)，粘贴于各

---

① 目前发现，有个别签条贴错了地方(即贴于不是所签阅的该册《大典》)。我推测，其时誊录摘抄时，将所负责抄写的《大典》签条均一起揭下。在抄好佚文后，再往回贴时，未用心核对，造成了错贴。

② 如《乾坤凿度》《春秋辨疑》《汉官旧仪》《魏郑公谏续录》《帝范》等，《武英殿聚珍版丛书》，清同治年间福建刻本。

册之上①，然后交誊录官誊录。可以说，签出佚书的数量，基本上决定了《大典》辑佚书的数量。

四库馆臣从《永乐大典》中签（辑）出过多少种佚书，目前还是个悬案。著录在《四库总目》中的大典本是可以统计出来的，清代以来就有很多人作过统计，如曹书杰先生统计出：共 516 种（包括据《大典》校补之书），其中收入《四库》者 388 种，存目 128 种。② 当然这不可能是馆臣辑出的全部大典本，因为很多研究者都指出过，还有不少大典本因为这样那样的原因（如与传世本重复，未暇整理、进呈，等等）未能收入《四库》，目前所知有 10 余种③，其中一些还保存至今。这 10 余种大典本只是侥幸留下书名或原书罢了。其实，更多的《大典》辑佚的稿本，连同其他《四库》底本一样多未能流传下来。那么，馆臣总共辑出的《大典》佚书究竟有多少呢？清末李岳瑞在《春冰室野乘（下）》中提到过一个值得关注的数据："乾隆朝修《四库全书》，从《永乐大典》中辑佚书七百余种。"李氏没有提到这一数据的来源，因而后人多以为其是臆测而不予重视，曹书杰先生在引用这条材料时也只是说："此说依据尚不清楚，馆臣最初奏进的拟辑之书目（或辑出的书目）今也不见传。"④事实上，李氏的说法是有依据的，因为国家图书馆古籍部所藏的《永乐大典书目（残本）》一书⑤，共收书 794 种，就是当时馆臣奏进的拟辑之书目。可惜此书只是残本，而且此书也不像是最后的统计目录，因而其统计数并不能代表全部的签出《大典》佚书数，因而李氏所说的 700 余种也并非是当时全部的

---

① 这些签条一般粘贴在《大典》封里，有的被保存下来，为研究《大典》者多所引用。可参见郭伯恭：《永乐大典考》，160 页；栾贵明：《四库辑本别集拾遗》（北京，中华书局，1983）书前所附签单。

② 参见曹书杰：《中国古籍辑佚学论稿》，141 页。

③ 曹书杰统计有 18 种，参见同上。但是，这 18 种并不都是四库馆臣辑出的。另外，据李国庆、孔方恩《邹炳泰与〈永乐大典〉》一文（中国国家图书馆编：《〈永乐大典〉600 周年国际研讨会论文集》）可知，邹炳泰从《大典》中辑出的三种书未收入《四库全书总目》。

④ 曹书杰：《中国古籍辑佚学论稿》，141 页。

⑤ 国家图书馆古籍部藏有两部《永乐大典书目（残本）》，其一为民国二十九年（1940）邵锐抄本，其二为清道光戊申（二十八年，1848）顾沅请张应麐所抄的本子。两书内容基本相同，只是顾抄本在总数上少两种，可能是抄漏了。本文所用的为邵锐抄本。

拟辑数量。尽管如此,此书对我们研究《四库》辑佚书数仍有重要的参考价值。

(一)

《永乐大典书目(残本)》1 册,为残本,后附有钱天树跋、邵锐跋。据钱跋可知,此书为乙未(道光十五年,1835)之夏丰山马玉堂寄赠的。据邵跋可知,其书于民国二十九年(1940)又抄自余嘉锡。[①] 据此书有郑振铎藏印及国家图书馆藏印可知,其又经郑氏之手,始入藏国家图书馆。[②] 此书有如下几个方面值得关注:

1. 此书为据签佚书单所录的。如前所述,《大典》辑佚最初的工作就是签佚书单。馆臣将这些签佚书单所收之佚书汇编在一起,以便统计、核对、辑佚,就形成此《永乐大典书目》。正如邵锐跋所云:"此《永乐大典书目(残本)》,较《四库》书目增出甚多,与今所传《大典》前附馆臣签出佚书单十九皆合,至可宝也。"目前所能见到的一些佚书单也能证明这一点。此外,由于《大典》是按韵编的,此目中常常将同一韵部的书排在一起,保留了签佚书单原始的痕迹。有不少书仅有书名,没有作者、卷数、年代,也是因为佚书单往往只载有书名。

2. 此书目被初步整理过。此书目有大致的四部分类顺序,尤其是经部书,如经部中诗类、书类、春秋类、礼类都做过基本的整理,但后面的史、子、集部则较混乱。有一部分书目有作者、卷数、年代的记录,显然也是经过整理的。尤其是卷数,应为据《大典》收入佚文的数量初步拟定的。但这些卷数往往与《四库》定本的卷数有差距,说明其整理只是初步的,正如钱天树跋中所说:"细阅之,不甚分晰四部,意必是书每类各著一目,以所录书之先后为次第故也……其所载之书,卷数与他目不符者甚多,意或每裒一种,内所采之多寡计之故耳。"另外,此书

---

① 钱天树,字子嘉,又字仲嘉,号梦庐,浙江平湖人,清嘉道间人,藏书家。马玉堂,字笏斋,浙江海盐人,清嘉道间人,藏书家。余嘉锡(1883—1955),湖南常德人,近现代著名学者,家富藏书。

② 郑振铎《西谛书目》(北京,文物出版社,1963)卷二"子部·类书类"载:"永乐大典书目不分卷,1940 年邵锐钞本,一册,残。"

目编排较乱，书名不规范，作者多用字号，收书有前后重复的情况，如《春秋通训》《春秋讲义》《续后汉书》《金坡遗事》等书名均两次出现，这些明显是整理时的疏误，说明此书只是作过初步的整理。

3. 此书目是残本，前面有缺页。书目第一页开首即有小字注明："此书前有缺页。"从内容上也可看出有缺页，因为按四部分类，经部第一小类往往是易类，而此书竟然没有收录一部易类的书，事实上《四库》著录的大典本易类书有 25 部之多，这只能说明此目将易类书初步整理出来置于卷首，因缺页而遗失了（从这也可看出，此目是经过初步整理的）。至于钱天树跋云："就其一册之中，首尾尚有缺页。"卷尾是否有缺页，从此书本身还难以看出。但此书是转抄钱天树的本子而来的，所以和钱氏原本可能会有差距，钱氏说卷尾尚有缺页，应该不会是毫无根据的。

4. 此书目并不能代表四库《大典》签（辑）佚书的全部。除了有缺页外，我认为，此书并非所有佚书单签出之后编成的书目，而可能是辑佚过程中临时录出的。因为如果这是最终所有佚书签出后的目录，而从目前保存完好的经部中的诗类、书类、春秋类、礼类等看，这些已经被初步整理过的类目，它们所收的佚书应该包括同类目所有的《四库》大典本。但是，我们以《四库》大典本与此目相校发现，还有相当一部分大典本在此目中未能找到，这不可能是缺页所能解释的，这只能是因为当时整理此一书目时，还有不少大典本未标签出来。

5. 此书目共收书 794 种，其中去掉前后重复的及同书异名的，约有 770 种，其中有 358 种为《四库》所收大典本（其中 251 种为《四库》著录的大典本，107 种为存目大典本），有 412 种签出的大典本未收入《四库全书》中。需要注意的是，这 412 种书中，有 98 种在《四库》中虽有著录，但著录时用的却是别的本子（如内府本、采进本、家藏本），而非大典本。这说明，在这些书从《大典》签（辑）出后，发现有存世之书而舍弃了。

最后需要说明的是此书编纂的背景。其时，在《大典》辑佚当中，将所签出之书录出汇总，以备审定，是很正常的，如四库馆曾编有《永乐大典采辑书目》及《永乐大典书籍散篇目》1 卷①；而且汇总书单所开甚至多至几百种书，如四库总裁官于敏中在七月二十二日的信中说："所集四百余种，未必尽能凑合成书，亦未必尽皆有用……"②又如五月十八日信中说："《永乐大典》五种已经进呈，所办下次缮进之书可称富有……细阅所开清单，如《竹品谱》之列于史部，《少仪外传》之列于子部，皆未解其故。"③可见这些缮进的书单，还做过初步的分类，与此书目的情况相近。所以我认为，此书目确实为当时签出(拟辑)《大典》佚书目的汇编。

(二)

《永乐大典书目(残本)》尽管只是残本，而且只是初步整理的拟辑书目，但对我们研究《四库》大典本仍有重要的意义，尤其有助于我们考察《大典》签(辑)书总数。

1. 考察《大典》签出佚书的数量

《永乐大典书目(残本)》共收书约有 770 种，其中有 358 种为《四库总目》所收大典本，而《四库总目》收大典本 516 种，可知《四库总目》还有 158 种大典本为《永乐大典书目(残本)》未收。那么，我们将《永乐大典书目(残本)》收书总数(约 770 种)与《永乐大典书目(残本)》未收的《四库总目》大典本数(158 种)相加，可以得出当时馆臣从《大典》中签出的佚书约有 928 种。这 928 种是明确知道书名的。但是，因《永乐大典书目(残本)》为残本，而且又非最终编定的签书目录，因而其实际签出的书目肯定还多于 928 种。那么，四库馆臣从《大典》中签出的佚书数到底有多少呢？我们可以通过计算《四库总目》大典本在《大典》签出的佚书中所占之比例，来大致推断出当时签出的佚书总数。如前所述，770 种签

---

① 赵万里在《〈永乐大典〉内辑出之佚书目》(《北平北海图书馆月刊》，1929 年第二卷第三、第四号)中所作识语说："清乾隆间四库馆臣王际华等曾撰《永乐大典采辑书目》，目中独遗《四库全书》存目诸书(《四库目录标注》)载《永乐大典书籍散篇目》一卷，云何子贞有钞本，四库馆原辑，未知内容如何。"

② (清)于敏中：《于文襄手札》第 22 通。此书所收均为四库馆辑佚《永乐大典》期间总裁官于敏中写给总纂官陆锡熊的信。

③ (清)于敏中：《于文襄手札》第 1 通。

出佚书中有 358 种作为大典本收入《四库总目》，其比例约为 2.2∶1，即每签出 2.2 种佚书，才有一种收入为《四库总目》大典本，因此，总共 516 种《四库总目》大典本，就需要签出约 1135 种佚书①。两者数量相差大致是一半。这种估计，从当时馆臣的有关论述来看是有道理的，如前引于敏中七月二十二日信中所说："若所集四百余种，未必尽能凑合成书，亦未必尽皆有用，诚如前札所云：不过得半之局"。"前札"是四库总纂官陆锡熊所作的，也就是说，于氏与陆氏这两位四库馆负责大臣的估计是，从《大典》中签出的佚书，大概只有一半能被著录（包括存目）入《四库全书总目》。

从《大典》中签出的约 1135 种佚书，其佚文是否均从《大典》中辑录出来了呢？有人甚至认为存目中的大典本也未必被辑录出来②。这是需要进一步说明的问题。我认为，存目中的大典本肯定是已经辑出的，并且做过初步的整理，因为《大典》佚书散处各册，倘没有全部辑出且作整理，就不可能确定辑佚书的卷数，并概括出它的主要内容。所以前引于敏中七月二十二日信中说："俟草本粘缀成帙，即可辨其适用与否，以定去留。如应刊、应抄者，自须先誊副本，俾有成式可循。若止须存名之书，即无庸再行录副，约计可省一半工夫。"这里所说的草本，就是誊录官据佚书单初次誊出的稿本。应刊、应抄者（即入《四库全书》者）还需在草本的基础上誊录副本，而存目书（只存名之书）则只需粘连出草本，不用再誊录副本。不但存目中的大典本已经辑出，所有签出的佚书绝大多数也应辑出。③ 因为据《大典》的校辑工序可知，佚书单签出后，即交

---

① 正如 770 种佚书中有 98 种为与存世之书重复的，其比例约为 13%，那么此 1135 种，大约也有 147 种为与存世之书重复的。

② 曹书杰《中国古籍辑佚学论稿》141 页载："（存目大典本）128 种是否辑出（或全部辑出），后世研究者也说法不一。"

③ 据（清）纪昀《阅微草堂笔记·滦阳续录》（石家庄，河北教育出版社，1991）"宋代神臂弓"记载，当时他与邹念乔（奕孝）在《大典》中发现《神臂弓图》一书，"余欲钩摹其样，使西洋人料理之。先师刘文正公曰：'西洋人用意至深……此弩既相传利器，安知不阴图以去，而以不解谢我乎？《永乐大典》贮在翰苑，未必后来无解者，何必求之于异国？'余与念乔乃止。"《永乐大典书目（残本）》亦收有此书，说明馆臣是从《大典》中签出了。此书没有被辑出，原因比较特殊。这种情况应比较少。

誊录"迅速缮写底本";底本缮成后,纂修官又对照原书,"详细校正",才可能写出提要,拟定"应刊、应抄、应存"三项,上报正总裁官审定。[1] 于敏中甚至还建议:"(《永乐大典》内)摘出书名,自应办入存目内,但其中有卷帙尚存者,亦有止存一两条而具一书名者,办提要时自应略有分别。"[2]这些签出的佚书("摘出书名"),不管佚文多少,应全部收入存目,并写出提要。这必然需要首先将佚文辑录出来才能办理。当然,签出佚书的佚文尽管被辑录出来,但应该有不少佚书因为佚文内容太少、用处不大或未暇整理,只是以散篇的形式存在;也有的尽管被粘连成辑佚草本,但因为与存世书相重,只好舍弃或作为校补之用[3]。《四库》辑佚工作结束后,这些《大典》佚书散片、草本连同别的《四库》底本一样,储于翰林院中,长期不受重视,最后大都散佚了。

综上所述,四库馆臣从《大典》签出的佚书远较《四库》收入的 500 余种为多,约有 1100 余种(其中明确知道书名的有 928 种),而且这 1000 余种佚书的佚文绝大多数应该是被辑录出来了。从这个意义上说,我们认为当时从《大典》中辑出佚书也应有 1100 余种。

2. 修正我们对馆臣辑书工作的批评

以往我们多批评馆臣辑书范围过窄,很多有价值的书未辑出;工作效率差,馆臣贪图方便,拖沓懒惰。从《永乐大典书目(残本)》来看,这些批评是值得商榷的。

首先,辑书范围方面。从《永乐大典书目(残本)》所收的 700 多种书可看出,馆臣辑佚的范围要较《四库》大典本的范围大得多。以往我们多批评馆臣不辑科技、方志类书[4],但从《永乐大典书目(残本)》看并非如

---

① 张书才主编《纂修四库全书档案》上,"办理四库全书处奏遵旨酌议排纂四库全书应行事宜折"(乾隆三十八年闰三月十一日)载:"《永乐大典》内所有各书,现经臣等同纂修各员逐日检阅,令其将已经摘出之书迅速缮写底本,详细校正后即送臣等复加勘定,分别应刊、应抄、应存三项。"

② (清)于敏中:《于文襄手札》第 51 通。

③ 邹炳泰辑出的大典本《秘书监志》就被汪如藻家藏本所替代。《四库》中据大典本校勘之书有 27 种,参见曹书杰:《中国古籍辑佚学论稿》,141 页。

④ 参见张忱石:《永乐大典史话》,27~31 页。

此，如科技类书，收有《神臂弓图》《造甲图》《造墨法》《梓人遗制图》等；方志类书，收有《高丽图经》《元一统志》等①。至于我们今天有人甚至指责馆臣不辑民间文学作品(如戏曲之类)，其实这有苛求古人之嫌，因为清代自《四库》开馆之后续辑《大典》者不少，一直没有任何人关注这方面的辑佚，可见古代普遍不重视此类书籍，专责馆臣失职是不对的。因此，当时馆臣确定拟辑书目时并没有太多的限制，我们今天所看到的《四库》所收大典本不多，是诸多原因造成的(如前述的佚文太少、用处不大或未暇整理等)，并非是馆臣的眼光狭窄。

其次，工作效率方面。《四库总目》收大典本 516 种，这对于几十位校辑者(他们不负责誊录佚文)几年的时间来说，并不是很大的成绩，何况这些辑本还有漏辑、误辑等问题。即便如前所述，馆臣从《大典》中签(辑)出 1000 多种书，这一数量相对于《大典》中的佚书数来说②，并不算多。所以后人多批评馆臣效率不高是可以理解的，而且在当时总裁官于敏中也指出过馆臣工作拖沓，如于氏在九月初十日信中说："《永乐大典》办已年余，当有就绪，若初次所分，至今未能办得，亦觉太迟。"③但是，我通过考察《永乐大典书目(残本)》后发现，馆臣工作效率差，并不是馆臣拖沓所能完全解释的，应该是和佚书判定困难有很大的关系。

四库馆收集遗书是与《大典》辑佚同时进行的，校辑者当时判定佚书没有比较完备的现存目录作查对，只是要求参考《古今图书集成》(此书翻检不易，且与《大典》分类不同，何况其并非当时存世之书均有收载)，因而馆臣更多的是凭借印象、经验来判定佚书。在这种情况下，馆臣签出很多书与陆续收进四库馆的遗书重复，就不可避免了。在馆臣签出的770 种书中，共有 98 种与《四库》所收的内府本、采进本、家藏本重复，当然这些签(辑)出之佚书一般来说就被放弃了。从重复的书看，基本为

---

① 《(嘉泰)吴兴志》、《(至顺)镇江志》等方志也是当时馆臣辑出的大典本，只不过未载在《永乐大典书目(残本)》中。

② 据顾力仁统计，现在《大典》残本仍有 3000 余种待辑之佚书。参见顾力仁：《永乐大典及其辑佚书研究》，第九章"永乐大典存本待辑书目"。

③ (清)于敏中：《于文襄手札》第 51 通。

内府本、采进本、家藏本，绝少通行本，说明馆臣对通行本比较了解，但其他情况则不太清楚。可以推想，当馆臣辛辛苦苦签出佚书，却发现超过十分之一的"佚书"原来世上有传本，自己所从事之辑佚，徒劳无功，这对他们的辑佚热情打击是相当大的。因而馆臣觉得没有必要费工夫辑出这些重复之书，不如等采进遗书的工作完成后再作打算。另外，由于怕造成重复辑佚，在不好判定存佚的情况下，往往宁缺毋滥，所以签出的佚书就很少。可以说，辑佚准备工作的不充分，在很大程度上阻碍了辑佚的开展。

也正因为佚书没有统一的判断参照，没有一个佚书总目，馆臣只能各自凭经验判断，所以《大典》中同一佚书的内容，有的被签出，有的则未被签出。这就自然造成大量该辑的内容没有辑出，漏辑现象较严重。为了避免漏辑，有的馆臣在确定佚书后，只好重新翻检全部的《大典》。如周永年，在馆数年期间，"无间风雨寒暑，目尽九千巨册，计卷一万八千有余"，从中辑出十余家著述。[①] 9000 册、18000 余卷，这差不多是当时《大典》的全部内容。要求每位馆臣都像周永年那样辑佚，是不切实际的。《大典》辑佚本来是分工协作的，倘安排合理，是可以避免周永年那样的辛劳的。但由于没有统一的佚书参照与总佚书目，使得馆臣或无从措手，或辛苦而徒劳，从而极大地削弱了馆臣辑佚的积极性，造成辑佚成绩不够突出。

从以上的分析看，馆辑工作效率不高，成绩不显著，并非完全是馆臣拖沓，而辑佚《大典》匆匆上马，辑佚工作安排不周全所带来的负面影响，是我们不应忽视的一个重要原因。在辑佚开始不久，本来倡议辑佚的总裁官于敏中、刘统勋态度已经有了改变，于敏中说辑《大典》为"鸡肋"，但又"似难半途而废"；刘统勋"似有不乐于裒辑之意，然未明言也"[②]。这两位总裁官的态度多少透出几分无奈。

3. 有利于我们认识《四库总目》大典本提要的错误

---

① (清)章学诚：《章学诚遗书》卷十八"周书昌别传"，北京，文物出版社，1985。

② (清)于敏中：《于文襄手札》第 18 通。

　　《四库总目》大典本提要与《四库》原书著录多有不合之处，很多学者从不同的角度对之加以解释。[①] 我认为，《永乐大典书目（残本）》能为这些解释提供一定的参考，因为它在著录书名、作者、卷数上多与《四库全书》著录不合。(1)书名方面，《大典》在引书名时多不规范，《永乐大典书目（残本）》据《大典》初步签出的书名，与后来著录入《四库》的定名，当然会有差距。《四库》著录的《周礼复古编》，《大典》省称为《复古编》，《永乐大典书目（残本）》所载即为此名；《四库》著录宋邓深《大隐居士诗集》，《大典》引作《邓绅伯集》，《永乐大典书目（残本）》所载即为此名。(2)卷数方面，初辑稿本(据签佚书单)卷数往往较少，后来重校时，则多有增加，或重新分卷。《永乐大典书目（残本）》中《太常礼仪沿革》作 1 卷，《四库》著录则为 2 卷；《永乐大典书目（残本）》中《守城录》为 1 卷，《四库》著录为 4 卷。《四库总目提要》往往是据初辑稿本所拟，这与后来的正式著录就会出现差异，如《竹轩杂著》，《四库》提要说："今从《永乐大典》中搜辑编缀，厘为诗一卷，文四卷，用存其概。"而著录却是 6 卷。又如宋袁甫《蒙斋集》，提要中说是厘为 18 卷，而著录为 20 卷。(3)作者方面，《大典》初辑时多用字号，甚至是籍贯，或佚名，或对音有误，正式著录时就改正了。如《太常礼仪沿革》的著者，《永乐大典书目（残本）》作"必里牙敦"，《四库》改作任杋；《重定河防通议》的著者，《永乐大典书目（残本）》作"瞻思"，《四库》改作"沙克什"。类似的情况还有很多，"徐成中"改为"徐中(字成中)"，"员九华"改为"员兴宗(字九华)"，"吴皋"改为"吴舜举"，等等。

　　《永乐大典书目（残本）》是据《大典》中签出的佚书单所编的，而佚书单只是一个简单的记录，并未经纂修官缜密考证，所以基本上保留了《大典》著录的原貌。《大典》纂修官在佚文誊录出稿本后，据此而作提要，这些提要往往保留辑佚稿本的问题(书名、作者不规范，卷数较少，沿袭较多《大典》原有的错误，等等)。这些提要在录入《总目》或《四库》

---

　　① 参见黄爱平：《四库全书纂修研究》，第十二章"四库全书总目(上)"，北京，中国人民大学出版社，1989。

时，有的经过修改，有的未经修改，因此造成我们今天看来，《四库总目提要》与《四库》原书著录多有不合之处。

因此，我认为，造成《四库总目》与《四库》正式著录中大典本在书名、作者、卷数方面的差异，主要是初辑稿本与重校后定本的差异。

(三)

如前所述，《永乐大典书目(残本)》是据当时馆臣签出的佚书单而编成的，而谈到当时签佚书单的情况，目前学者多据于敏中的信来分析，以为有严格的程限①，其中以顾力仁所述为代表："至于签抄工作之进度和分配，当时亦有程计，大抵每纂修所分俱有一千三百余本，每日签阅五本，每月可阅一百六七十本。"②我认为这种论述是不符实际情况的。

于敏中原信写于七月十一日，其主要内容为："昨阅程功册，散篇一项，除山东周编修外，认真者极少，然每日五页，尚有一定之程。惟遗书卷帙甚多，每纂修所分俱有一千三百余本，今此内有每月阅至一百六七十本，告竣尚易，其一百本以外，亦可以岁月相期，乃有不及百本，甚至有不及五十本者，如此办法，告成无期。③关于此信与签佚书程限的关系，我有几点疑问：第一，"每月阅至一百六七十本"云云，是"程功册"所记录的，并非当时有章程如此规定。第二，为何前面说只要"每日五页"，就"尚有一定之程"，而下面又说每月 50 本(每天近 2 本，远多于五页)，仍"告成无期"呢？前后何以自相矛盾？第三，校辑《大典》纂修官，《四库》职名表中列有三十九人④。尽管这些人中途有更换，还有未入职名表者⑤，但总与此数相差不会太大，而《大典》只有 9000 余本，每纂修所分约 300 本，何以信中却说每人 1300 余本？倘每人 1300 余

① 参见郭伯恭：《永乐大典考》，158 页；黄爱平：《四库全书纂修研究》，121 页。
② 顾力仁：《永乐大典及其辑佚书研究》，308 页。
③ (清)于敏中：《于文襄手札》第 39 通。
④ 参见"四库职名表"，见(清)永瑢、纪昀主编：《四库全书总目提要》，卷首。
⑤ 可参见黄爱平：《四库全书纂修研究》，107 页。

本，则只有七人参与签阅《大典》，与三十九人之数差距何以如此之大①？

事实上，以往学者们对此信的解读出了问题。首先，信中提到"山东周编修"，指的就是前文提到的周永年。周永年任编修在乾隆四十年（1775）四月②；而据陈垣先生推断，《于文襄手札》中所收的信均作于乾隆三十八年至乾隆四十一年③（1773—1776）间，因此可以断定，此信必写于乾隆四十年或四十一年七月。其时签佚书单的工作早已完成（下文详述），于氏原信并不是指签佚书单而言的。其次，于氏信中的遗书，并非指《大典》，而是指四库馆所采进之书。将采进之书称为遗书，这是当时的普遍说法④；而且在《于文襄手札》五十余封信中，凡提遗书，均指采进书，如第 32 通信"各省进到遗书……"，第 17 通信"各省送到遗书……"，第 18 通信"承旨查历代所购遗书……"等；而说到《大典》，一般并不说遗书，而是直称《大典》。既然于氏原信并非指签《大典》佚书，而遗书又是指采进书，因此，我认为，所谓"每日五页"，是指校勘《大典》佚书而言的⑤，而遗书是指采进之书，有 1 万余种，保守的估计也约有数万本⑥。当然，当时采进之书是陆续收入四库馆的，因而不可能四库馆一开始就有数万本遗书待校阅，此处所指可能只是其中的一部分，估计有数千本之多。因此，校办各省采进遗书的纂修官六人⑦，每人分 1000 余本，每日要检阅三四本，相对于要完成的任务来说并不算太多。

---

① 据郭伯恭《永乐大典考》、栾贵明《四库辑本别集拾遗》、《现存永乐大典引用书目》（北京，东方文化总委员会编，一函一册）、傅增湘《藏园群书经眼录》中关于残存签佚书单的记载即可知，起码有八位纂修官从事了签佚书单的工作。

② 参见张书才主编：《纂修四库全书档案》上，乾隆四十年（1775）四月二十八日"谕内阁散馆之庶吉士黄寿龄等著分别授为编修检讨"。

③ （清）于敏中：《于文襄手札》，附陈垣"书于文襄论四库全书手札后"。

④ 张书才主编：《纂修四库全书档案》中关于"遗书"的论述很多，可参看。

⑤ 校勘是大典本辑佚中最难的工作，可参见黄爱平：《四库全书纂修研究》，119 页；顾力仁：《永乐大典及其辑佚书研究》，306 页，"纂辑"一节。

⑥ 参见黄爱平：《四库全书纂修研究》，36 页。

⑦ 参见"四库职名表"，见（清）永瑢、纪昀主编：《四库全书总目提要》，卷首。虽然实际参与校办采书的纂修官要较此六人为多，但相对于所要校办的书而言，他们的工作量还是非常大的。

签佚书单的工作在乾隆三十八年二月份即已开始，至乾隆三十八年七月中，签书的工作就大致结束了。① 不过，由于总裁对初次所签并不满意，可能又让一些人作了补签，所以现存签条中有一些题有"补"字。而从签条已印好"三十八年"可看出，签书工作最晚也应该在乾隆三十八年内就完成了。

如前所述，当时负责签阅《大典》的纂修官有三十人，而当时《大典》实存 9881 本，那么，每人所签约为 330 本。另据《纂修四库全书档案》"办理四库全书处奏遵旨酌议排纂四库全书应行事宜折"（乾隆三十八年闰三月十一日）载："《永乐大典》内所有各书，现经臣等率同纂修各员逐日检阅，令其将已经摘出之书迅速缮写底本，详细校正后即送臣等复加勘定，分别应刊、应抄、应存三项……今所办《永乐大典》内摘出各书旧本颇多……现有之纂修三十员，仅敷校办《永乐大典》。"可见，这些负责签书的纂修官，还同时要对誊抄好的底本做"详细校正"的工作。因此，正如前文所说的，尽管一开始《大典》是匀派给这些纂修官的，但实际上各纂修官的签阅总量却并不相同，甚至还会差距很大。

三、从《春秋会义》看《四库》大典本辑佚

清乾隆三十八年（1773）二月，朝廷组织人员从《永乐大典》中辑佚书，随后在此基础上开四库馆编纂《四库全书》。四库馆臣从《永乐大典》中辑出的佚书（一般称为大典本），其中收入《四库全书》者 388 种，收入《四库总目》存目者有 128 种。② 当然，这不可能是馆臣当时辑出的全部大典本，因为很多研究者都指出过，还有不少大典本因为这样那样的原

---

① （清）于敏中《于文襄手札》第 18 通（乾隆三十八年七月十三日）："《永乐大典》内凑集散片，原如鸡肋（诸城似有不乐于衰辑之意，然未明言也，秘之）。但既办辑多时，似难半途而废。此时各纂修自俱采来，何人所采最多，或竟有全无所得者，便中约叙草单寄阅（旁注：并各衔名，密行）。"

② 参见曹书杰：《中国古籍辑佚学论稿》，141 页。

因未能收入《四库全书》。这些未入《四库》的大典本，连同其他《四库》底本一样绝大多数未能流传下来。到目前为止，我们只知道为数不多的几种幸运地流传了下来，而大典本《春秋会义》就是其中之一。更为幸运的是，大典本《春秋会义》不但留下了据大典本定本的整理本，而且还留下了初辑本的录副本，对我们了解大典本的初辑及整理情况有十分重要的参考价值。

(一)杨昌霖与《春秋会义》的辑佚

清乾隆四库开馆期间对《永乐大典》所做的辑佚工作，主要包括下面几项程序：签佚书单——抄出佚文(散片或散篇)——粘连成册(即辑佚稿本)——校勘——誊录成正本。[①] 杨昌霖作为四库馆《大典》纂修与分校官，所负责的工作就是将《大典》散片整理成辑佚稿本，然后对其进行校订、撰写提要。大典本《春秋会义》就是杨昌霖负责整理与校订的。

杨昌霖，字际时，号检(俭)庵，又号简庵，江苏吴县人，举人[②]；乾隆三十八年(1773)闰三月，他被四库馆总裁王际华荐举，作为五征君之一入馆修书[③]；乾隆三十八年七月，为表示鼓励，乾隆谕令《四库》总裁对杨昌霖等留心试看年余，如果办事勤勉，实有益于修书，准其与下科新进士一体殿试，酌量录用[④]；乾隆四十年(1775)赐进士，加恩授为

---

① 张升：《四库馆签〈永乐大典〉辑佚书考》，载《文献》，2004(1)。

② 参见中国科学院图书馆整理：《续修四库全书总目提要》第 4 册，192 页，济南，齐鲁书社，1996。

③ 王重民：《冷庐文薮》"杨昌霖传"，223～224 页，上海，上海古籍出版社，1992。五征君是指邵晋涵、周永年、余集、戴震、杨昌霖。据张书才主编《纂修四库全书档案》上第 74 页，乾隆三十八年闰二月"办理四库全书处奏遵旨酌议排纂四库全书应行事宜折"载："又查有进士邵晋涵、周永年、余集，举人戴震、杨昌霖，于古书原委亦能多识，应请旨行文调取来京，在分校上行走，更足资集思广益之用。"

④ 张书才主编《纂修四库全书档案》上第 137 页，乾隆三十八年七月十一日"谕内阁进士邵晋涵举人戴震等如勤勉准其一体散馆殿试酌量录用"载："前据办理四库全书总裁等奏，请将进士邵晋涵、周永年、余集，举人戴震、杨昌霖调取来京，同司校勘，业经降旨允行。但念伊等现在尚无职任，自当予以登进之途，以示鼓励，着该总裁等留心试看年余，如果行走勤勉，实于办书有益，其进士出身者，准其与壬辰科庶吉士一体散馆；举人则准其与下科新进士一体殿试，候朕酌量降旨录用。"

翰林院庶吉士①；乾隆四十三年（1778）四月散馆，改刑部主事，仍兼四库馆职事②。杨昌霖在馆期间，对《大典》辑佚贡献较多，就目前所知，其辑佚的大典本有：《春秋会义》12 卷、《春秋经解》12 卷、《春秋例要》1 卷、《春秋释例》15 卷、《春秋传说例》1 卷、《春秋集注》40 卷、《东观汉记》24 卷、《净德集》38 卷。除《春秋会义》外，其他均收入《四库全书》，而且《春秋释例》等五种，还被收入《武英殿聚珍版丛书》中。另外，从以上大典本诸书可看出，杨昌霖负责的书以《春秋》类为主，下文所引孙葆田序称"杨氏盖治《春秋》之学者"，应是就此而言的。

《春秋会义》26 卷，宋杜谔纂，其书依次泛引诸家关于《春秋》的解说、论述，纂辑排比，然后自己加以发挥、评价。宋晁公武《郡斋读书志》卷一下云："《春秋会义》二十六卷，右皇祐间进士杜谔集《释例》、《繁露》、《规过》、《膏肓》、《先儒同异篇》、《指掌》、《碎玉》、《折衷》、《指掌议》、《纂例》、《辨疑》、《微旨》、《摘微》、《通例》、《胡氏论》、《笺义》、《总论》、《尊王》、《发微》、《本旨》、《辨要》、《旨要》、《集议》、《索隐》、《新义》、《经社》三十余家成一书，其后仍断以己意。虽其说不皆得圣人之旨，然使后人博观古今同异之说，则于圣人之旨或有得焉。"其书在明永乐初年曾被抄入《永乐大典》中。永乐年间修《春秋集传大全》时，亦曾将其采入。至清初朱彝尊撰《经义考》，认为此书久佚。因此，四库馆臣将其从《永乐大典》中辑出。

（二）现存《春秋会义》的版本

1. 光绪壬辰（1892）古不夜城孙氏（孙葆田）山渊阁用四库馆元辑《永乐大典》本校刻本（以下称孙氏校刻本）

---

① 张书才主编《纂修四库全书档案》上第 404 页，乾隆四十年五月二十四日"谕内阁杨昌霖在四库全书馆编校实心着授为翰林院庶吉士"载："杨昌霖因在四库全书馆纂校书籍，是以钦赐进士，准其一体殿试。昨新进士引见，该员甲第在后，而江苏省馆选者已多，是以未经录用。兹阅馆中所进由散篇裒辑书内《春秋经解》一种，编校颇见实心，即系杨昌霖所办，是其学问尚优。杨昌霖着加恩授为翰林院庶吉士。"

② 同上书，第 819 页，乾隆四十三年（1778）四月二十九日"谕内阁此次散馆庶吉士戴心亨等着分别授职其改部各员内原办书者仍兼馆行走"载："……其庶吉士……杨昌霖……俱着以部属用。至此次改部各员内，其原在四库馆办书者，仍令其兼馆行走。"

此书 26 卷，12 册，现藏国家图书馆普通古籍部。此书前有宋任贯原序、杜谔自序、清孙葆田序、"校刊略例"。据孙葆田序称："……至明永乐中，修《春秋集传大全》，采用杜氏说至七十余条，所谓蜀杜氏是也。其全书不知亡于何时，国朝朱锡鬯氏《经义考》以为久佚。乾隆中诏修《四库全书》，馆臣始从《永乐大典》辑出。书已成而《总目》失收。闻当时吾乡孔荭谷户部曾录有副本，今流传至江南为某氏所藏。此本乃邹孝廉道沂家存故籍，予闻诸蒋性甫太史，因亟从借钞。会归安陆存斋至济南，于予斋中见此书，诧为未有，并属传钞一部。原本首行标四库全书，疑即馆中拟进本。然书内不著纂辑人姓名，后见今人所辑《春秋规过》、《春秋摘微》序言，乃知是书成于杨君昌霖手……予既喜得是书本末，思广其传，乃捐赀付梓，以公诸同人……予深愧弇陋，辄就目前所见，略为编订，并附校刊略例。"孙氏校刻本所据为邹道沂家藏的四库馆写定的大典本《春秋会义》，而此四库馆写定的大典本，傅增湘于民国初年亦曾经眼，据傅增湘"四库馆写本《春秋会义》跋"载："昔年于琉璃厂翰文斋，见有写本《春秋会义》四十卷，宣纸，朱栏，大楷工整，首行标四库全书，其行格字数，亦与今七阁本无异……原书有鄂人邹道沂跋，言此为《永乐大典》辑出之本，得之京师厂肆。"[1]孙氏在四库馆写定本基础上又作了校订、补正、重编，不但补入了不少杨昌霖未收入的内容，而且将此书由 40 卷改为 26 卷。

2. 大典本《春秋会义》初辑本的录副本（以下称孔氏抄校本）

此书 12 卷，7 册，清孔继涵校并跋、孔广栻校[2]，现藏国家图书馆善本部。如前所述，此书为馆臣杨昌霖负责校订整理，而孔继涵即从其借抄，孔继涵及其子孔广栻先后对其做了校订，据此书后附孔继涵跋

① 孙殿起辑：《琉璃厂小志》，427 页。

② 孔继涵(1739—1783)，字体生，亦字诲孟，号荭谷(或葓谷)，山东曲阜人，孔子第六十九代孙；乾隆二十五年举人，三十六年成进士，官户部河南司主事，为著名的藏书家。孔广栻，字伯诚，号一斋，继涵子，曾从《春秋会义》辑出《春秋摘微》1 卷。《清史列传》(北京，中华书局，1987)卷六十八载："孔广栻，字伯诚，乾隆四十四年举人。继涵所著《春秋》各书，未竟厥绪，广栻实终之。"

载:"杜谔《春秋会义》,杨检庵庶常昌霖自《永乐大典》辑出者,内惟僖公、襄公,《大典》有缺(共缺凡卅五年),余具完善,中为誊录抄脱三十余条未补。余借抄录副……乾隆丙申(四十一年,1776)十二月三十日丁卯孔继涵记。"①其书天头所留空间较大,显然是抄校者为校订做预留的。另外,此书各卷后均附抄校者自注的校订时间,其中时间最早的为卷一署:"丙申腊月廿六日校。"由此可推知其抄录此书约在乾隆四十一年十二月二十六日前不久。

此书保留了每条佚文在《大典》的出处,不但标明卷数,还标明页数(有极个别没标明页数,可能是抄者遗漏的),如卷一鲁隐公,页 1,"史记世家,孝公二十五年……圣人作春秋之始也"一条,后面有小字注"一万一千二百三十六卷,第一页",意思是指此条佚文出自《永乐大典》卷一万一千二百三十六的第一页。又如卷一,页 11,"……因以见笔削之旨"一条,后面有小字注"卷一万一千二百三十八,第五至第九页",是指此条佚文出自《永乐大典》卷一万一千二百三十八的第五至第九页。以下依此类推。由此可以推知,此书实为据抄自《大典》的辑佚散片粘贴而成的大典本初辑稿本录副的。

在此书中,孔氏所做的校订概括起来有如下几个方面:(1)改错字。如卷一,页 1,"妨"改为"姑";页 23,"系"改为"挈";页 30,"杜"改为"社"。(2)补缺文。如卷一,页 1,"文(王既没,文)不在兹乎"(案:括号内为校者所加内容。下同);页 6,"以善(其始始善)则终无不善矣";页 41,"蔡人(卫人)伐郑"。(3)改正抄写中不规范的地方。如应当提行的,指明此处要提行抄写;双行小字注文,改为单行大字正文;单行大字正文,改为双行小字注文。(4)端正字句顺序。如卷二,页 4,"顺效逆",改为"效顺逆";页 36,"国礼"改为"礼国",等等。

3.《碧琳琅馆丛书》本

此书 12 卷,12 册,清方功惠收入其于光绪十年(1884)编辑的《碧

---

① 还可参见孔广栻《春秋摘微》序载:"乾隆丙申,抄得自《永乐大典》辑出杜谔《春秋会义》。"唐卢仝《春秋摘微》一卷一册,清孔广栻辑,清抄本,现藏国家图书馆善本部。

151

琳琅馆丛书》中，国家图书馆普通古籍部藏有宣统元年（1909）重印本。其书所据实为前述的孔氏抄校本，与孔氏抄校本基本相同，只是删去了原书的《大典》卷数、页数出处，而且将孔氏所做的校订全部吸收进去。

综上所述，大典本《春秋会义》的版本源流可概述如下：

$$
\text{大典本初辑稿本}
\begin{cases}
\text{孔氏抄校本——《碧琳琅馆丛书》本}\\
\text{《四库》写定本——孙氏校刻本}
\end{cases}
$$

（三）从《春秋会义》看大典本辑佚

我们通过对上述大典本《春秋会义》版本源流的分析，将以上三种版本（尤其是前两种）进行比较，可以深入地研究大典本的辑佚、整理与流传等相关问题。

1. 大典本的初辑稿本应该均注明了每条佚文在《永乐大典》中的出处（包括卷数与页数）。如前所述，孔氏抄校本标明的《大典》出处就是一个明证。另外，这种情况从相关的记载中也可得到印证，如薛居正《旧五代史》的大典本初辑稿本，也是注明原卷数的："近人南昌熊氏得《四库全书》写本（指《旧五代史》），据以景印。所注原辑卷数尚存。余友刘翰怡得甬东抱经楼卢氏藏本，亦当时所传录者，并已版行。所列附注独多，原辑卷数亦未删削。"[1]可惜的是，初辑稿本所注明的卷数、页数出处，在后来刊为武英殿本时均被删弃，而抄入《四库全书》时也是如此："《四库》馆开，余姚邵晋涵取《永乐大典》所引薛《史》，掇拾成文，冀还真面。不足，以《册府元龟》所引补之，均各记其所从出卷数。又不足，则取宋人所著如《太平御览》、《五代会要》、《通鉴考异》等书数十种，或入正文，或作附注，亦一一载其来历。《四库》馆臣复加参订。书成奏进，敕许刊行。最先刻者为武英殿本，主其事者尽削其所注原辑卷数。彭元瑞力争不从，人皆惜之"；"薛氏原书今已散佚。此辑自《永乐大典》，《四库全书》写本均注原辑卷数。其采自他书者同。存阙章句，藉

---

① 张人凤编：《张元济古籍书目序跋汇编》上册，"嘉业堂刘氏刊本胜于殿本及四库写本"，120 页，北京，商务印书馆，2003。

可考见。后武英殿镌板一律芟削。彭文勤当日屡争不从，薛氏真面遂不复见，人多惜之。"①

2. 我们以往多批评四库馆臣在辑佚时贪图方便，只辑佚那些在《大典》中佚文材料较集中的佚书，但从《春秋会义》所显示的情况看，这种观点是值得商榷的。孔氏抄校本《春秋会义》所收的佚文，在《大典》中分布颇为分散，这些佚文分别收在以下 306 卷《大典》中：卷一一二三六、卷一一二三八、卷一一二四一、卷一一二四三至卷一一二七〇、卷四〇〇八至卷四〇〇九、卷四〇一一至卷四〇三九、卷六四八二至卷六五二一、卷一一一九九、卷一一二〇一至卷一一二〇三、卷一三二九至卷一三三〇、卷一三三三至卷一三四六、卷三四〇〇、卷三四〇四至卷三四一八、卷三四二〇至卷三四三六、卷五〇三七至卷五〇五九、卷八〇二九至卷八〇五九、卷八〇六一、卷六一五七至卷六一七六、卷五二八〇、卷五二八三至卷五三一八、卷一九〇三九至卷一九〇六一、卷二五五一至卷二五六六。需要特别强调的是，这 306 卷并不是相连在一起的，而是分布在《大典》卷一三二九至卷一九〇六一之间，跨度非常大。可见，《大典》纂修与分校官进行整理、校订大典本是并不容易的。

3.《大典》纂修与分校官在进行校订时，还尽可能多地参考他书进行校勘、补辑。据前述孙氏校刻本"校刊略例"载："原书引陈岳《折衷论》，类多节文。杨氏据章如愚《群书考索》所载校订，或附录全文，或注余与本书所引同……原书自僖公十有四年秋八月至僖公三十三年末，又襄公十有六年齐侯伐我北鄙至襄公三十一年末，《永乐大典》并缺，杨氏据他书采辑，有注从《春秋传说汇纂》补入者，乃《春秋集传大全》所引，而御纂本因之。"又据孙葆田序称："……杨氏盖治《春秋》之学者，其于此书采辑颇勤，然犹未能旁搜博引。盖自《永乐大典》外，所得仅一二十条，而又皆为节文，亦不出乎今书所载。"也就是说，杨昌霖据章如愚《群书考索》对大典本做过校勘，而且，杨昌霖据他书所引对大典本做

① 分别引自张人凤编：《张元济古籍书目序跋汇编》上册，"四库辑本""《旧五代史》吴兴刘氏刊原辑大典本"，119、980 页。

了一定的补辑。当然，这种情况在其他大典本校订中也有体现，如《旧五代史》，负责辑佚此书的邵晋涵参考的书有《册府元龟》《太平御览》《五代会要》《通鉴考异》等数十种。与《旧五代史》相比，《春秋会义》只能算是一部普通之书，但正因其普通，在辑佚时，馆臣仍能想方设法多参考他书进行校勘、补辑，可见当时馆臣对辑佚工作重视之一斑。

4. 四库馆办理的大典本，有不少经人录副而流播于外。《四库》开馆后，珍贵而神秘的大典本对当时在京而嗜书的士大夫来说是颇有吸引力的：一方面，大典本经办者常录副以自存，如邵晋涵校《东南纪闻》跋云："辛丑夏，馆臣录副本求售，因留之。"[①]邹炳泰《午风堂丛谈》载："余从《永乐大典》中录得（《苏氏演义》）十卷，藏之。"[②]另一方面，在京的士大夫通过大典本经办者借抄，孔继涵之抄录大典本《春秋会义》就是一个例子。孔继涵是一位藏书家，颇好异书，勤于抄校，而且他当时正在京城任职，与在馆的士大夫关系颇为密切（如与《大典》纂修与分校官戴震既是执友又是儿女亲家），因此，他不但抄录到大典本《春秋会义》，而且抄了戴震所辑出的大典本及邵晋涵所辑的《旧五代史》等大典本[③]。目前存世而未收入《四库》的大典本，多是经由这样的录副而保存下来的。

5. 抄成的《四库》大典本定本，也有可能未被收入《四库全书》。《大典》纂修官在对大典本进行办理时，会作出应刊、应抄、存目或毋庸存目的建议，经总裁决断，然后进行下一步操作。也就是说，只有应刊、应抄的书才能缮录入《四库全书》。据前引傅增湘"四库馆写本《春秋会义》跋"可知，四库馆写本《春秋会义》与七阁本无异，首行标有"四库全书"，应为《四库》著录本。但是，后来《四库全书》及《四库全书总目》均不收录此书。这到底是什么原因造成的呢？我们以往在分析大典本未能

---

① 黄云眉：《史学杂稿订存》，98 页，济南，齐鲁书社，1980。

② （清）邹炳泰：《午风堂丛谈》，见《续修四库全书》第 1462 册，上海，上海古籍出版社，1999。

③ 参见张人凤编：《张元济古籍书目序跋汇编》上册，"长洲章氏藏孔荭谷校邵氏稿本"，120 页。

收入《四库》的原因时，往往只注意到：与传世本重复，未暇整理、进呈，内容不好等。但是，大典本《春秋会义》既然写定又未入《四库》，显然并非上述原因所导致的。傅增湘一方面推测此书是因为偶尔疏漏，未能收入《四库总目》；另一方面又对其既经缮录成正本，又被《四库全书》遗弃，颇感不解。[①] 显然，大典本《春秋会义》的遭遇，为我们探寻大典本未入《四库》的原因提供了一条新思路。

总的来看，通过比较分析大典本《春秋会义》的不同版本，我们可以更充分而全面地认识大典本初辑及整理情况，也更客观地评价《四库全书》开馆期间的辑佚工作。

表 4-2 《春秋会义》佚文分布表
（按原书内容顺序排列）

第一卷：

佚文在《大典》中的出处	佚文条数	佚文在《大典》中的出处	佚文条数	佚文在《大典》中的出处	佚文条数
卷一一二三六	2	卷一一二五一	2	卷一一二八七	1
卷一一二三八	1	卷一一二五二	2	卷一一二六二	3
卷一一二四一	1	卷一一二五三	2	卷一一二六三	2
卷一一二四三	1	卷一一二五四	2	卷一一二六四	4
卷一一二四四	1	卷一一二五五	2	卷一一五六五	2
卷一一二四五	3	卷一一二五六	2	卷一一二六六	5
卷一一二四六	2	卷一一二五七	3	卷一一二六七	3
卷一一二四七	2	卷一一二五八	1	卷一一二六八	2
卷一一二四八	3	卷一一二五九	4	卷一一二六九	2
卷一一二四九	2	卷一一二六〇	3	卷一一二七〇	1
卷一一二五〇	2	卷一一二六一	2		

---

① 孙殿起辑：《琉璃厂小志》，427 页。

第二卷：

佚文在《大典》中的出处	佚文条数	佚文在《大典》中的出处	佚文条数	佚文在《大典》中的出处	佚文条数
卷四〇〇八	2	卷四〇二〇	2	卷四〇三一	4
卷四〇〇九	3	卷四〇二一	2	卷四〇三二	3
卷四〇一一	2	卷四〇二二	2	卷四〇三三	3
卷四〇一二	1	卷四〇二三	3	卷四〇三四	1
卷四〇一三	1	卷四〇二四	3	卷四〇三五	2
卷四〇一四	4	卷四〇二五	4	卷四〇三六	4
卷四〇一五	3	卷四〇二六	3	卷四〇三七	6
卷四〇一六	4	卷四〇二七	4	卷四〇三八	3
卷四〇一七	2	卷四〇二八	5	卷四〇三九	4
卷四〇一八	5	卷四〇二九	4		
卷四〇一九	1	卷四〇三〇	4		

第三卷：

佚文在《大典》中的出处	佚文条数	佚文在《大典》中的出处	佚文条数	佚文在《大典》中的出处	佚文条数
卷六四八二	3	卷六四九六	3	卷六五一〇	6
卷六四八三	2	卷六四九七	2	卷六五一一	5
卷六四八四	3	卷六四九八	3	卷六五一二	5
卷六四八五	4	卷六四九九	3	卷六五一三	4
卷六四八六	3	卷六五〇〇	3	卷六五一四	6
卷六四八七	4	卷六五〇一	5	卷六五一五	3
卷六四八八	1	卷六五〇二	7	卷六五一六	3
卷六四八九	5	卷六五〇三	3	卷六五一七	5
卷六四九〇	4	卷六五〇四	4	卷六五一八	5
卷六四九一	2	卷六五〇五	6	卷六五一九	4
卷六四九二	1	卷六五〇六	4	卷六五二〇	3
卷六四九三	2	卷六五〇七	1	卷六五二一	4
卷六四九四	3	卷六五〇八	4		
卷六四九五	2	卷六五〇九	4		

第四卷：

佚文在《大典》中的出处	佚文条数	佚文在《大典》中的出处	佚文条数	佚文在《大典》中的出处	佚文条数
卷一一一九九	6	卷一一二〇二	2	卷一一二〇三	1
卷一一二〇一	2				

第五卷：

佚文在《大典》中的出处	佚文条数	佚文在《大典》中的出处	佚文条数	佚文在《大典》中的出处	佚文条数
卷一三二九	4	卷一三三七	2	卷一三四三	2
卷一三三〇	7	卷一三三八	2	卷一三四四	2
卷一三三三	5	卷一三三九	3	卷一三四三	2
卷一三三四	2	卷一三四〇	5	卷一三四五	6
卷一三三五	1	卷一三四一	7	卷一三四六	3
卷一三三六	5	卷一三四二	2		

第六卷：

佚文在《大典》中的出处	佚文条数	佚文在《大典》中的出处	佚文条数	佚文在《大典》中的出处	佚文条数
卷三四〇四	5	卷三四一五	4	卷三四二五	5
卷三四〇五	5	卷三四一六	4	卷三四二六	5
卷三四〇六	3	卷三四一七	2	卷三四二七	3
卷三四〇七	3	卷三四一八	4	卷三四二八	2
卷三四〇八	1	卷三四〇九	1	卷三四二九	3
卷三四〇〇	1	卷三四一〇	1	卷三四三〇	5
卷三四〇九	3	卷三四〇九	4	卷三四三一	4
卷三四一〇	4	卷三四二〇	3	卷三四三二	4
卷三四一一	4	卷三四二一	2	卷三四三三	2
卷三四一二	6	卷三四二二	6	卷三四三四	4
卷三四一三	2	卷三四二三	1	卷三四三五	6
卷三四一四	4	卷三四二四	2	卷三四三六	1

第七卷：

佚文在《大典》中的出处	佚文条数	佚文在《大典》中的出处	佚文条数	佚文在《大典》中的出处	佚文条数
卷五〇三七	4	卷五〇四六	7	卷五〇五五	4
卷五〇三八	5	卷五〇四七	4	卷五〇五八	1
卷五〇三九	2	卷五〇四八	5	卷五〇五六	4
卷五〇四〇	1	卷五〇四九	7	卷五〇五七	2
卷五〇四一	4	卷五〇五〇	3	卷五〇五九	1
卷五〇四二	4	卷五〇五一	1	卷五〇五七	1
卷五〇四三	9	卷五〇五二	2	卷五〇五九	1
卷五〇四四	3	卷五〇五三	8	卷五〇五七	1
卷五〇四五	5	卷五〇五四	2	卷五〇五八	5

第八卷：

佚文在《大典》中的出处	佚文条数	佚文在《大典》中的出处	佚文条数	佚文在《大典》中的出处	佚文条数
卷八〇二九	2	卷八〇四〇	3	卷八〇五一	4
卷八〇三〇	2	卷八〇四一	2	卷八〇五二	7
卷八〇三一	1	卷八〇四二	2	卷八〇五三	2
卷八〇三二	1	卷八〇四三	4	卷八〇五四	2
卷八〇三三	4	卷八〇四四	4	卷八〇五五	2
卷八〇三四	1	卷八〇四五	5	卷八〇五六	3
卷八〇三五	6	卷八〇四六	1	卷八〇五七	4
卷八〇三五	3	卷八〇四七	1	卷八〇五八	4
卷八〇三七	7	卷八〇四八	2	卷八〇五九	2
卷八〇三八	1	卷八〇四九	2	卷八〇六一	6
卷八〇三九	4	卷八〇五〇	3		

第九卷：

佚文在《大典》中的出处	佚文条数	佚文在《大典》中的出处	佚文条数	佚文在《大典》中的出处	佚文条数
卷六一五七	6	卷六一六四	2	卷六一七一	2
卷六一五八	7	卷六一六五	7	卷六一七二	4
卷六一五九	3	卷六一六六	1	卷六一七三	4
卷六一六〇	4	卷六一六七	2	卷六一七四	3
卷六一六一	1	卷六一六八	5	卷六一七五	5
卷六一六二	9	卷六一六九	3	卷六一七六	2
卷六一六三	7	卷六一七〇	3		

第十卷：

佚文在《大典》中的出处	佚文条数	佚文在《大典》中的出处	佚文条数	佚文在《大典》中的出处	佚文条数
卷五二八〇	1	卷五二九五	3	卷五三〇八	7
卷五二八三	2	卷五二九六	3	卷五三〇九	4
卷五二八四	2	卷五二九七	2	卷五三一〇	4
卷五二八五	2	卷五二九八	1	卷五三一一	4
卷五二八六	4	卷五二九九	1	卷五三一二	2
卷五二八七	1	卷五三〇〇	2	卷五三一三	6
卷五二八八	5	卷五三〇一	6	卷五三一四	2
卷五二八九	6	卷五三〇二	5	卷五三一五	5
卷五二九〇	6	卷五三〇三	4	卷五三一六	2
卷五二九一	4	卷五三〇四	6	卷五三一七	4
卷五二九二	5	卷五三〇五	2	卷五三一八	2
卷五二九三	3	卷五三〇六	3		
卷五二九四	3	卷五三〇七	7		

第十一卷：

佚文在《大典》中的出处	佚文条数	佚文在《大典》中的出处	佚文条数	佚文在《大典》中的出处	佚文条数
卷一九〇三九	3	卷一九〇四七	3	卷一九〇五五	5
卷一九〇四〇	1	卷一九〇四八	6	卷一九〇五六	2
卷一九〇四一	3	卷一九〇四九	4	卷一九〇五七	2
卷一九〇四二	2	卷一九〇五〇	3	卷一九〇五八	2
卷一九〇四三	1	卷一九〇五一	2	卷一九〇五九	3
卷一九〇四四	6	卷一九〇五二	3	卷一九〇六〇	4
卷一九〇四五	3	卷一九〇五三	3	卷一九〇六一	3
卷一九〇四六	3	卷一九〇五四	5		

第十二卷：

佚文在《大典》中的出处	佚文条数	佚文在《大典》中的出处	佚文条数	佚文在《大典》中的出处	佚文条数
卷二五五一	2	卷二五五七	2	卷二五六三	5
卷二五五二	3	卷二五五八	4	卷二五六四	1
卷二五五三	3	卷二五五九	3	卷二五六五	5
卷二五五四	6	卷二五六〇	8	卷二五六六	1
卷二五五五	5	卷二五六一	6		
卷二五五六	7	卷二五六二	3		

第五章 《四库全书》大典本辑佚(二)

一、《四库》大典本稿本

从《四库》底本到定本，是需要一个修改过程的。在这一过程中形成的各种修改本，均可称为《四库》稿本，如初次誊抄本及历次的修改稿。《四库》稿本与底本不同，因为稿本是在底本基础上的加工。《四库》稿本与定本不同，因为定本是在稿本基础上修改而成的。《四库》稿本与副本也不同，因为副本是对正本或原本的复制，而稿本与所据原本往往有所不同。我目前所见的《四库》稿本主要为大典本稿本，这可能是因为大典本是由辑佚而得，需要较多的修订加工，故所存稿本较多，而一般的采进本，原书内容本身较为规范，不需要过多修改，所以稿本较少。

(一)《四库》大典本稿本

大典本的辑佚与整理程序，大致是经过这样几个阶段：在《大典》原书中签出佚文——誊录据签条抄出佚文(形成大典本散片或散篇)——纂修官将散片或散篇粘连、校订、增补成初辑稿本(即初次修改稿，注明每条佚文出处)——誊录将其按《四库》格式抄定，发原纂修官等校正，形成二次修改稿本(改动较多)——誊录又将其按《四库》格式抄定，再发分校官等校正，形成三次修改稿本(很少改动)——最后誊录为定本。

大典本辑佚最初的工作是签出佚文，即：《四库》馆辑佚《永乐大典》时，先将《大典》原本分派给纂修官，再由纂修官逐册阅读，用事先制好的签条标明该册所要辑佚的书名、页码及佚文条数，粘贴于各册之上

（这些签条一般粘贴在《大典》封里），然后交誊录官誊录。①

誊录好的佚文，由辑佚《大典》纂修官粘连成册，进行校勘整理，并拟写提要。这粘连成册的，即为辑佚初稿本。据国家图书馆善本部所藏清乾隆四十年(1775)孔继涵家抄本《日涉园集》卷二末眉签云："是集乃乙未先君为同年友刘湄岸淮所编，欲分五卷，未定，钞此副本。而刘欲以卷多衔功，遂以五卷为九卷，盖即共成十卷也。"可知辑佚《大典》纂修官刘湄负责《日涉园集》一书散片的整合，形成初辑稿本。我虽未见到存世的大典本初辑本原本，但曾发现了一部大典本初辑本的录副本，从中亦可窥见初辑本的大致情况。此录副本为《春秋会义》，12卷，7册，清孔继涵校并跋、孔广栻校，现藏国家图书馆善本部。② 此书为辑佚《大典》纂修官杨昌霖负责校订整理，书中保留了每条佚文在《大典》的出处，不但标明卷数，还标明页数，如卷一"史记世家，孝公二十五年……圣人作春秋之始也"一条，后面有小字注"一万一千二百三十六卷，第一页"，意思是指此条佚文出自《永乐大典》卷一一二三六的第一页。由此可以推知，大典本的初辑稿本应该均注明每条佚文在《永乐大典》中的出处（包括卷数与页数）。

纂修官在整理、粘连散片的过程中，要对其进行校订，而且，在大多数情况下还要对其进行增补。因此，可以说，初次修改是大典本历次修改中最关键的一次。例如，大典本《旧五代史》，负责辑佚此书的邵晋涵参考了《册府元龟》《太平御览》《五代会要》《通鉴考异》等数十种书，补辑了相当多的内容，使《旧五代史》成为当时大典本辑佚的典范之作。又如前述的《春秋会义》一书，据《春秋会义》孙氏校刻本"校刊略例"可知，杨昌霖据章如愚《群书考索》对大典本做过校勘，而且，杨昌霖还据他书所引对大典本做了一定的补辑。这种情况，在其他大典本校订中也是较为普遍的。

① 关于这方面的详细情况，可参见张升：《四库馆签〈永乐大典〉辑佚书考》，载《文献》，2004(1)；《四库馆签佚书单考》，载《中国典籍与文化》，2006(3)。
② 参见张升：《从〈春秋会义〉看〈四库〉大典本辑佚》，载《图书与情报》，2005(5)。

在存世的《四库》大典本稿本中，以大典本二次修改稿本及三次修改稿本为多，下面分述之：

1. 二次修改稿本

大典本二次修改稿本，国家图书馆善本部藏有十余种。最近，李晓明女士著文介绍了其中的 5 种：《澹轩集》《尊白堂集》《山房集》《剩语》《临安集》。[①] 兹在李文基础上，对其中的一些二次修改稿本介绍如下：

《山房集》8 卷《后稿》1 卷，宋周南撰，清乾隆翰林院红格抄本，2 册。卷二、卷五、卷七、卷八之卷端均有翰林院印。书口无"钦定四库全书"，只有"山房集，卷之一"及页数。每半叶 8 行，每行 21 字。卷二卷端题"钦定四库全书"。书中有校改痕迹，主要是改错字(其中错字较多)，也有添字、删字，有对书写格式所提意见，如卷一页 17"后太后阁春帖子"，中间注："另行写。"另外，在书写格式上，常用墨圈"○"表空格数，一个"○"表示空一格。书中也有一些校签，如卷二页 2 有一签："又字另一行写，同题目，低二格。朕至公云云，另一行顶格写。"页 5 有一签："爪讹瓜。"页 17 有一签："二疏(案：指原文中的《开启疏》、《功德启》)删去。"页 21 有一签："乞将所修会要同时进呈……云云。照此写"等。此书所抄字体不如《四库》阁本字体规整。

《云溪居士集》30 卷，宋华镇撰，清乾隆翰林院红格抄本。书前有"诗龛藏书印"，为法式善(号诗龛)所藏。其内容与《四库》阁本大致相同，只是卷三十的疏、青词、致词等凡十篇阁本无，为馆臣所删。书中有校改痕迹，但绝少。书中还有十数条粘签，如目录卷三十上有馆臣校签："青词四首删去不录。"卷三页 3 有一签："鸣鸣係夜鸣之讹。"页 5 有一签："瞬夕应作瞬息。"

《渔墅类稿》8 卷，宋陈元晋撰，清乾隆翰林院红格抄本。卷五、卷七之卷端有翰林院印。书中有校改痕迹，较他本为多，包括提示书写格式、改错字等。另外还粘贴有一些校签。

---

① 参见李晓明：《四库底本新发现》，载《文献》，2006(3)。她所认为的《四库》底本，实际上应为《四库》稿本。

《澹斋集》18 卷，宋李流谦撰，清乾隆翰林院红格抄本。每卷卷端题"钦定四库全书"，每半叶 8 行，每行 21 字。文中多有圈改，《四库》阁本多从之。书中有馆臣校签，如卷十八"荐母开转大藏经疏"，上有馆臣校签："下不写。"

《密斋笔记》5 卷《续记》1 卷，宋谢采伯撰，清乾隆翰林院红格抄本，1 册。卷前题："钦定四库全书。"书中有个别校改痕迹，主要是对文字的删改。一些对音字，也做了调整。

综上所述，二次修改稿本的特点有：第一，大多数二次修改稿本还有不少改动，但这些改动较之辑佚初稿的改动已经不大，主要是改错字及书写格式上的进一步规范。间或有增减文字的，但不多。第二，既有在原书上的直接校改，也有不少粘签。其中有些地方有朱、墨两色校改及先后两次签改，说明有初校、复审之分。第三，所抄字体不如三次修改稿及《四库》阁本字体规整。第四，在格式上已经很接近定本，均为每半叶 8 行、每行 21 字。第五，均用《四库》馆专用的红格抄纸。第六，对青词、疏语等提出了删除意见。第七，多有翰林院印，有个别有"诗龛藏书印"，另有个别无任何藏印。

2. 三次修改稿

大典本三次修改稿本存世较多，且多曾为法式善收藏（法式善在四库馆闭馆后曾获得一批《四库》稿本。关于此点，下文详述），盖有其"诗龛藏书印"。国家图书馆善本部藏有此类稿本数十种，如清乾隆翰林院抄本《北海集》46 卷附录 3 卷、《敝帚稿略》8 卷、《碧梧玩芳集》24 卷、《初寮集》8 卷、《大隐集》10 卷等。这些稿本与定本已很接近，例如，《山房集》9 卷，宋周南撰，清乾隆翰林院抄本，国家图书馆善本部藏，2 册。每册卷端有"诗龛藏书印"。每卷卷端题"钦定四库全书"，书口题"钦定四库全书"、"山房集"、卷数及页数。每半叶 8 行，每行 21 字。全书无校改痕迹。统观大典本三次修改稿本，其特点有：第一，格式已完全同于《四库》定本。二次修改稿中格式不符者，在此稿中均已改正。第二，书中基本没有校改痕迹。第三，抄写字体虽不如定本字体规整，但较前一修改稿为优。第四，此稿是在前一修改稿的基础上修改而成的。前稿所指出的问题，此稿基本都改过来了(包括改错字、文字增减、格式改动等)，但也有个别并未遵从，如青词、疏语等，前稿虽提出了删除意见，但可能是因为这些书均只需抄录而不用刊行①，故此稿中仍予以保留。

除大典本初辑稿本外，大典本二次、三次修改稿与四库馆其他稿本(如采进本稿本)有两个共同的特征值得我们注意：第一，格式统一。一般有如下两种格式：(1)每半叶8行，每行21字，首行顶格题钦定四库全书，次行低一格题书名，3行低2格题作者，4行低2格题篇名，5行顶格写正文。②(2)每半叶8行，每行21字，首行顶格题钦定四库全书，次行低1格题书名、卷数、作者，3行低2格题篇名，4行顶格写正文。③这两种格式的唯一区别是作者是否另起一行。这两种格式在《四库全书》定本中均有采用。可见，《四库》稿本均是依《四库》定本的格式誊录的。第二，红格抄纸。红格抄纸是《四库》馆之专用纸，故《四库》定本、稿本均用的是红格抄纸。如以上所提到的《四库》大典本稿本，均用红格抄纸；《木犀轩藏书题记及书录》著录的《四库》稿本《摘文堂集》15卷、《竹轩杂著》6卷、《南湖集》10卷，亦均为红格抄本④。

(二)《四库》大典本稿本的下落

《四库全书》修成后，《永乐大典》(《四库》大典本的底本)一直藏于翰林院(中间曾因修书或大臣借阅，临时移出部分)，咸丰后遭盗窃，散失严重。1900年庚子事变中，一部分被焚毁，一部分被盗掠，几乎散失殆尽。⑤

---

① 据国家图书馆善本部藏清抄本《文庄集》书前所附《四库》提要稿云："又青词醮文诸作，均非文章正轨，今以集衹抄录，姑附存于卷内焉。"可见，青词之类，在办理《四库全书》之初，那些"应抄"之书是可以保存的。

② 如《四库》稿本《慎子》。参见叶启发：《稿本华鄂堂读书小识》，177页"来斋金石刻考略三卷"，北京，中华全国图书馆文献缩微复制中心，1996。

③ 如国家图书馆善本部藏《性情集》六卷，(元)周巽撰，清乾隆翰林院抄本。

④ 分别参见李盛铎：《木犀轩藏书题记及书录》，290、296、301页，北京，北京大学出版社，1985。

⑤ 参见张升：《〈永乐大典〉副本流散史》，载《中国典籍与文化》，2004(4)。

　　其他《四库》底本，在《四库》编修过程中陆续有散失。①《四库》修成后，按原先的计划，那些私家进呈的《四库》底本应发还各家。但是，由于当时图书管理上的混乱、书籍清理困难、大臣缺乏责任心等原因，除发还两淮 300 余种外，其余发还工作没有实施。剩下的《四库》底本、稿本均被移送至翰林院收藏，供士子查阅。据乾隆四十一年(1776)六月二十六日大臣议奏："查《四库全书》各种，其由《永乐大典》采掇裒辑者，俱属稿底现存，若系旧本流传，更有原书足资检览。应请俟《全书》告竣后，各藏副本于翰林院署……如翰林及大臣官员内欲观秘书者，准其告之领阁事，赴署请阅。"乾隆从之②。这里所说的副本，实指《四库》稿本和底本。

　　这些《四库》底本、稿本，和翰林院的《四库》采进书复本及存目书一起，储藏非常混乱，法式善曾负责对其进行过整理。据《梧门先生年谱》载："乾隆五十七年(1792)……文成公又以《四库全书》告竣，各省所进遗书，有应销毁本，有应发还本，重复错乱，堆积如山，清理殊难，委先生治之。先生立道、德、仁、艺四号，缮写书名，分册掌之。"③《存素堂文集》卷一"洞麓堂集序"载："嗣全书告成，其稿本储翰林院宝善堂，余奉掌院章佳公命，清理其事。"又据现藏中国科学院图书馆的清嘉庆二十年(1815)福申手抄本《掌录》所附福申手跋云："辛未入词馆，闻有《四库书》蓝本，贮署之东西库。其未入《四库》而仅存目者，分藏讲读、编检二厅，心艳羡之，恨不获一见。乙亥受职后，亦理院事，适曹俪笙、秀楚翘二夫子有查书之命，遂得遍阅奇书，觉满目琳琅，目不暇给。"④从上述可看出，经过整理后，《四库》稿本、底本是与其他书(如存目书)分开来存放的。

　　如同翰林院所藏《永乐大典》的遭遇一样，由于翰林院管理不善，翰

----

① 参见黄爱平：《四库全书纂修研究》，173～177 页。
② 张书才主编：《纂修四库全书档案》上，523 页"大学士舒赫德等奏遵旨详议文渊阁官制及赴阁阅抄章程折"。
③ (清)阮元编：《梧门先生年谱》，清嘉庆二十一年(1816)刻本。
④ 杜泽逊：《四库采进本之存贮及命运考略》，载《图书馆工作与研究》，2001(2)。

林院中的《四库》底本、稿本也大量地流失。据法式善《陶庐杂录》载："十年前，余正月游厂，于庙市书摊买宋明《实录》一大捆……又得宋元人各集，皆《永乐大典》中散篇采入《四库》书者，宋集三十二种，元集二十三种，统计八百二十三卷……书写不工，似未及校对之本。余维物少见珍，什袭藏之。有人许易二千金，靳弗予也。"①法式善所购得的这批书均为《四库》大典本稿本，绝大部分保存了下来，现藏于国家图书馆善本部。从这可看出，《四库》修书刚结束不久，即已有大量的《四库》稿本流散于外，且公开售卖。此后，《四库》底本、稿本的流散愈加严重。据傅增湘《藏园群书经眼录》"元音十二卷"条载："此书旧为翰林院所藏，盖当日《四库》发还之书留于院中者也。卷首有浙江巡抚三宝采进朱记可证。昔时翰林前辈充清秘堂差者得观藏书，然往往私携官书出。泰州钱犀庵在馆最久，精于鉴别，故所携多善本。宣统庚戌津估张兰亭至泰州，在钱氏家中捆载十余笈以还，其中钤院印者十有九。"②到光绪中期，翰林院所藏的《四库》稿本、底本及其他《四库》馆书，只剩下1000余部。较之往昔，时人有"一空如洗"之慨叹。③

那些流散于外的《四库》底本、稿本，成为藏书家积极搜求的对象。许多近代藏书家的藏书目录及经眼书目中，常著录有《四库》底本、稿本。④ 现幸存于世的《四库》底本、稿本仍有不少，主要收藏于中国国家

---

① （清）法式善：《陶庐杂录》，62页，北京，中华书局，1959。

② 傅增湘：《藏园群书经眼录》，1539页。

③ 北京大学图书馆藏《翰林院旧书目录》2册(1937年燕京大学图书馆转抄本)，为光绪中期翰林院对旧书的统计目，其中所收《四库》书约1000余部。谢兴尧整理点校注释《荣庆日记——一个晚清重臣的生活实录》(西安，西北大学出版社，1986)第20页亦载，光绪二十年四月至六月间，荣庆奉旨清查翰林院宝善亭、清秘堂藏书，说："从前修《四库全书》底本，旧书尚存一千余种，各省局版新书尚存三百余种。"另据杜泽逊《四库采进本之存贮及命运考略》一文载，上海图书馆藏翁万戈旧藏两淮进呈《四库》馆清钞本《均藻》卷末翁同龢手跋云："《四库》开时，四方献书者，经采录后，以原书发还其家。其发而未领者皆储于翰林院。院有瀛洲亭五楹，列架比栉。余于咸丰己未院长命与清秘堂诸公同检书时，插架尚十得六七。后于厂肆往往见散出之本，盖管钥不慎，为隶人所窃也。迨光绪中再至，则一空如洗，可胜叹哉。松禅记。"

④ 如李盛铎《木犀轩藏书题记及书录》、傅增湘《藏园群书经眼录》及张人凤编《张元济古籍书目序跋汇编》等。

图书馆、北京大学图书馆、中国科学院图书馆、上海图书馆等处，是我们研究《四库全书》的重要资料。

二、《四库》大典本录副本

清乾隆年间开馆修《四库全书》，通过调取、个人进呈、地方采进等方式从全国各地及内府征集了大量的图书，而且又从《永乐大典》中辑出了一批佚书。这些图书有相当多是珍本秘籍，对当时的士大夫具有很强的吸引力。当时的读书人，多以能入《四库全书》馆（以下简称四库馆）为荣：一方面希望入馆读到这些秘书；另一方面更希望能获抄这些秘书。因此，随着《四库》修书的进行，出现了普遍的私家录副现象，如孔继涵、翁方纲、戴震、邵晋涵等均抄录了大量的四库馆书。① 由于《四库全书》及其他四库馆书在当时不是一般人所能看到的，因此，大量录副本在社会上刚一出现，即被士人们辗转传抄与刊行，广为传播，成为人们了解《四库全书》的重要途径，同时也为清代学术发展起到了重大的推动作用。目前，四库学研究已经取得了非常多的学术成果，但遗憾的是还从未有学者论及私家录副现象。我在此主要谈谈《四库》大典本的录副现象。

（一）录副的途径

四库馆的私家录副途径，可分为两种：其一为馆臣录副；其二为四库馆之外的人员录副。

1. 馆臣录副

四库馆中任事之馆臣，在接触馆书上最为便利，自然录副也最多，如总纂官纪昀。据《嘉业堂藏书志》载："《宝刻类编》八卷，近从《永乐大

---

① 四库馆闭馆后，《四库全书》的底本、稿本与定本及其他四库馆书（如存目书）也有不少的私家录副，如《四库》提调官法式善，在四库馆闭馆后抄了不少馆书。不过，本节只是探讨《四库》开馆期间的录副，此后的录副现象不在本节讨论的范围之内。

典》中录出……八月中,余师直阁纪晓岚先生钞以见贻,携置行笈……乾隆丁酉(四十二年,1777)十一月十九日益都李文藻记于全州舟次。"①可知,纪昀曾录副过《宝刻类编》并赠送给李文藻。

总目协勘官程晋芳与校勘《永乐大典》纂修兼分校官周永年。据程晋芳《勉行堂文集》卷五"周官新义跋"载:"《周官》旧二十二卷,此吾友周书沧从《永乐大典》录出者,得十六卷,而地官、夏官缺焉。末附《考工记》二卷,盖郑宗颜辑安石《字说》为之……余与书沧、孔荭谷各抄一本,嗣是永清令周茛谷属抄一本,而陈上舍竹厂又抄焉。行于世者有四本,亦难得之数也。"可知,《周官新义》是《永乐大典》纂修兼分校官周永年(字书昌,一作书沧)从《大典》中辑出的,程晋芳和周永年等均将此书录副。

校勘《永乐大典》纂修兼分校官邵晋涵(字二云)。国家图书馆善本部藏清抄本《两朝纲目备要》(又名《续编两朝纲目备要》),是邵晋涵所负责纂办的大典本,前有"晋涵之印""邵氏二云"印,估计即为其最初办理时录副而得的。另据祝尚书《宋人别集叙录》"大隐集"载,南京图书馆藏有邵晋涵旧抄本《大隐集》,丁丙谓盖其"在馆时所钞也"②。可见,邵晋涵在馆中还录副了《大隐集》。

校勘《永乐大典》纂修兼分校官戴震。他为在外地的屈曾发(鲁传)、段玉裁(若膺)录副过不少四库馆书。据戴震"刊《九章算术》序"载:"予访求二十余年不可得……及癸巳夏,奉召入京师,与修《四库全书》,躬逢国家盛典,乃得尽心纂次,订其讹舛,审知刘徽所注旧有图而今阙者,补之。书既进,圣天子命即刊行……吾友屈君鲁传亦好是学,愿得《九章》刊之,从予录一本。"③"与段若膺书(乾隆四十一年十一月廿二日)"载,他抄寄给段玉裁四库馆书《水经注》等书;"与段若膺书(乾隆四十二年五月廿一日)"载,他又寄给段玉裁录副本《九章算术》《海岛算经》

---

① 缪荃孙等撰,吴格整理点校:《嘉业堂藏书志》,376 页,上海,复旦大学出版社,1997。

② 祝尚书:《宋人别集叙录》,762 页,北京,中华书局,1999。

③ (清)戴震:《戴震文集》,130 页。

两种。①

校勘《永乐大典》纂修兼分校官邹炳泰。据其《午风堂丛谈》载："余从《永乐大典》中录得（《苏氏演义》）十卷，藏之。"另外，他还录副大典本《同安帖》，以示子孙。②

分校官沈叔埏。沈氏在四库馆中传抄了不少馆书，其中绝大多数为大典本，如《老圃集》《都官集》《东堂集》等。③

以上所举并不全面，但是，从上述关于四库馆臣的录副材料可看出：

（1）从总纂官到分校官，均参与了录副，可见馆臣录副是当时非常普遍的现象。

（2）馆臣录副，以抄录自己所经办之书为主，但也抄录他人经办之书。

（3）馆臣间的相互传抄较为普遍。这一方面是因为许多馆臣间存在兄弟、同乡、同年、亲戚、师生、朋友等关系；另一方面是因为一些馆臣的学术兴趣较为接近，如前述程晋芳与周永年等同抄《周官新义》。

（4）当时馆臣录副，固然有时是他们自己誊抄，但更多的时候是雇抄手抄录，故当时馆臣家中活跃着众多抄手的身影。据《复初斋文集》卷七"周先生传"载："（周永年）借馆上书属予为《四部考》，佣书工十人，日钞数十纸，盛夏烧灯校治，会禁借官书遂罢。"当时助馆臣校书的丁杰（号小雅）在致桂馥的两封信中亦提到："抄手一时难得其人，奈何？詹公有令侄，又有一胡公，向在东原先生家抄书，人甚妥当，何不向詹公说说"；"今有绍兴朱公，系二云先生同乡。二云出去，朱公手头无书

---

① 以上分别参见（清）戴震：《戴震全集》第 5 册，2676～2677 页，北京，清华大学出版社，1991。亦可参见（清）戴震《戴震全集》第 1 册第 215 页，"与段若膺书［乾隆四十二年（1777）正月十四日］"载："《割圜记》、《考工记图》皆未有，其《九章算经》俟令人抄出并俟后寄。"

② 以上分别参见邹炳泰：《午风堂丛谈》，影印《续修四库全书》集部第 1462 册，卷一、卷二，上海，上海古籍出版社，1999。

③ 参见张升：《沈叔埏与〈四库全书〉提要稿》，载《图书馆研究与工作》，2007(2)。

写,特荐与先生试抄一二小册"。①

(5)当时馆臣录副,除了满足自己的需要外,还大量地为馆外之人录副。如前述的戴震、纪昀等人即曾为在外地的朋友录副。又如馆臣周永年,也给在馆外的朋友录副《四库》书,据其"致桂未谷函"云:"宋元人医书,《大典》甚多,不知何者为外间所无。求陈先生速开一单,从荭谷处寄来。此刻王史亭先生现办此门故也。要先开其最难得者。"②

2. 四库馆外之人的录副

四库馆外之人,在《四库》开馆期间亦有多种途径得以录副四库馆书。这些人主要分为以下两类:

第一,助馆臣校者。《四库》开馆,吸引着全国许多士子来北京投机,而馆臣则乘机延致士子于家中以助校勘。馆臣得士子襄助,而士子亦得间接参与修书之事。这种情况在当时非常普遍,如翁方纲请陆镇堂、丁杰助校,朱筠、戴震请丁杰助校,程晋芳请沈叔埏(未出任《四库》分校官之前)助校,周永年请桂馥助校,杨懋珩请杨芳灿助校,等等。这些助校者均可以利用自己校勘馆书的机会录副。

第二,与馆臣交好之人。如朱文藻客居京师,从馆臣邵晋涵处获见馆书,得以录副。③ 吴长元也因客居京师,从馆臣余集处获见大典本《平庵悔稿》,得以录副。④ 不过,这方面成绩最突出的要数孔继涵。孔继涵是一位藏书家,颇好异书,勤于抄校,而且他当时正在京城任职,虽不得入四库馆,但与诸多馆臣关系颇为密切(如与《大典》纂修与分校官戴震既是挚友又是儿女亲家)。通过向馆臣借抄,他录副的四库馆书

---

① 以上分别引自王献唐辑录:《顾黄书寮杂录》,丁小雅"致桂未谷书"第二札、第七札,济南,齐鲁书社,1984。

② 王献唐辑录:《顾黄书寮杂录》,3 页。

③ (宋)张镃《南湖集》(《丛书集成初编》本,北京,中华书局,1985),附朱文藻"书南湖集后"载:"己亥仲冬藻客京师,从邵太史二云得见四库全书馆裒集《永乐大典》中所载张镃诗词,编定为《南湖集》十卷。传抄副本,携归虎坊寓斋,粗校一过,而未能详考也。"

④ 张人凤编《张元济古籍书目序跋汇编》中册第 702 页,"平庵悔稿十四卷丙辰悔稿一卷悔稿后编六卷"载:"《四库》未收……卷末仁和吴元长跋谓:'余集由《永乐大典》摘出。因误传全集已钞入《四库》,遂未编录。后元长客余氏京邸,获见存稿,手录副本,《悔稿》十五卷,诗八百六十余首,《后编》六卷,诗五百五十余首。'"案:吴元长,应为吴长元。

非常多。例如，他抄录了戴震所辑出的多种大典本及邵晋涵所辑的《旧
五代史》等大典本。馆臣杨昌霖负责纂办的大典本《春秋会义》，孔继涵
亦从其借抄。① 此外，孔继涵还从馆臣徐天柱处借抄得四库馆书《大金
国志》。② 傅增湘《藏园群书经眼录》一书对孔氏录副的大典本有较多著
录，如："《丹阳集》二十四卷"："旧写本，孔荭谷继涵手写目录。""《阆
风集》十二卷"："旧写本，孔荭谷继涵手写目录。""《墙东类稿》二十卷"：
"旧写本，孔荭谷继涵手写目录。""《小享集》六卷"："旧写本，孔荭谷继
涵抄目。""《张大家兰雪集》二卷"："旧写本……版心下方有'知不足斋正
本'六字。孔荭谷继涵手抄目录，朱笔校。"③另外，当孔继涵离京到外
地时，还通过在京的朋友转录四库馆书，据国家图书馆善本部所藏《文
庄集》36卷（清抄本，孔继涵跋，4册）书后题："乾隆辛丑春（四十六年，
1781）三月二十三日，丁孝廉杰小山自都中抄贻。"可见，孔继涵录副的
四库馆大典本是不少的④。

据上述可知，正因为录副四库馆书的渠道有多种，所以即使是在外
地者也可以在《四库》修书期间通过各种关系获得四库馆书的录副本，例
如，前述段玉裁、屈曾发通过戴震录副馆书就是这种情况。在录副四库
馆书的外地者中，成绩最大的应数鲍廷博（字以文）。《四库》开馆，鲍廷
博一家献过不少图书。《四库》修书期间，他又通过各种关系从馆中录
副。其时助鲍氏知不足斋抄书的馆臣应有不少，如《南湖集》书前鲍廷博
"刻南湖集缘起"载："恭遇圣天子右文稽古，命儒臣检集《永乐大典》中
遗籍，汇入《四库全书》。于是历代名家诗之散见于各韵者，俱得裒录成

---

① 参见张升：《从〈春秋会义〉看〈四库〉大典本辑佚》，载《图书与情报》，2005（5）。
② 傅增湘《藏园群书经眼录》第298页，"大金国志四十卷"载："旧写本……杭世骏、孔
继涵跋附后：……'乾隆卅八年借钞自徐灏云编修处，己亥三月廿八日复钞杭跋于末。诵孟
记。'"诵孟，即孔继涵；徐灏云，即《四库》纂修官徐天柱。
③ 以上分别见傅增湘：《藏园群书经眼录》，1208、1279、1304、1309、1375页。
④ 孔继涵的录副本流传至今者还有不少，如国家图书馆善本部所藏《吕忠穆公年谱》1
卷、《勤王记》1卷、《遗事》1卷、《逢辰记》1卷（清乾隆四十二年孔继涵家抄本，孔继涵抄并
跋，1册）即为其中1种，后有孔氏跋语："右《永乐大典》五语韵吕字下所载全书四篇……同年
周林汲编修抄付者。孔继涵记。"

帙,而约斋之诗始出……向者张助教潜亭(案:即馆臣张羲年)入都,曾以搜求未备为托。阅岁书来,以馆中新得《南湖集》见报。未几助教忽归道山,继而邵太史二云闻之,赴官之后,亟求馆中校定副本,传抄一编。适沈侍御芦士南归,寄以相示。"《知不足斋丛书·金楼子》附汪辉祖"书金楼子后"载:"太史(案:指周永年)从《永乐大典》辑录《金楼子》六卷,命致鲍君以文者,亦俨然在焉。"我估计,鲍氏之录副,与雍正年间藏书家马曰琯兄弟托全祖望在京辑抄《大典》佚书的做法相似,即他专门提供资金与抄纸请在京之友人帮忙录副。目前存世的诸多知不足斋抄本中,有不少是当时的录副本。这些鲍氏录副本一般使用的是专门的知不足斋抄纸。不过,有的书在录成后,可能并未交给鲍氏,而是流入他人之手,如国家图书馆善本部藏孔继涵抄校《兰雪集》2卷,抄纸版心下方有"知不足斋正本"六字。也就是说,此书原为替知不足斋录副,但在抄成后,未交予鲍氏,而由孔继涵收藏。由于这些书往往不标明为鲍氏抄本,所以,目前要对这种知不足斋抄本的数量作出准确的统计是非常困难的。由此我们亦可以推测,鲍氏知不足斋录副的四库馆大典本应是相当多的。

(二)录副本的传播与整理

由于当时学者录副的四库馆大典本绝大多数是已失传的珍本秘籍,因此,这些录副本一流入社会,即通过传抄、售卖、刊印等方式很快在社会上广为传播。而在传播过程中,有的录副本还不断地得到经手学者的校订整理,远胜于四库馆书原本及《四库》本。

1. 传抄

《四库》大典本的录副本一经流入社会,往往广为传抄。当时传抄大典本者甚多,有的书在很短的时间内即有几十部抄本。例如,宋林之奇《尚书全解》为《尚书》研究之重要文献,被认为得理学正传,然其中《多方》篇久佚,"惟《永乐大典》修自明初,其时犹见旧刻,故所载之奇书解,此篇独存"。清修《四库全书》时,将此篇"录而补之,乃得复还旧观"。当时学者纷纷转抄,"戊戌春,宝应刘君端临(台拱)借抄再校一过，朋侪先后传写者可数十本矣"①。

沈叔埏所录副的四库馆大典本在当时是比较多的，故有不少人借去传抄、校对，其中，为孔继涵借抄者有大典本《守城录》2 卷、《西陲笔略》1 卷、《绍兴采石大战始末》1 卷；为鲍廷博借校的有《溪堂集》10卷②、《东斋纪事》5 卷补遗 1 卷③、《东堂集》10 卷④、《老圃集》2 卷⑤、《彝斋文编》4 卷⑥。

2. 售卖

四库馆大典本的录副本，有的很快就流入京城琉璃厂书肆。例如，前述的《尚书全解·多方》1 篇，丁杰于乾隆丁酉（四十二年）秋"在京师从琉璃厂五柳居书肆借抄此卷，乃《永乐大典》本也"。丁杰跋云："其年（指乾隆四十三年）八月，始见官本，遂手自校订。有新抄误者，有旧抄误者，亦有林氏自误者，悉皆改正，不暇分别标识也。编修邹公玉藻、纂修大总裁刘文正公尚在列。盖癸巳（乾隆三十八年）秋从《永乐大典》纂出者。"⑦新抄指的是录入《四库》的大典本定本（官本），而旧抄指的是大典本初辑本。此书是乾隆三十八年（1773）秋馆臣从《大典》中辑出的，乾隆四十二年即已出现在琉璃厂书肆中，故丁杰得以从书肆借抄。过了一

---

① 转引自王世伟：《传抄自〈永乐大典〉的清抄稿本〈尚书全解·多方〉及附录考略》，见中国国家图书馆编：《〈永乐大典〉编纂 600 周年国际研讨会论文集》，204～205 页。

② 《溪堂集》10 卷，（宋）谢逸撰，清乾隆五十四年鲍氏知不足斋抄本（鲍廷博批校并跋）。鲍氏跋云："乾隆己酉仲冬，借沈比部叔埏本对录，是月二十日校于青淮寓庐。"己酉，为乾隆五十四年（1789）。

③ 《东斋纪事》5 卷、补遗 1 卷，（宋）范镇撰，清抄本［（清）鲍廷博校］。鲍氏跋云："嘉庆辛酉三月借嘉禾沈比部带湖先生藏本写写，十三日校于知不足斋。"辛酉，为嘉庆六年（1801）。

④ 《东堂集》10 卷，知不足斋抄本。鲍氏跋云："乾隆庚戌（五十五年，1790）借□比部□□本对录，明年辛亥二月初一日校订一过。"所缺三字，据该书卷一鲍氏题记："癸卯（乾隆四十八年，1783）六月二十三日秀水沈叔埏用底本校。诗用《槜李诗系》校补。"可知即为沈叔埏。

⑤ 李盛铎著，张玉范整理《木犀轩藏书题记及书录》（北京，北京大学出版社，1985）第291 页，《老圃集》2 卷，旧抄本（清抄《四库全书》本，鲍以文校）。鲍氏跋："乾隆己酉（五十四年，1789）孟冬传嘉兴沈比部叔埏本并校"。

⑥ 同上书，第 305 页，《彝斋文编》4 卷补遗 1 卷，鲍廷博辑，末有跋："右《彝斋文编》四卷，乾隆辛亥（五十五年，1790）正月假于秀水沈带湖先生叔埏，抄录甫竟，旋毁于火。明年冬，为重录焉。补遗一卷，则葺自他者也。"

⑦ 孙殿起辑：《琉璃厂小志》，398 页。

年，亦即乾隆四十三年八月，丁杰又看到了《四库》定本，因而将旧抄本与《四库》定本作校对，修正了不少错误。据上述《尚书全解·多方》流入书肆公开售卖的情况可看出，那些《四库》大典本录副本有很高的商业价值，在社会上有很大的需求。①

正因如此，有的馆臣看到了大典本录副本的市场价值，甚至直接录副而售卖，如邵晋涵校《东南纪闻》跋云："辛丑夏，馆臣录副本求售，因留之。"②

3. 刊行

如前所述，鲍廷博所获得的《四库》大典本录副本，有不少被收入《知不足斋丛书》中得以刊刻流传于世。该丛书所收的《四库》大典本之录副本即有：《南湖集》10 卷附录 3 卷、《金楼子》6 卷、《江南余载》2 卷、《庆元党禁》1 卷、《逍遥集》1 卷、《百正集》3 卷、《五代史纂误》3 卷、《岭外代答》10 卷、《灊山集》3 卷补遗 1 卷、《藏海诗话》1 卷、《画墁集》8 卷补遗 1 卷、《斜川集》6 卷附录 2 卷订误 1 卷。

孔继涵对戴震辑佚录副的《四库》本《海岛算经》诸书进行整理，刊入其《微波榭丛书》中。此外，孔氏还刊刻有录副本《春秋长历》，据《抱经堂文集》卷十二"春秋长历书后（乙巳）"载："此杜元凯所撰《春秋长历》也，学者不得见久矣。曲阜孔君荭谷始梓而传之，殆亦从《永乐大典》中出也。"

国家图书馆古籍部藏孙葆田校刻本《春秋会义》26 卷，亦是据《四库》录副本校勘后刊行的。据该书孙葆田序称："其全书不知亡于何时，国朝朱锡鬯氏《经义考》以为久佚。乾隆中诏修《四库全书》，馆臣始从《永乐大典》辑出。书已成而《总目》失收。闻当时吾乡孔荭谷户部曾录有副本，今流传至江南为某氏所藏。此本乃邹孝廉道沂家存故籍，予闻诸蒋性甫太史，因亟从借钞。会归安陆存斋至济南，于予斋中见此书，诧为未有，并属传钞一部。原本首行标四库全书，疑即馆中拟进本……予

① 又可参见孙殿起辑《琉璃厂小志》第 427 页，引傅增湘题跋"四库馆写本春秋会义跋"云："原书有鄂人邹道沂跋，言此为《永乐大典》辑出之本，得之京师厂肆。"
② 黄云眉：《史学杂稿订存》，98 页。

既喜得是书本末，思广其传，乃捐赀付梓，以公诸同人……予深愧夐陋，辄就目前所见，略为编订，并附校刊略例。"

4. 校订

由于《四库》大典本录副本在传抄的过程中可能有讹误，而且大典本还存在普遍漏辑现象，因而许多学者在获得这些录副本后往往会对其进行校勘、订补。例如：

沈叔埏所录副的四库馆大典本较多，但是，由于其录副所据的底本往往不是定本，因而存在较多的问题，如国家图书馆善本部藏《彭城集》四十卷，乾隆四十八年（1783）沈叔埏校，每卷皆有其校语。从校语可看出，沈氏所作的校勘包括文字的是正、前后顺序的调整、补入新的内容、对其中的一些文句作修正、对内容提出疑问等，其中最主要的是文字的是正，大的改动很少。如卷七"夷门城东门一首"，沈氏校："疑是夷门行"；卷十一"挽庆寿诗"，沈氏校："庆寿挽诗"；卷十二"贺隐直"，沈氏校："此诗移在卷九洞庭寄赠张四诗后"；等等。此外，据其《颐彩堂文集》卷九"书都官集后"载："乾隆辛丑冬，余从《大典》抄得仅十四卷，因取一时赠答、哀挽诸篇并后世怀古之作悉附焉。""书东堂集后"载："余既抄自《大典》，为补《响应山祷雨寄东坡》五古一首，附以坡诗《铜山寺》七绝一首，并附后人诗纪以资参考。又补入《蓦山溪词序》一篇，《月波楼记》、《寒穴铭》各一首，并毛刊《六十家词》而别为附录一卷，共十三卷，仍符陈氏《解题》之数云。"①可知，沈氏在校勘时还补入了不少内容。而沈氏所补的内容，《四库》本均没收，因此，沈氏的校补本在一定程度上要优于《四库》本。

鲍廷博录副四库馆书，主要是为了编入其《知不足斋丛书》而予以刊行。在刊行前，他都要亲自或请人作一番精心的校勘。现存的知不足斋录副本中多可见鲍氏或他人校订的痕迹。例如，鲍氏知不足斋抄本《彝斋文编》4 卷补遗 1 卷，书后有题记："乾隆乙卯（六十年，1795）七月廿

---

① （清）沈叔埏：《颐彩堂文集》，影印《续修四库全书》本，集部第 1458 册，上海，上海古籍出版社，1999。

八日，偕赵晋斋诣文澜阁检《四库全书》本校正一过，补诗三首文一篇，歙鲍廷博记。"该书中多有校改痕迹。鲍氏抄校本《公是先生文集》不分卷，内中亦有校改痕迹，但校改的内容很少。鲍氏抄校本《老圃集》2卷，鲍氏题记云："乾隆己酉(五十四年，1789)孟冬传嘉兴沈比部叔埏本并校"、"乾隆乙卯八月初四日文澜阁《四库全书》本恭校"、"嘉庆戊午(三年，1798)四月十四日重抄完，次日校讫"。[①]又据傅增湘《藏园群书经眼录》"巴西文集一卷"载："知不足斋写本，十行十九字，计一百二十七番。鲍以文廷博手校。"[②]前引《南湖集》附朱文藻"书南湖集后"载："传抄副本，携归虎坊寓斋，粗校一过，而未能详考也。鲍君以文增辑遗文逸事，为附录、外录，合刻竣工，复受而读之。"可见，朱文藻在录副后先替鲍氏校过一遍，而鲍氏在此基础上做增补后而刊行。

孔继涵对自己录副的《四库》书也做过不少校勘，而现存之孔氏校抄本中亦多可见其校书笔迹。例如，孔氏抄本《吕忠穆公年谱》1卷、《勤王记》1卷、《遗事》1卷、《逢辰记》1卷、《绍陶录》2卷等，均有孔氏的校勘。又据傅增湘《藏园群书经眼录》"礼记句解"载："(孔继涵校语)'戊戌(乾隆四十三年，1778)二月初十日大风，十一日壬寅早起天晴，余风未息，从尧峰侄处校讫东原先生纂出未竟之书，《永乐大典》内朱申《礼记句解》凡十册，惜其全部缺佚少半，所引郑注仅十之三四耳'；'戊戌二月十三日甲辰送董符三旋都后，校竣戴氏辑《永乐大典》彭氏《礼记纂图注义》凡十四册，所引郑注与朱氏略等，缺佚者十亦一二'。""春秋繁露十七卷"载："明刊本，九行十七字，孔荭谷继涵以钱献之校《永乐大典》本重校，又以兰雪堂活字本校。""尔雅注疏十一卷"载："武英殿本，孔荭谷继涵以元本手校。""五经文字三卷等四种"载："清孔氏红桐书屋刊本。全书用朱笔点定，后有孔继涵跋，删改甚多，当是孔氏笔也。"[③]

(三)研究录副本的意义

通过上述的考察可以看出，四库馆中确实存在着非常普遍的私家录

---

①　李盛铎著，张玉范整理：《木犀轩藏书题记及书录》，291 页。

②　傅增湘：《藏园群书经眼录》，1305 页。

③　同上书，56、89、121、134 页。

副现象，并因此产生了大量的《四库》大典本录副本。这些大典本录副本的存在，对我们研究四库学具有重要的参考价值。

首先，了解大典本的删改详情，以校勘大典本定本。《四库》所收大典本，是在大典本初辑本的基础上归并、删改而成的。通过录副本（多为据初辑本录副的）与定本的比较，可以了解其删改内容、删改原因，并据以校勘定本存在的错讹。例如，《藏园群书题记》"校钞本公是集跋"载："余尝谓宋元人集，凡辑自《永乐大典》者，多苦无旧本可校，然若得当时四库馆钞本，于文字必多所补正。盖馆中初辑出时，犹是《大典》原文，指斥之语不及芟除，忌讳之词未加修改。及经馆臣辑编，则有移易卷第，删落文字（如青词之类删至全卷，防御、边夷之属删及全篇及数百字者），及修饰词句之弊，已非本来面目矣。十余年前，曾见得法梧门家钞录宋元人集数十家，余曾校十数种，所获佳胜至多。嗣得孔葓谷、李南涧家钞本亦然，可知钞本之可贵。""雪山集残本跋"载："此本为初辑时所录副本，非有旧椠可据也。顷以聚珍本对勘之，略披一卷，凡触冒时忌处略有改窜，其余字句初无大异，而编次则殊有不同……四库馆自《大典》钞出时，初编为十二卷，旋经奉旨删青词一类，令总裁重加釐定，改为十六卷，文字视初本为减，而卷数则转增矣。设非存此钞本，后人竟不知刊本视原编其大相径庭至如此也。余尝谓《大典》辑出之书要以得馆中初编本为贵，缘尚未经馆臣之笔削，则去古犹未远耳。"①

其次，录副本保留了大典本初辑本的特点，有助于我们了解《四库》修书之详情。例如，大典本初辑本的录副本，保留有各条佚文的出处。前述孔继涵校抄本《春秋会义》即为据大典本初辑本录副的，书中保留了每条佚文在《大典》中的出处，不但标明卷数，还标明页数（有极个别没

---

① 参见傅增湘：《藏园群书题记》，657、731 页。还可参见该书第 747 页，"校钞本山房集跋"载："此本前集八卷，后稿一卷，乃从《永乐大典》中辑成者……近顷北平赵万里君自南中搜得四库馆原稿本，因俾归校勘，改订殆千余事，补文九首。盖青词疏文之类为当时奉命所删削，经解一首，缘中多触忌之语，故不得不概从刊落也。余尝言凡《大典》辑出之书苦无别本可校，若能得馆中初录原本，未经馆臣润色者，其视后来流传聚珍、七阁之本必有佳胜可寻。"

标明页数，可能是抄者遗漏的），如卷一鲁隐公，页一，"史记世家，孝公二十五年……圣人作春秋之始也"一条，后面有小字注："一万一千二百三十六卷，第一页"，意思是指此条佚文出自《永乐大典》卷一万一千二百三十六的第一页。又如卷一，页十一，"……因以见笔削之旨"一条，后面有小字注："卷一万一千二百三十八，第五至第九页"，是指此条佚文出自《永乐大典》卷一万一千二百三十八的第五至第九页。又如孔继涵录副本《春秋释例》，也保留有一些《大典》出处的记载：（卷）一五〇二一、一五〇五九、二〇〇九五、一七〇四〇、一〇六二三（共七页）、一六三一（共三页）、二〇四八（共十二页）、二〇二四（共四页）等。《守山阁丛书》本《九国志》，也是据初辑本刊行的，书中保留有辑佚初稿时的《大典》出处，如：卷一八一三四第二、第三页；卷一八一三五第一页；卷一八一三三第十四页；卷一八一三七第二十页；卷一八一三六第一页等。薛居正《旧五代史》的大典本初辑本，也是注明原卷数的："近人南昌熊氏得《四库全书》写本（指《旧五代史》），据以景印。所注原辑卷数尚存。余友刘翰怡得甬东抱经楼卢氏藏本，亦当时所传录者，并已版行。所列附注独多，原辑卷数亦未删削。"[1]由上述资料可以证明，大典本的初辑本应该均注明了每条佚文在《永乐大典》中的出处（包括卷数与页数）。可惜的是，初辑本所注明的卷数、页数，在后来抄成定本或编入武英殿本时均被删弃："薛氏原书今已散佚。此辑自《永乐大典》，《四库全书》写本均注原辑卷数。其采自他书者同。存阙章句，藉可考见。后武英殿镂板一律芟削。彭文勤当日屡争不从，薛氏真面遂不复见，人多惜之。"[2]

---

① 张人凤编：《张元济古籍书目序跋汇编》上册，120页，"嘉业堂刘氏刊本胜于殿本及四库写本"。

② 同上书，980页，"《旧五代史》吴兴刘氏刊原辑大典本"。又可参见该书第119页，"四库辑本"载："《四库》馆开，余姚邵晋涵取《永乐大典》所引薛《史》，掇拾成文，冀还真面。不足，以《册府元龟》所引补之，均各记其所从出卷数。又不足，则取宋人所著如《太平御览》、《五代会要》、《通鉴考异》等书数十种，或入正文，或作附注，亦一一载其来历。《四库》馆臣复加参订。书成奏进，敕许刊行。最先刻者为武英殿本，主其事者尽削其所注原辑卷数。彭元瑞力争不从，人皆惜之。"

再次，有的录副本还保留了《四库》提要稿的原貌。这些提要稿，不但与《四库总目》提要及《四库》书前提要有区别，而且与该纂修官现存的提要稿也颇有异同。例如，《知不足斋丛书》本《江南余载》2卷为录副本，其书前提要与《四库总目》提要、《四库》书前提要、陈昌图纂《江南余载》提要稿(收入其《南屏山房集》卷二十四)均有不同；邵晋涵录副本《两朝纲目备要》书前提要，与《四库总目》提要、《四库》书前提要、邵晋涵纂《两朝纲目备要》提要稿(收入其《南江书录》)亦均有不同。可以说：录副本提要及馆臣文集中所收的提要稿，均反映了较早的提要稿原貌，而《四库总目》提要、《四库》书前提要则是在它们的基础上修改而成的。

最后，有的大典本在辑出后因各种原因未收入《四库》中(如《春秋会义》《斜川集》等)，更是有赖于录副本得以保存下来。而对这些未入《四库》之大典本的考察，可以有助于我们分析《四库》收书的标准及馆臣的失误等问题。

三、陈昌图纂《四库》大典本提要稿

清乾隆三十八年(1773)，朝廷开馆修《四库全书》。四库馆纂修官对经办之书均需拟定提要，交总纂官核定。我们目前普遍见到的提要是《四库全书总目》提要和各阁本《四库全书》的书前提要。但是，这些提要是经总纂官修订过的，与各纂修官初拟的提要稿有或多或少的差异。因此，通过比较提要草稿与定本，可以有助于我们更全面地认识《四库全书》编修情况。可惜的是，目前存世的提要稿不多(主要是余集、邵晋涵、翁方纲、姚鼐四人的提要稿)，尤其是大典本提要稿就更少。兹获读陈昌图《南屏山房集》，发现其卷二十一保存有 12 篇大典本提要①，是目前所知个人拟就的数量最多的大典本提要稿，无疑对研究大典本辑佚及其提要稿的撰写，有非常重要的意义。

陈昌图，字玉台，号南屏，浙江仁和人，乾隆三十一年(1766)进士，改庶吉士，散馆授编修，著有《南屏山房集》24 卷。②《四库》开馆期间，陈昌图任《永乐大典》纂修与分校官(可参《四库总目》书前职名表)。四库馆对《永乐大典》所做的辑佚工作，主要包括下面几项程序：签佚书单——抄出佚文(散片或散篇)——整理成册(即辑佚稿本)——校勘并拟定提要——誊录成正本。陈昌图作为《永乐大典》纂修与分校官，所负责的工作就是将《大典》散片整理成辑佚稿本，然后对其进行校订、撰写提要。这 12 篇提要稿，应即是陈昌图负责校订的 12 种大典本的提要稿。兹全文照录，并与《四库总目》提要相较，做简要分析。

(一)《续后汉书职官录》

> 右录二卷，不著撰人姓氏。考据三代秦汉之初，甄综魏吴沿革，以讫于晋。首爵级，次奉禄，次车服，次印绶，次选举，次宰相，次三公，次将军，次九卿，次京师兵官，次中官官属，次封建，次京辅官，次州郡官，次郡守，次县令长，次外夷官，凡十八条。按范氏取七家著作，删润成书。今考谢承、谢沈、袁山松三家，皆曰《后汉书》；薛莹所撰曰《后汉纪》。华峤则改志为十典。七家之书并失传，仅存其目于《隋经籍志》中，其有录与否，无所考

---

① (清)陈昌图：《南屏山房集》24 卷，清乾隆五十六年陈宝元刻本，现收入《四库未收书辑刊》第 10 辑第 24 册(北京，北京出版社，2000)。这些提要稿开首多称"右……"，显然是置于书后的，类似于题跋，所以收录在陈昌图《南屏山房集》题跋中。据乾隆三十八年二月初六日谕旨："应俟移取各省购书全到时，即令承办各员将书中要旨隐括，总叙厓略，粘贴开卷副页右方，用便观览。"(张书才主编：《纂修四库全书档案》上，56 页)各书提要应置于书前副页，但目前所见到的提要稿有不少是置于书后的，如《四库》存目书原本《南夷书》(现藏国家图书馆善本部)书后附有程晋芳所拟"提要"一则。关于提要稿置于书后的原因，李祚唐《余集〈四库全书〉提要稿研究价值浅论》[《学术月刊》，2001(1)]一文做过一些分析，可参考。

② 据(清)龚嘉隽修《(光绪)杭州府志》(台北，成文出版社，1974)卷一四六"文苑三"载："陈昌图，字玉台，乾隆三十一年进士，授编修，尝充《三通》馆纂修官，撰《续图谱略》……擢御史，官至通永道。"

证。马《考》(案：指马端临《文献通考》)载：萧常撰《续后汉书》四十卷，但有帝纪、年表、列传、载记，而无录。其书亦散佚不传。唯王圻《续考》云，郝经撰《续后汉书》九十卷，自叙云，中统元年节使宋时，作表记传录诸序议赞，"以裴注之异同，《通鉴》之去取，《纲目》之义例，参校刊定，归于详实。"据此则为郝氏书无疑。第据原序，则录有八卷，职官其一也。盖已非全书矣。

案：《四库》及《四库总目》均未收此书，但收有郝经《续后汉书》九十卷，亦为大典本。该书卷八十六即为"职官录"，所收类目与上述提要稿所列类目基本相同。[①] 显然，《续后汉书职官录》只是《续后汉书》中的一部分，所以《四库》不收此书是正常的。据《永乐大典书目(残本)》载："《续后汉书职官录》，郝经，二卷，元。"《永乐大典书目(残本)》反映的是《四库》辑佚早期的情况。[②]《续后汉书职官录》在《大典》中是单独收载的，被辑出后，陈昌图即据此拟定提要。但是，后来发现有较此更完整的全书，故原先辑出的《续后汉书职官录》及据此拟定的提要稿就不被采用。这种情况，在彼时大典本辑佚中还有不少。

(二)《汉官旧仪》

《永乐大典》载《汉官旧仪》一卷，不著撰人姓氏。考梁刘昭注《后汉百官志》，引用《汉官仪》，则曰应劭《汉官仪》；引用《汉旧仪》，则不著其名。唯卫宏本传云：宏作《汉旧仪》四篇，以载西京杂事。《隋志》、《唐志》并作四卷，《宋志》作三卷，唯马端临《通考》作《汉官旧仪》。陈振孙《书录解题》指为卫宏之书。今此卷虽以汉官标题，而其篇目自皇帝起居、皇后亲蚕，以及玺绶之等，爵级之差，靡不条系件举，与卫传所云西京杂事相合，则其为卫氏本书无

---

① 有个别类目不同，是《续后汉书职官录》提要稿分类疏误造成的。据《续后汉书》"职官录"，"州郡官"下分刺史、郡守、县令三小类。而提要稿则将郡守、县令与州郡官并列为大类，又漏掉了刺史类，以至于其虽称为"十八条"(十八大类)，实际所列只有十七类。

② 《永乐大典书目(残本)》，民国二十九年(1940)邵锐抄本，藏国家图书馆古籍部，现收入张升编：《〈永乐大典〉研究资料辑刊》。此书目为四库馆辑《永乐大典》散篇目录。

疑。"官"字，或后人以其多载官制，故加之耳。原本牵连直书，罔
分节目，脱误讹舛，不可甲乙。今据班范文史，综核参订，以谳其
疑。其原有注者，略仿刘昭注《百官志》之例，通为大书，称本注以
别之。又前后《汉书》各纪志注中，别有征引《旧仪》数条，并属郊天
祫祭耕籍饮酎诸大典，卷内多未采入，辄复搜择甄录，别为一篇，
附诸卷尾，以完《宋志》篇目之旧云。

案：陈昌图从《大典》中辑出此书后，还搜辑他书所引佚文，附录于
书后。此书（包括附录）不但收入《四库全书》，而且收入《武英殿聚珍版
丛书》中。据《武英殿聚珍版丛书》该书（《汉官旧仪》1卷《补遗》1卷）书前
提要可知，其提要为陈昌图撰定于乾隆三十八年（1773）四月。《武英殿
聚珍版丛书》提要与此提要稿完全相同，显然用的是陈氏所拟的初稿。
《四库总目》提要与陈氏之提要稿也基本相同，只是略作文字上的润色。
由此可推知，提要稿与《武英殿聚珍版丛书》提要、《四库总目》提要的关
系，依先后顺序可概括为：纂修官拟定的提要稿——《武英殿聚珍版丛
书》提要——《四库总目》提要。

(三)《庐山记》

右宋屯田员外郎嘉禾（《宋史》作乌程）陈舜俞令举撰。有自序总
序，山水篇第一，山北篇第二，山南篇第三，凡三篇。盖当熙宁
中，不奉青苗法，谪监南康军酒税，因取刘涣旧记，并《九江图
经》、前人杂录，考核铭志，凡唐以前碑记，备详其岁月爵里。又
别作俯视图，纪寻山先后之次。凡五卷，图今不存。刘涣凝之、李
常公择皆为之序。直斋陈氏谓：南康守广陵马玕，又有《续记》四
卷。今亦未见。

案：据《永乐大典书目（残本）》载："《庐山记》，陈舜俞，一卷。"显
然，此书曾从《大典》中辑出1卷。但《四库》所著录的却是纪昀家藏本而
非大典本，其提要与本提要稿也不相同。《四库》提要还提到曾检核过
《永乐大典》所收《庐山记》的内容。由此可推测，当时签出的《永乐大典》

佚书，绝大多数已被抄出，并被初步整理及拟定提要。而且，当大典本与存世本相重时，纂修官曾进行互校。

(四)《城南记》

> 右记一卷，宋张礼撰。礼字茂中，秦人，元祐中与西楚陈明微自长安城南探奇访古，抵樊川，述游览之迹，次之为记。

案：《永乐大典书目（残本）》载："《长安城南记》，张茂中，一卷，宋。"显然，此书曾从《大典》中辑出。但《四库》所著录为汪如藻家藏本而非大典本，题《游城南记》。两者提要不同，《四库》提要写得较详细，但未提及大典本。因此，校办该书的纂修官，可能并未见到此大典本。

(五)《潘氏遗芳集》

> 右集一卷，载金华潘祖仁《七进辞》，后载其子徽猷阁待制潘良贵《磨镜帖》、《三戒文》。按《默成先生文集》，朱文公作序，沙随程可久所书，王柏、金履祥并有题跋并赞。相传《七进辞》，李龙眠曾绘图。今潘氏文集不传，此卷所录，仅辞一篇，并《磨镜帖》、《三戒文》及诸贤序赞耳。

案：《四库》及《四库总目》均未收此书，但收有汪启淑家藏本而非大典本的《默成文集》，其中包括上述《潘氏遗芳集》的大部分内容。《四库》提要与此提要稿当然也不相同。《默成文集》在内容上较《潘氏遗芳集》全面，所以《四库》收入前者而不收后者。

(六)《韩魏公别录》

> 右宋签书枢密院事大名王岩叟彦霖撰。晁公武谓所记岁月多与国史抵牾，则失之诬也。又李忠定有《别录补遗》一篇。

案：据《永乐大典书目（残本）》载："《韩魏公别录》，王岩叟，一卷。"显然，此书曾从《大典》中辑出。《四库》存目收天一阁藏本3卷而非大典本。两者提要也不同。《四库》提要未提及大典本。存世本较大典本为优，故《四库》不收大典本。

(七)《栀林集》

右《栀林集》十卷，宋沈继祖撰。继祖与胡纮等比附韩侂胄。据《胡纮传》云：侂胄以赵汝愚之门及朱熹之徒多知名士，乃设伪学之目，使纮草疏排击之；会改官太常，以稿授继祖，继祖论熹皆纮笔也云云。则其人固不足齿。陈振孙亦谓其诗无足观。岂非以诡随贻诮者，其所著述俱不足爱惜与？马氏《经籍考》作十卷。今仍之，以完其旧云。

案：据《永乐大典书目(残本)》载："沈继祖《栀林集》。"显然，此书曾从《大典》辑出。《四库》及《四库总目》均未收此书。据上述提要稿可知，陈昌图对此书评价不高，可能拟定为"毋庸存目"，故不收。由此可推知，从《大典》辑出之书，也有因其内容等原因而舍弃的。这种情况在大典本辑佚中也有不少。

(八)《筼窗集》

右《筼窗集》十卷，宋陈耆卿撰。耆卿字寿老，临海人，嘉定七年进士，官青田主簿，改庆元府学教授。其行事不见于《宋史》。所著有《赤城志》四十卷行于世。考《宋艺文志》及马氏《通考》，是集俱不著于录。据荆溪吴子良跋云，海陵谢令范馆曾锓三十卷，后此者为续集。则其著述固自有完本也。叶水心云：驰骤群言，特立新意，险不流怪，巧不入浮。信然。阅时既久，刊本已佚。予分纂散篇，掇拾补缀，仅得十卷，而以叶适序冠卷端，系吴跋于后。

案：提要稿称此书由散篇掇拾而成，显然也是辑自《大典》。《四库》即收此书大典本，但《四库》提要与此不同，作过较大修改。此提要稿较重本书流传的相关著录，而《四库》提要则较重内容，且论述得更全面，较此提要稿为优。如陈耆卿在《四库》所收《赤城志》提要中已有介绍，所以《四库》此提要就不重复。显然，总纂官的修订是合理的。

(九)《老圃诗》

右《老圃诗》二卷，宋洪刍撰。刍字驹父，绍圣进士，崇宁中入党籍，靖康中为谏议大夫。刘后村《诗话》云：三洪与徐师川皆豫章之甥，驹父诗尤工。初与兄龟父游梅仙观，龟父有诗卒章云：愿为龙鳞搔，勿学蝉骨蜕。固尝以亮节期之。汴京失守，坐事流沙门岛，殊有愧于伯氏矣。所著有《香谱》一卷，《楚汉逸书》八十二篇，今失传。其诗散见《永乐大典》中，今分纂抄撮，厘为上下二卷，恭校上。

案：从提要稿可看出，《老圃诗》是辑自《大典》的。《四库》即收有该书大典本，题《老圃集》。两者提要不同。此提要稿较重作者生平介绍，而《四库》提要较重内容优劣的评价。另外，据此提要稿末尾所题"恭校上"可知，其确实为陈昌图校订《四库》大典本时所拟的。

(十)《忠愍集》

右《忠愍集》，《宋艺文志》作十卷，马氏《通考》作十二卷，后二卷系附录其死节事。公本名若冰，以靖康出使，改今名。陈直斋谓：集虽不多，而诗有风度，文有气概，足以知其所存矣。南宋时曾有锓本，今已不传。兹搜拾永乐散篇，编属为四卷，以《宋史》本传及建炎时诰词冠诸卷首，而仍列附录一卷，载希斋跋语及姚孝宁、薛迁祭文各一篇。又其孤淳所云，秭归费守枢为先公作文集序，能不没其实云云。今费序无考，以淳所识附诸篇末焉。

案：从提要稿"搜拾永乐散篇"云云可看出，《忠愍集》是辑自《大典》的。《四库》即收该书大典本。两者提要不同。此作 4 卷，《四库》作 3 卷，显然是后来重新编排过。《四库》提要较详细，有作者介绍，而此提要稿则没有。

(十一)《江南余载》

右书二卷，《宋艺文志》列诸霸史类，不著作者姓氏。马氏《经籍考》、元戚光《南唐书音释》并讹作馆载。据《直斋书录解题》载本书序，略云：徐铉始奉诏为《江南录》，其后作者六家皆不足称史，而龙衮所撰八十四传为尤盛。熙宁八年(1075)得郑君所述事迹，有六家所遗，或小异者，删落是正，凡得一百九十五段云云。六家者，徐铉、王举、路振、陈彭年、杨亿、龙衮也。郑君者，不知何人。考南唐有马令、胡恢、陆游诸书，又有王颜《烈祖开基志》十卷，高达《烈祖实录》十三卷，又《吴录》十二卷，陈彭年《江南别录》四卷，龙衮《野史》二十卷，郑文宝《南唐近事》二卷，又有《江表志》三卷，纪载颇称繁夥。各书或传或不传，世亦无有搜辑之者。是编泛记杂事，与《江表志》相出入，疑即文宝之书。今就散篇搜掇，分二卷，以完《宋志》篇目之旧。

案：提要稿明言由散篇掇拾而成，显然也是辑自《大典》。《四库》即收该书大典本。《四库》提要在此提要稿基础上对文字做了较大修改，不过，两者主要内容还是大致相同的。《知不足斋丛书》本(其底本亦为从《四库》馆抄出的)明确记载此书为纂修官陈昌图所辑校，书前附提要一篇("四库全书提要·江南余载二卷")云："乾隆三十九年十月恭校上。"不过，此提要与上述提要稿在文字上也稍有出入，可看出是在提要稿的基础上修改而成的，应为陈昌图整理校订后的修改稿。又将此修改稿提要与《四库总目》提要相较，可发现它们之间也有差异。

(十二)《清夜录》

右录一卷，宋钱唐沈括存中撰。括，嘉祐进士，昭文馆校勘，迁龙图阁待制。元丰时坐事闲废，徙秀州，寻卜居京口之梦溪，自号梦溪丈人。是篇《宋志》及马《考》并作一卷。今寻拾散篇，才二十九条，诡谲荒怪，小说之流也。又《宋志》有《续录》一卷，王铚性之撰。铚，汝阴人，尝撰《七朝国史》，绍兴初诏视秩史官，给札奏御，所著有《雪溪集略》八卷。今《续录》见于《大典》者仅三条，因并钞之附卷尾。

案：从提要稿可看出，此书是辑自《大典》。但《四库》收《清夜录》1卷，为浙江巡抚采进本，宋俞文豹撰。其与此书实为同名异书。我推测，当时馆臣编校时，以为两者为一书，所以收存世本而弃大典本。

上述提要稿虽然只有 12 篇，但对我们研究《四库全书》大典本辑佚颇具典型意义：

第一，这 12 部大典本，著录入《四库》者有《汉官旧仪》《老圃诗》《篔窗集》《忠愍集》《江南余载》5 部；未著录入《四库》也未存目者有《续后汉书职官录》《庐山记》《城南记》《潘氏遗芳集》《韩魏公别录》《栀林集》《清夜录》7 部。可见，从《永乐大典》辑出之书遭舍弃的比例是很高的①。

第二，辑出之书未著录入《四库》也未存目的原因，可以从几个方面来分析：首先，《四库》已收全书，部分之书自然不收入，如《续后汉书职官录》。其次，当大典本与存世本重复时，一般情况下，《四库》收录的是存世本，如《庐山记》《城南记》《潘氏遗芳集》《韩魏公别录》4 种，《四库》所收均为存世本。还有，辑本内容不好，如《栀林集》。最后，同名异书，导致误解，未能收入，如《清夜录》。

第三，这 12 部大典本，尽管其中有 7 部未著录入《四库》也未存目，但它们的佚文均被抄出，由纂修官陈昌图初步整理成书并拟定提要。而且，这 12 部大典本中的《续后汉书职官录》《汉官旧仪》《庐山记》《城南记》《韩魏公别录》《栀林集》《篔窗集》《老圃诗》《忠愍集》《江南余载》《清夜录》11 部，在《永乐大典书目（残本）》或现存《永乐大典》签条中均有记录②。由此可以推想，馆臣从《永乐大典》中签出的佚书，尽管有相当大部分未能著录入《四库》或存目，但它们的佚文多已被抄出，且其中有不少已由纂修官初步整理成书并拟定提要。

---

① 关于此一比例数，还可参见张升：《四库馆签〈永乐大典〉辑佚书考》，载《文献》，2004(1)。

② 事实上，这些大典本的书名在签条中均应有记录，但目前存世的签条只是很小的一部分，所以不能反映当时签出的全部佚书。

四、沈叔埏与《四库》大典本提要稿

　　沈叔埏(1736—1803)，字剑舟，一字埴为，号双湖、带湖，浙江秀水人。乾隆南巡，召试列一等，赐举人，授内阁中书，充方略馆、《一统志》《通鉴辑览》分校及《历代职官表》协修官，又充《四库全书》馆分校。乾隆五十二年(1787)成进士，授吏部主事；著有《颐彩堂文集》15卷①。该书卷八、卷九、卷十收有多篇"书后"，与《四库》大典本提要颇为相类，故曾被认为是沈氏所拟的《四库》提要稿。② 兹细加比勘，我认为，这些"书后"应不是《四库》大典本提要稿。

　　(一)沈氏任《四库》馆分校官的时间

　　据《四库全书总目》书前所附职名表可知，沈叔埏在四库馆中担任的是分校的工作。至于有学者认为沈氏充任《四库全书》武英殿分校官长达八年之久③，则仍需要再讨论。

　　《颐彩堂文集》卷十六附阮元"敕授承德郎吏部稽勋司主事沈君墓志铭"云："……值纯皇帝南巡，召试一等，赐举人，授内阁中书，充方略馆、《一统志》、《通鉴辑览》分校，及《历代职官表》协修官，又充《四库全书》武英殿分校，凡八年始以丁未会试"。所谓任分校达"八年之久"，显然是据此而得出的。不过，这一结论是有问题的：第一，据该书卷六"戴母潘太孺人七十寿序"云："余于庚子春赴召，偕君同试西泠行阙，余倖承恩……"可见，沈氏是于庚子(乾隆四十五年)春赴杭州行宫，得

---

　　① (清)沈叔埏：《颐彩堂文集》。《清史列传》卷七十二"文苑传三·沈叔埏"载："沈叔埏，字埴为，亦秀水人。乾隆三十年高宗纯皇帝南巡，召试一等，赐举人，授内阁中书，充方略馆、《一统志》、《通鉴辑览》分校，及《历代职官表》协修官，又充《四库全书》武英殿分校。成五十二年进士，授吏部主事。诸总裁方引以自助，而叔埏以母老，到部未十日即乞养归。"
　　② 参见司马朝军：《〈四库全书总目〉编纂考》，第八章，武汉，武汉大学出版社，2005。书后，又可称后序、跋文、后记。但在沈氏文集中，跋文与"书后"是分开的，先收跋，后收"书后"。这说明两者是不太一样的，前者较正式，后者则较随意。推测这些"书后"，是沈氏自题其所藏书的。
　　③ 参见司马朝军：《〈四库全书总目〉编纂考》，679页。

授中书舍人的。① 阮元所谓的八年，是指从乾隆四十五年春至五十二年会试中式时（春天）而言的，头尾合计，共为八年，实则只有七年。所以，该书卷五"先王母庞安人墓记"云："叔埏以召试入中书，为乾隆四十五年庚子……又七年丁未成进士，官南曹，乞归终养。"第二，该书卷十五"诰封太宜人显妣石太宜人行状"云："恭逢銮辂五巡，召试行阙，蒙恩授官……是冬，不孝叔埏初筮入京。"他于乾隆四十五年冬入京，随后兼充方略馆等分校官，继之才"又充《四库全书》武英殿分校"。因此，他充任《四库全书》武英殿分校官，应是远在乾隆四十五年冬之后的事。第三，该书卷五"记丙午北上丁未南还途次遇盗事"云："乾隆四十九年甲辰三月，余下第后，请假归省。越五十一年丙午二月假满北上……间关到京，已三月杪矣。明年丁未，余登第，承恩擢授铨曹之官，三日即请养南还。"可见，在乾隆四十五年至乾隆五十二年（1780—1787）这八年间，他还请假回南方家中待了足足两年。

综上所述，沈叔埏充《四库全书》分校官远没有八年之久。

（二）沈氏所撰"书后"非提要稿

沈氏《颐彩堂文集》卷八、卷九、卷十所收的近 30 篇"书后"，并非沈氏所拟的《四库》提要稿，兹分述如下：

首先，沈氏任四库馆分校官应远在乾隆四十五年冬之后②，而其时第一份《四库全书》的抄写已接近尾声，所收各书的纂办工作应基本完成，提要稿也早已拟成，不可能此时还有这么多书未拟写提要稿。

其次，在四库馆臣之中，纂修官主要负责提要稿的纂写，而分校官则主要是以底本与四库馆誊抄本作文字上的校对。因此，分校官沈叔埏应该不会负责拟写这么多篇提要稿。

最后，也是最重要的依据是，从这些"书后"的内容可以明显看出，其与目前存世的《四库》提要稿颇不相类，不符合《四库》提要稿的特征：

---

① 参见司马朝军：《〈四库全书总目〉编纂考》，678 页，认为是在乾隆四十四年。

② 据（清）沈叔埏《颐彩堂文集》卷十六附阮元"敕授承德郎吏部稽勋司主事沈君墓志铭"、卷六"戴母潘太孺人七十寿序"、卷十五"诰封太宜人显妣石太宜人行状"的记述可知，沈氏于乾隆四十五年冬入京，随后兼充方略馆等分校官，继之才充《四库全书》分校官。

第一，从其文字表述看。这些"书后"中多称"余""吾"，如"书鸿庆集后"载："曩在京师，阅吾乡蒋石林藏书，仅十四卷，且多阙文……余考高宗本纪……"；"书北湖集后"载："余读之，诗多晚年颓放之作……"；"书灌园集后"载："余读其集，要为毅然尽心思与古人并……余谓陈永年……"；"书鹅湖集后"载："吾乡王原礼嘉会以检讨升右司业……"；"书都官集后"载："乾隆辛丑(四十六年，1781)冬，余从《大典》抄得仅十四卷，因取一时赠答、哀挽诸篇并后世怀古之作悉附焉"；"书东堂集后"载："余既抄自《大典》……"；"书鹤林集后"载："……余爱其集，以配元祐苏氏，不难辉映后先也"；"书畏斋、积斋二集后"载："余从《大典》内抄出，仅六卷"；"书怀麓堂集后"载："余少爱读其诗文、乐府，未尝不慨然惜其为人……"；"书浮沚集后"载："余读吴叔永《鹤林集》有云：……"；"书钤山堂集后"载："甲辰二月，余……因取读之，叹曰：……"；"书郑春寰集后"载："余尤爱其《秕言》十卷"。这种表述在目前所见的《四库》提要稿中是没有的。《四库全书》是官修集体之作，其提要稿一般不会出现自称"余""吾"这样的表述。

第二，从其写作时间看。据"书鸿庆集后"载："丁未，睹德清徐氏所抄四十二卷足本，第无外集耳。"丁未为乾隆五十二年(1787)。沈氏作"书鸿庆集后"是在乾隆五十二年其离京之后，而其时《四库》早已修成。"书都官集后"载："乾隆辛丑冬，余从《大典》抄得仅十四卷，因取一时赠答、哀挽诸篇并后世怀古之作悉附焉。"文渊阁本《都官集》为乾隆四十六年(辛丑)九月校毕进呈(见该书书前提要)，而沈氏于是年冬才从"《大典》抄得"，《都官集》提要稿显然不可能是沈氏所作。该"书后"还载："其骑牛图碑尚在金华试院，庚戌冬属崔曼亭太守拓归，未知其为龙眠笔否?"庚戌为乾隆五十五年(1790)，则可证沈氏写作"书都官集后"更是远在《四库》修成以后。另外，"书钤山堂集后"载："甲辰二月，余……因取读之，叹曰：……"。甲辰，为乾隆四十九年(1784)。其时《四库》亦已修成，"书钤山堂集后"显然也不可能是《四库》本《钤山堂集》的提要稿。

第三，从其体例看。这些"书后"与一般的提要稿的体例不符。《四库》提要稿的论述较为平实，且开头多先介绍该书或作者的基本情况，但"书都官集后"开头则云"甚矣，《宋史》之讹与《续通鉴纲目》之舛也"，显然不像《四库》提要开篇之体例。

综上所述，沈氏所撰的这些"书后"不可能是《四库》提要稿。

(三)沈氏所撰"书后"之真相

沈氏"书后"所著录之书多为《四库》所收之书，尤以大典本为多，而且其中一些"书后"的内容与《四库》提要颇相近。这是为什么呢？我认为：

1. "书后"所著录之书多为沈氏从《四库》馆录副的

沈叔埏性好藏书，且勤于抄书。阮元称其"笃情孝养，乐志林泉，读书万卷，著书千篇，生平精力，尽于书焉"[①]。他十分向往四库馆，希望能从中读到秘书。因此，他利用在北京与四库馆臣接触的机会及后来入馆任分校的机会，抄录出了不少《四库》书副本。

在入馆之前，沈氏即已开始录副四库馆书。据《守城录》[清乾隆四十年(1775)孔继涵家抄本]书后题："乙未十月廿八日，借自沈埴为，许抄校。"乙未，为乾隆四十年。沈埴为，即沈叔埏。其时沈氏还未入四库馆，但已居住在北京，且与馆臣有非常密切的交往[②]，所以能抄得《四库》书。另外，《西陲笔略》1卷、《绍兴采石大战始末》1卷，亦是沈氏在入馆前所录副的《四库》书[③]。

沈叔埏在乾隆四十五年(1780)冬之后任四库馆分校官，更有机会接触这些《四库》书，因而所录副本更多，如前述的《都官集》《东堂集》等。

也许有人会认为，沈氏"书后"中常提到"从《大典》抄出"，似乎是指沈氏从《大典》中辑出这些佚书，因而他自然是该书纂办及拟写提要之人。其实，沈氏所说的"从《大典》抄出"，并非其真从《大典》中抄出，而

---

① (清)沈叔埏：《颐彩堂文集》卷十六，附阮元"敕授承德郎吏部稽勋司主事沈君墓志铭"。

② 如乾隆四十三年，《四库》馆总目协勘官程晋芳就请他助校《唐会要》。参见《颐彩堂文集》卷八"书自补《唐会要》手稿后"。

③ 《西陲笔略》1卷、《绍兴采石大战始末》1卷，合为1册，清乾隆四十年(乙未)孔继涵家抄本。《西陲笔略》卷末题："乾隆乙未闰十月廿一日沈埴为处借我抄得二种。"

是指从当时已辑出的大典本中录副而得。据前引"书都官集后"载"乾隆辛丑冬，余从《大典》抄得仅十四卷"，沈氏是在乾隆四十六年冬天才"从《大典》抄得"《都官集》，而文渊阁本《都官集》（大典本）已于该年九月校毕进呈。当时身任分校官的沈氏，不可能舍弃现成的大典本，而直接从《大典》中抄出佚书。因此，沈氏所说的"从《大典》抄出"，其实是将大典本《都官集》录副。将大典本录副，直称为抄自《大典》，这在当时应是较为普遍的，如《辽东行部志》（未入《四库》之大典本）一书，缪荃孙跋云："壬寅夏日，剑舟居士属馆上供事，从《永乐大典》中录出《辽东行部志》一卷，金王寂撰。"[1]剑舟居士，即沈叔埏。他属供事所抄，也应该是指将大典本录副[2]。

2. "书后"的写作或多或少参考了《四库》提要稿

沈叔埏在对这些《四库》书录副时，当然有可能阅读甚至抄录其中的《四库》提要稿，如国家图书馆善本部所藏《彭城集》四十卷，为沈叔埏抄校本，就抄录了完整的《四库》提要稿。另外，沈氏"书怀麓堂集后"中也直接引用《四库》提要稿中的内容："《怀麓堂集》提要云：……"，因此，沈氏所作的"书后"，有相当多是参考了所见到的他人所作的《四库》提要稿。当然，有的《四库》本原书可能未附有提要稿，所以沈氏录副时未见到，故沈氏所作的"书后"，有的与《四库》提要出入较大。

由于沈氏所录副的《四库》书往往不是其定本，因而存在较多的问题，如《彭城集》40卷，乾隆四十八年沈叔埏校，每卷皆有其校语。从校语可看出，沈氏所作的校勘包括文字的是正、前后顺序的调整、补入新的内容、对其中的一些文句做修正、对内容提出疑问等，其中最主要的是文字的是正，大的改动很少。如卷七"夷门城东门一首"，沈氏校：

---

① （金）王寂著、张博泉注：《辽东行部志注释》，张博泉序，哈尔滨，黑龙江人民出版社，1984。

② 另外，沈叔埏《颐彩堂文集》卷九、卷十收有多篇大典本"书后"提到从《大典》抄出，其实也是从《大典》本辑佚稿本转抄出的。这些大典本为：《郧溪集》、《灌园集》、《都官集》、《东堂集》、《斜川集》、《浮沚集》、《洪龟父集》、《蒙隐集》、《湖山集》、《香山集》、《九华集》、《北湖集》、《南湖集》、《赵文节集》《（乾道、淳熙、章泉稿）》、《灵岩集》、《鹤林集》、《自堂存稿》、《青山集》、《榘庵集》、《畏斋集》、《积斋集》、《瓢泉吟稿》、《鹅湖集》。

"疑是夷门行";卷二十四"贡举议",沈氏校:"水西家集尚有论更学校贡举法一篇,应抄附此篇之后";卷四十"设常侍郎对",沈氏校:"此篇移至卷首",等等。将此书与《四库》定本相校可看出,大多校改在《四库》定本中有体现,只有个别与《四库》定本不同。可见,沈氏所抄是存在较多问题的底本。也正因如此,沈氏据这些录副本所作的"书后",较多地保留了《四库》底本的有关情况。

沈氏所录副的《四库》书(尤其是大典本)在当时是比较多的,故有不少人借去传抄、校对,其中:为孔继涵借抄者有《守城录》2 卷、《西陲笔略》1 卷、《绍兴采石大战始末》1 卷;为鲍廷博借校的有《溪堂集》10卷、《东斋纪事》5 卷补遗 1 卷、《东堂集》10 卷、《老圃集》2 卷、《彝斋文编》4 卷、《东斋纪事》5 卷补遗 1 卷。

综上所述,《颐彩堂文集》卷八、卷九、卷十中所收的诸多"书后",并非是沈氏所拟的《四库》提要稿。它们应多为沈氏对《四库》书录副后所作的跋语,而其中一些"书后"的内容或多或少参考了《四库》提要稿。因此,沈氏的这些"书后"仍保留了较多《四库》提要稿及《四库》底本的信息,对四库学研究是颇有参考价值的。

五、法式善与大典本辑佚书

法式善,清代文学家、诗人,蒙古察哈尔正黄旗(今察右前旗)人,乌尔吉氏,原名运昌,字开文,号时帆,又号梧门。[1] 乾隆庚子(1780)进士,改庶吉士,散馆授检讨;乾隆五十九年(1794)擢为国子监祭酒。

---

① (清)法式善《存素堂文集》(影印《续修四库全书》本,上海,上海古籍出版社,1999)卷二"重修族谱序"载:"吾家先世虽繁衍,然莫详其世系。我曾祖修族谱时,惟记有元以来,历三十五世之语,而未载世居何地。相沿为蒙乌尔吉氏。法式善官学士时,高宗纯皇帝召对,询及家世,谕云:蒙乌尔吉者,统姓耳。天聪时有察哈尔蒙古来归,隶满洲都统内府正黄旗包衣,为伍尧氏,汝其裔乎? 盖蒙乌尔吉,远宗统姓,而伍尧则本支专姓也。"(清)法式善《陶庐杂录》第 3 页,翁方纲序载:"梧门姓孟氏,内府包衣,蒙古世家,原名运昌,以与关帝字音相近,诏改法式善。"

著有《清秘述闻》《槐厅载笔》《梧门诗话》《八旗诗话》《朋旧及见录》《诗龛声闻集》《陶庐杂录》《存素堂诗集》《存素堂文集》等。作为四库馆分校和提调官，法式善与《四库》大典本辑佚有着非常密切的联系，兹分述如下：

（一）法式善藏《四库》大典本录副本与稿本

法式善一生酷爱藏书、抄书，故于入四库馆后发现其中多有外间难得一见的秘本，即想方设法进行录副，据其《存素堂文集续集》"孙学斋书库记"载："迨入翰林，司《四库》书局，奇文秘册，弗忍释手，每假小吏钞之。"①《存素堂文集》卷三"存素堂书目跋"亦载："余束发嗜书，北地书值昂贵，贫士尤难力办，三十年来，一瓻一裘，悉以易书。自壬子年后，海内藏书家多以副本远贻，翰林院官书又得时时借抄。"

1. 录副的范围

法式善嗜诗如命，以诗龛题其室②，故于诗集录副尤多，据其《陶庐杂录》载："因忆文渊阁校《四库》书，所阅元人诗佳者辄录存，多《四朝诗选》、《元文类》、《宋元诗会》、《元诗体要》、《元风雅》、《元诗选》、《元诗癸集》中所未载者。"③

此外，他也抄录其他难得一见且感兴趣的《四库》书，如《存素堂文集》卷一"洞麓堂集序"载："余庚子年以庶吉士分校《四库全书》，得见明尚书尹公台《洞麓堂集》十一卷，重其人并爱其文，私欲钞藏，而迫于程限弗果。嗣全书告成，其稿本储翰林院宝善堂，余奉掌院章佳公命，清理其事，因重睹斯集，始令小吏钞存之。"从我目前掌握的材料看，法式善所录副的图书，以宋元人诗集为主。在宋元人诗集中，又以《四库》大典本为主，因为它们多为世上仅存的珍本。

2. 录副的方法

四库馆中馆臣的录副，固然有时是馆臣自己誊抄，但更多的是雇抄

---

① （清）法式善《存素堂文集》，767 页。
② （清）法式善《陶庐杂录》第 3 页，翁方纲序载："其于诗也，多蓄古今人集，阅览强记，而专为陶韦体，故以诗龛自题书室，又以陶庐为号……手不工书，而记述之富，什倍于人。"
③ 同上书，27 页。

手抄录，故当时馆臣家中活跃着众多职业抄手的身影。如《文献家通考》载："周氏(指周永年)尝至四库馆借钞书，'佣书工十人，日钞数十纸，盛夏烧灯校治，会禁借官书遂罢'。"①当时助馆臣校书的丁小雅(杰)在致桂馥的两封信中亦提到："……抄手一时难得其人，奈何？詹公有令侄，又有一胡公，向在东原先生家抄书，人甚妥当，何不向詹公说说"；"今有绍兴朱公，系二云先生同乡。二云出去，朱公手头无书写，特荐与先生试抄一二小册"。②法式善在馆中录副时，也多请抄手相助，如前述"洞麓堂集序"谈到的，法式善利用在翰林院清理图书之便利，请小吏抄得《洞麓堂集》十一卷；又如《存素堂文集》卷二"宋元人集钞存序"载："乾隆三十七年诏开《四库》书馆……法式善备员编纂，十年中三役其事，因得借稿本广付钞胥，书有关系而世罕传本，又篇叶较少，易于蒇功者，先录之。"

当《四库》馆闭馆后，法式善还曾利用这些京城职业抄手抄出《大典》中的佚书，据其《陶庐杂录》载："是年因誊写七阁书甫毕，书手闲居京师者甚多，取值特廉，余以提调院事，小吏亦有工书之人，拣《永乐大典》世所罕见而卷帙较略者，分日钞缮，受业生徒十余人亦欣然相助。"③

3. 所藏《四库》副本、稿本的数量与价值

在任职翰林院期间，法式善抄录了《四库》所收的大量大典本宋元人诗集："余既抄《江湖小集》九十五卷(旧本题宋陈起编，凡六十二家)，《江湖后集》二十四卷(宋陈起编，原本久佚，今从《永乐大典》录出。按《大典》有《前集》、有《后集》、有《续集》、有《中兴江湖集》，较世传《江湖小集》多四十七家，诗余二家，又有已见小集中而诗未载者十七家)，《两宋名贤小集》一百五十七卷(旧本题宋陈思编，元陈世隆补)，复借抄《四库》底本宋人杨亿《武夷新集》诗五卷……于石《紫岩诗选》三卷(以上

---

① 郑伟章：《文献家通考》，401 页。
② 以上分别引自王献唐辑录：《顾黄书寮杂录》，丁小雅"致桂未谷书"，第二、第七札。
③ (清)法式善：《陶庐杂录》，68 页。

五十九家，二百二十七卷，存素堂墨格纸抄）；……复借四库底本抄元人艾性夫《剩语》二卷……赵汸《东山存稿》诗一卷（以上二十二家，八十二卷，皆用存素堂墨格纸抄）。"①法式善后来将抄录的宋元人诗集汇编而为《宋元人集钞存》，共计"宋人集八十九家七百七十卷，元人集四十一家三百二十八卷，装潢为一百七十七册"②。这汇编本的一部分流传至今，现藏于国家图书馆善本部，即法式善辑《宋元人诗集》82 种、270卷。此外，法式善还抄录了其他一些《四库》书副本（主要是大典本），这些录副本大都被著录于其《存素堂书目》《诗龛藏书目录续编》中，但数量不多。

　　《四库》修成后，其底本、稿本大多集中收藏于翰林院。由于翰林院管理不善，这些《四库》底本、稿本大量地流散于外，其中有一些被法式善购得。据法式善《陶庐杂录》载："十年前，余正月游厂，于庙市书摊买宋明《实录》一大捆……又得宋元人各集，皆《永乐大典》中散篇采入《四库》书者，宋集三十二种，元集二十三种，统计八百二十三卷……书写不工，似未及校对之本。余维物少见珍，什袭藏之。有人许易二千金，靳弗予也。"③法式善所购得的这批书均为《四库》大典本稿本，盖有其"诗龛藏书印"。后来，这批书归了樊增祥，据傅增湘《藏园群书题记》"校四库馆钞本双溪醉隐集跋"载："岁在丁卯，偶谒樊云门前辈，言箧中有宋、元人集百许册，皆乾隆时写本，为法梧门诗龛故物。因请观之，凡宋人三十二家，元人二十三家，咸由《大典》辑出，即《陶庐杂录》所记得诸庙市四库馆之副本也。"④此外，《涉斋集》（即《许深甫集》）一书，亦曾流入翁同龢（叔平）之手，据孙衣言"跋翁叔平庶子所藏写本许

---

①　(清)法式善：《陶庐杂录》，67～68 页。
②　(清)法式善：《存素堂文集》卷二"宋元人集钞存序"。
③　(清)法式善：《陶庐杂录》，62 页。
④　傅增湘：《藏园群书题记》，785 页。另可参见傅增湘《藏园群书经眼录》第 1311 页，"双溪醉隐集八卷"载："清写本。法式善旧藏，即《陶庐杂录》中所记之得诸庙市四库馆副本也。樊樊山老人增祥藏。"

深甫集后"载："……庶子以此集见示，盖法时帆祭酒诗龛所藏四库副本。"①不过，非常幸运的是，法式善的这批书，现大多数藏于国家图书馆善本部。

由于藏于翰林院的《四库》底本、稿本在嘉庆以后流散颇为严重，而法式善曾负责整理过这批图书，并且在朝廷开全唐文馆期间利用过大量的翰林院藏书，其个人亦收藏有大量的《四库》稿本，因而有人认为他有监守自盗之嫌。据赵万里《重整范氏天一阁藏书记略》载："《四库全书》完成后，库本所据之底本，并未归还范氏，仍旧藏在翰林院里。日久为翰林学士拿回家去的，为数不少。前有法梧门，后有钱犀庵，都是不告而取的健者。辗转流入厂肆，为公私藏书家收得。我见过的此类天一阁书，约有五十余种。"②伦明《辛亥以来藏书纪事诗》"樊增祥"载："恩施樊樊山增祥，未殁前，旧藏抄本宋元人诗集数十册散出，盖《永乐大典》辑佚原本，法梧门祭酒旧藏也。据以校《双溪醉隐》诸刻本，补正甚多。傅沅叔云：'梧门在翰林日，每占院中书为己有，而易首二页，以泯其迹。'余所见此书外，尚有明抄本《识大编》亦如此。"傅增湘《藏园群书经眼录》"元音十二卷"条载："此书旧为翰林院所藏，盖当日《四库》发还之书留于院中者也。卷首有浙江巡抚三宝采进朱记可证。昔时翰林前辈充清秘堂差者得观藏书，然往往私携官书出。泰州钱犀庵在馆最久，精于鉴别，故所携多善本。宣统庚戌津估张兰亭至泰州，在钱氏家中捆载十余箧以还，其中钤院印者十有九。"③但是，如果这些大典本是法氏窃得，何以他会在自己的著述中详细披露所得呢？因此，关于法氏窃书之事还可以再考。

法式善所藏的《四库》大典本录副本、稿本均有很重要的价值，关于这一点，傅增湘在其《藏园群书题记》中有明确的论述，如"雪山集残本

---

① 《涉斋集》十八卷，清乾隆翰林院抄本，收于《宋集珍本丛刊》（四川大学古籍整理研究所编，北京，线装书局，2004）第61册。

② 赵万里：《重整范氏天一阁藏书记略》，载《国立北平图书馆馆刊》，第8卷第1号，1934-02。

③ 傅增湘：《藏园群书经眼录》，1540页。

跋"载："余尝谓《大典》辑出之书要以得馆中初编本为贵，缘尚未经馆臣之笔削，则去古犹未远耳。余昔年曾获见法梧门藏宋、元人集四十种，皆馆中初钞本，偶取勘数帙，知其胜于聚珍版本者实多。""校四库馆钞本双溪醉隐集跋"载："余尝谓凡《大典》辑录之书，往往明知其缪紊，而苦无旧本可资校正。然旧本既不可得，傥得初辑底本，则寻绎文字，恒胜于武英之聚珍、文渊所著录。盖以其未经馆臣之更订，写官之传讹，去古未远，面目犹未全失。余频年所校，如《旧五代史》、《雪山集》、《山房集》、《敝帚稿略》等，皆补正不少，斯亦可以推见矣。"①所以，法式善所藏的《四库》大典本稿本，不仅可以校正定本文字，补充所删各篇，而且，有的稿本还收有《四库》提要稿，可以与《四库总目》提要及《四库》书前提要相参证，是我们研究《四库》提要稿撰写与删改过程的重要资料。

（二）法式善补辑《四库》大典本

嘉庆十三年(1808)，朝廷于翰林院开设全唐文馆修《全唐文》，法式善被任命为总纂官。法式善利用入馆修书之便，从《永乐大典》等书中补辑出了四库馆臣未辑出的大量佚书佚文。

由于《永乐大典》所收唐人文献不多，而且四库馆臣辑佚大典本时也不注重对唐人文献的辑佚，故使得《四库》在唐人文献收集方面存在诸多不足。法式善利用纂修《全唐文》的机会，尽了相当大的努力来弥补这些不足。例如，据《存素堂文集续集》"校永乐大典记"载："此书(指《永乐大典》)发凡起例，实未美善，而宋元以后书固已搜罗大备，世间未见之鸿文秘笈赖此而存。惜唐隋以前书仍寥寥耳。然余披检唐人之文，如张燕公、陈子昂……行世本外，各有增益者数十篇，少者亦五六篇，其不习见于世之人，盖往往而有之也。""校全唐文记"载："嘉庆十三年十月，奉诏补辑纂校，善获奔走，爰从诸君子后，阅《四库全书》若干部，天下府厅州县志书若干部，金石碑版文字若干纸，而又阅《永乐大典》二万

---

① 以上分别引自傅增湘：《藏园群书题记》，731、785～786 页。

卷，《释藏》八千二百卷，《道藏》四千六百卷，然后补入若干。"①《陶庐杂录》载："余纂唐文，于《永乐大典》暨各州县志内采录，皆世所未见之篇，而纂《四库》时，唐贤各集，实未补入，如王勃、杨炯……凡五十五家，《全书》皆已著录，而原集漏略，今一一补载。其李百药、长孙无忌、魏徵、苏颋、孙逖、常衮、梁肃、令狐楚、符载九家，《全书》未著录，见于内府《全唐文》原本，今采各书补载，亦复不少，余别录为书。"②从上述可看出，依据《永乐大典》等材料，法式善不但对《四库》著录的唐人文献进行补辑，而且对《四库》未著录的唐人文献也作了辑录。

此外，法式善对唐人文献之外的《四库》书也做了一些补辑。例如，苏过《斜川集》虽被《四库》馆臣从《大典》中辑出，但未能收入《四库》中。法式善偶检《永乐大典》，发现有苏过《志隐》等篇，为大典本《斜川集》（乾隆赵怀玉刻本）失收，遂复作辑佚，搜得《斜川集》遗诗53首、文15篇，编成《补遗》2卷。不久，他又得苏过《讼风伯》等零星诗作9首、文4篇，编为《续抄》1卷。③法式善还补辑了《尤延之集》及《辛稼轩诗文集》，据其《陶庐杂录》载："南宋大家尤、杨、范、陆，惟尤延之集，世无行本。尤西堂所辑《梁溪遗稿》，诗四十三首，文二十五篇，亦采自诗文选本及志乘诸书。《永乐大典》各韵，时时遇之。余录成帙，付孙编修平叔。平叔意欲刻行，延之盖其乡前辈也"；"辛稼轩诗文集，世无行本，汲古阁刻其词四卷，今收《四库》书中，余采自《永乐大典》诗文，各体俱备，篇幅寥寥耳。奏议文散见于各韵，世传《美芹十论》，即在其中。词多汲古阁所遗，零金碎玉，深足宝贵"。④此外，据《法式善藏名人手札》中所收孙星衍致法式善书云："阅《永乐大典》，如将《百名家》未载之文录出一编，并有未载之人，如……之类，合之《宏明集》、《广宏

---

① 以上分别引自（清）法式善：《存素堂文集续集》，754～755页。又可参见（清）阮元编《梧门先生年谱》（清嘉庆二十一年刻本）载："嘉庆十三年，官庶子……赴馆阅《永乐大典》六千余卷。七月，赴万善殿阅《释藏》一千五百余种，八千二百余卷。十一月，赴大高殿阅《道藏》一千三百余种，四千六百余卷，皆以补唐文所未采也。"

② （清）法式善：《陶庐杂录》，63～64页。

③ 王岚：《宋人文集编刻流传丛考》，271页，南京，江苏古籍出版社，2001。

④ （清）法式善：《陶庐杂录》，64页。

明集》、唐人之类书，汇为《补百名家集》……国家既辑《全唐文》，似宜并辑汉魏六朝诗文全集，亦文章大观也。"①可知，孙星衍还曾劝法式善辑录唐以前之诗文。不过，从我目前所掌握的材料看，法式善似乎并未接受孙氏的建议。

法式善对所抄录的秘书，常常自己或请人进行细致的校勘、考订，有的很快就被刊刻以传播。例如，前述的《斜川集》，法式善将其补辑出后，交与赵怀玉校订付梓，而且谈了自己对此书作者的意见："《斜川集补遗续编》，承校订付梓，甚慰鄙怀……弟前函有未述及者，考《宋史》本传、宋元人铭志纪传，苏过字叔党，自号斜川居士，无一字属之迈也。前年在文馆校《永乐大典》一万卷零，朱书大字标题几千处，皆曰苏迈《斜川集》，不曰苏过。其曰苏过者，仅二处耳。倘是误字，岂当日缮录之员如此讹舛，纂辑之臣如此草率，上进宸览，毫无鉴察，历数百年而未闻清议？真不可解矣。质诸同人，殊莫能辨。求足下博稽载籍，精核而详说之，感切不尽"；"《永乐大典》，宋人著录为备，余采苏叔党诗文，而补赵味辛所刻《斜川集》之遗漏。惟《永乐大典》中《斜川集》系以苏迈。按：迈字伯达，坡公长子。过字叔党，坡公季子。世称《斜川集》为过作，而不曰迈，史传亦然，岂有误与"。②

法式善一生交游广泛，著作等身，藏书丰富，学术成就突出。不过，目前学界对他的研究多局限于其《梧门诗话》，而他的其他多种著作（如稿本《朋旧及见录》、《诗龛声闻集》）及所抄、藏的大量《四库》大典本录副本与稿本，一直以来都没有受到学界的关注，遑论研究与利用。这对法式善来说是不公平的。

---

① 《法式善藏名人手札》，清稿本，现藏国家图书馆古籍部。
② 以上分别引自（清）法式善：《存素堂文集续集》，"复赵味辛书"，764 页；（清）法式善：《陶庐杂录》，64 页。

第六章 《永乐大典》与方志

一、《永乐大典》与大典本永乐志

《永乐大典》是明永乐初年官修的一部大类书，全书 22877 卷[①]，目录 60 卷，11095 册。《永乐大典》的修纂开始于永乐元年（1403）七月[②]，永乐六年（1408）正式修成，保存了明代以前大量的文献资料。据全祖望《鲒埼亭集外编》卷十七"钞永乐大典记"称："若一切所引书皆出文渊阁储藏本，自万历重修书目，已仅有十之一。"可知万历重修《内阁藏书目》时，《永乐大典》所收之书，已仅有十分之一。再从万历至今，历经天灾人祸，亡佚的典籍就更多了。因此《四库全书总目提要·文渊阁书目》指出："今以《永乐大典》对勘，其所收之书，世无传本者，往往见于此目，亦可知其储庋之富。"[③]正因如此，《永乐大典》成了后人辑佚明以前典籍的渊薮。尽管目前《大典》只剩残本 800 余卷[④]，但其辑佚的价值仍不低，还有很多学者利用其进行辑佚，并取得了不少成绩，如刘纬毅《汉

---

① 关于《大典》卷数，有几种不同说法，如《明太宗实录》卷七十三作二万二千二百一十一卷，（清）张廷玉等《明史·艺文志》作二万二千九百卷，（清）永瑢、纪昀主编《四库全书总目提要·永乐大典》作二万二千八百七十七卷，目录六十卷，合计为二万二千九百三十七卷（明成祖《永乐大典》序中提及此数）。

② 《明太宗实录》卷二十一，393 页。

③ （清）永瑢、纪昀主编：《四库全书总目提要》，448 页。

④ 《永乐大典》（北京，中华书局，1986）共收入 797 卷。加上仍存世的其他残卷，当在 800 卷以上。

唐方志辑佚》和李裕民《山西古方志辑佚》等。自《大典》辑出的佚书，我们习惯上称为大典本辑佚书（或简称大典本）。历史上，大典本辑佚书数以百计，是中华典籍中非常有特色的一部分内容。不过，由于种种原因，大典本辑佚书存在着不少问题，这些问题如果不很好地加以解决，就会直接影响到我们对大典本的正确认识和利用。因此，陈智超先生花了十多年时间，从《宋会要辑稿》入手探讨《大典》及其辑佚书的关系，解开了不少历史上的难解之谜。[①] 这无疑是一个成功的尝试。事实上，有关《大典》及其辑佚书的研究目前还远未能让人满意，还有很多问题仍待解决。这里重点谈谈大典本方志中的一些问题。

（一）前人所辑大典本方志

在清代，较早利用《永乐大典》进行辑佚的是李绂和全祖望。雍正末年，全祖望通过李绂的关系阅读到藏于翰林院的《永乐大典》，发现其中许多是"世所未见之书"，"或可补人间之缺本，或可以正后世之伪书……不可谓非宇宙之鸿宝也"，于是，他们开始了辑佚工作。他们订出辑佚凡例，规定有传本者不辑；即使无传本但"不关大义者"亦不辑；哀辑范围主要是经、史、志乘、氏族、艺文五方面的"其所欲见而不可得者"。[②] 乾隆二年（1737），全祖望辞官回乡，辑佚工作于是也就告辍。这次辑佚共辑得14种书，其中只有一种为方志（即《（永乐）宁波府志》），而绝大部分为全氏认为有关大义的经部书，这与全氏的研究旨趣与时间仓促有很大的关系。至于匆忙之中仍辑得《（永乐）宁波府志》，这是因为：第一，作为宁波人的他一直十分关注收集家乡文献。《鲒埼亭集外编》中收有多篇与人探讨宁波新旧志的文章，可见其关心家乡志书。[③] 第二，他收藏的家乡志书也很多，独缺永乐志："吾乡志书其为吾家所藏者自宋以下无一不备，所少者永乐志耳。"[④]因而他也就特别留心《（永

---

① 陈智超：《解开〈宋会要〉之谜》，北京，中国社会科学出版社，1995。
② （清）全祖望著，朱铸禹汇校集注：《全祖望集汇校集注·鲒埼亭集外编》卷十七，"钞永乐大典记"，1070～1072 页。
③ 参见同上书，卷二十四、卷三十五、卷四十七所收有关文章。
④ 同上书，卷二十四"永乐宁波府志题词"，1204 页。

乐)宁波府志》的存佚。当其辑得此永乐志时，高兴之情溢于言表："四明志乘，以吾家为最备，自胡尚书宝庆志、吴丞相天庆志、袁学士延祐志、王总管至正志、季(李)孝廉永乐志、杨教授成化志、张尚书嘉靖志，无一佚失，足以豪矣。"①第三，从其所订辑佚原则来看，世无传本的志乘显然是其十分关注的一个方面："宋元图经旧本，近日全者寥寥，明中叶以后所编，则皆未见古人之书而妄为之；今求之《大典》，厘然具在。"②因而，倘假以时日，全氏也许会辑出更多的方志。全氏辑《大典》佚书，开创了清人风起辑《大典》佚书的先河，但其指明的从《大典》辑永乐志的方向，后继者寥寥，这是十分可惜的。

清乾隆中期开四库馆时，安徽学政朱筠奏请择《永乐大典》中"古书完者若干部，分别缮写，各自为书，以备著录"③，得到大学士于敏中的支持。先后参与辑佚的四库馆臣有戴震、邵晋涵、周永年等著名学者三十余人。四库馆共辑出经部 70 种、史部 41 种、子部 102 种、集部 175 种，总计 388 种。从中可看出，对《永乐大典》的辑佚，其重点在集部书。这与当时参与辑佚的学者们的学术旨趣有很大关系。但在 41 种史部书中，竟然并无一部是真正意义上的方志。不过，未收入《四库全书》而被认为是四库馆臣所辑的大典本中，倒有几种是非常珍贵的宋元旧志：《(嘉泰)吴兴志》、《(嘉定)镇江志》、《(至顺)镇江志》。④因此，馆臣对宋元方志的辑佚，也并非一无是处。

四库馆闭馆之后，学者对《永乐大典》的辑佚仍陆陆续续地进行，尽管规模没有《四库》开馆时那么大，但辑旧方志方面的成绩较之《四库》开馆时为大，如徐松辑《河南志》，胡敬辑《(淳祐)临安志》，文廷式辑《寿昌乘》，李文田辑《(永乐)广州府志》，缪荃孙辑《(永乐)顺天府志》、

---

① （清）全祖望著，朱铸禹汇校集注：《全祖望集汇校集注·鲒埼亭集外编》卷三十五，"跋乾道四明图经"，1477 页。

② 同上书，卷十七"钞永乐大典记"，1070～1072 页。

③ （清）朱筠：《笥河文集》，《丛书集成初编》本，卷一"请陈管见开馆校书折子"，3 页，北京，中华书局，1985。

④ 参见曹书杰：《中国古籍辑佚学论稿》，142 页。

《(永乐)泸州志》等。

民国时期辑佚大典本方志的学者，有赵万里、张国淦等。赵万里辑有《析津志》等，而张国淦所辑有数百种之多，但原稿下落不详。我们只能据其所著《中国古方志考》知其所辑内容较零碎，且很多为非严格意义上的方志。

随着《永乐大典》残本影印出版，较多人得以利用这一宝库，在辑佚古方志方面取得了一些成绩。如北京图书馆善本部在赵万里辑稿的基础上整理的《析津志辑佚》，李裕民所辑的《山西古方志辑佚》(所辑种类较多，但内容太零碎，只有如《(洪武)太原府志》、《(洪武)辽州志》较完整)，陈香白辑《(永乐)潮州图经志辑稿》9 卷等。

综上所述，前人所辑大典本方志可列表 6-1 如下[①]：

表 6-1　大典本方志表

编号	书　　名	卷数	纂修者	辑佚者	存佚	《大典》出处
1	《(永乐)宁波府志》	不　详	明纪宗德、李孝谦	全祖望	佚	卷五七二三至卷五七三五
2	《(嘉泰)吴兴志》	20 卷	宋谈钥	四库馆臣	存	卷二二七五至卷二二九二
3	大典本《维阳志》	不　详	宋佚名	阮元	佚	不　详
4	《(嘉定)镇江志》	22 卷	宋卢宪	四库馆臣	存	卷六六六四至卷六六八八
5	《(至顺)镇江志》	21 卷	元俞希鲁	四库馆臣	存	同　上
6	《河南志》	4　卷	元佚名	徐　松	存	卷九五七八、卷九五七九
7	《(淳祐)临安志》	8　卷	宋陈仁玉等	胡　敬	存	卷七五五二至卷七六〇五

---

　　① 本表所列不包括地志、风土记等，也不包括一些内容太零碎的辑佚方志。另外，本表也没有包括近年的大典本方志辑佚成果，如马蓉等点校：《永乐大典方志辑佚》，北京，中华书局，2004。

编号	书　名	卷数	纂修者	辑佚者	存 佚	《大典》出处
8	《寿昌乘》	不分卷	佚　名	文廷式	存	卷六二七三至卷六二七四
9	《(永乐)广州府志》	3 卷	明佚名	李文田	存	卷一一九〇五至卷一一九〇七
10	《(永乐)顺天府志》	8 卷	明佚名	缪荃孙	存	卷四六五〇至卷四六五七
11	《(永乐)泸州志》	2 卷	明佚名	缪荃孙	存	卷二二一七至卷二二一八
12	《析津志》	不分卷	元熊梦祥	北图善本部	存	卷四六五〇至卷四六五七
13	《(洪武)太原府志》	不分卷	明佚名	李裕民	存	卷五一九九至卷五二〇五
14	《(洪武)辽州志》	不分卷	明佚名	李裕民	存	卷五二四五
15	《(永乐)潮州图经志辑稿》	9 卷	明佚名	陈香白	存	卷五三四三、卷五三四五

(二)《永乐大典》是否收有永乐方志

据表 6-1 统计得出：宋志 5 部，元志 3 部，明志 7 部。值得注意的是，明志中有永乐志 5 部。由于《大典》是在永乐初年非常短的时间内编成的，而这段时间中，到目前为止未发现当时朝廷曾下令全国修志的可靠材料，而现存的方志中又恰恰缺少永乐初年(永乐六年以前)的志书①，因而有学者怀疑《大典》是否录入了永乐志，如黄燕生先生《〈永乐大典·顺天府〉拾遗》②和姜纬堂先生《辨缪钞〈顺天府志〉的来历》③均认

①　现存仅有修于永乐二年的《政和县志》，收入方宝川、陈旭东主编：《福建师范大学图书馆藏稀见方志丛刊》第 19 册，北京，北京图书馆出版社，2008。
②　黄燕生：《〈永乐大典·顺天府〉拾遗》，载《文献》，1996(1)。
③　姜纬堂：《辨缪钞〈顺天府志〉的来历》，载《文史》第 32 辑，1990。

为《大典》不可能录入永乐方志的内容。为了解决《大典》是否录入永乐志这个问题，我认为应从三个方面入手进行分析：首先，《大典》是否收有永乐时事；其次，倘有永乐时事，这些内容是否出自当时所修的永乐志；最后，永乐初年（永乐五年以前）有没有可能编有永乐志。

《大典》中收载有永乐时事是千真万确的，并且绝非偶然现象。现存《大典》一些府州名下中仍载有永乐时事，如《永乐大典》卷二二七七"湖州府三"户口条记载永乐时府及属县人口数；卷二二三九"梧州州府"田赋条下载永乐元年官民田地山塘数；卷五二○一"太原府""田赋"条亦载永乐元年税粮数。

大典本方志也反映出这方面的情况，如《（永乐）泸州志》卷一"户口"："（江安县）永乐实在人户二千八百一十四户。……（合江县）永乐实在人户一千六十三户。"卷二"田粮"亦载有永乐时的官民田数。《（永乐）广州府志》原文多记洪武间事，其中"户口"载："永乐元年人户，一十九万五千二百五十一户。"《（永乐）潮州图经志辑稿》"田赋"条下载有永乐元年（1403）官民田地山塘数。可见，上述三种永乐志均明确收有永乐时事。至于全祖望所辑《（永乐）宁波府志》，因其原书与《大典》"宁波府"均已佚失，无从考究。但从常理推之，全氏所藏宁波志中独缺永乐志，辑《大典》时看到此书，断为《（永乐）宁波志》，应不会有错。推测此书中亦应载有永乐内容。

不但大典本永乐志收有永乐时事，而且大典本宋元志由于误辑的原因，亦收有永乐时事。宋《（嘉定）镇江志》、元《（至顺）镇江志》均辑自《大典》"镇江府"，两志原辑本均有一部分关于永乐时期的内容（如镇江府及属下各县永乐三年[1405]官民田数），后来校勘者将其移置于两志附录。《（嘉定）镇江志》所附"校勘记"对这种误辑做了解释："明时事，不但嘉定志不应载，即至顺志亦不应载，而钞本二志内均有明时之事，故严氏元照以为当删。今考《（乾隆）镇江府志》载丁元吉成化志序云，永乐中，先伯考兰室先生续修之；又卷三十七儒林门云，丁礼，字思敬，丹徒人，以耆年辟知南阳府，所著有郡志、《三余集》、《兰室吟稿》。据此，则《（永乐）镇江志》乃丁礼之所撰也。钞本此段述明朝事，一叶中四言永乐三年分，则丁氏之撰志必在永乐三年矣。据《十驾斋养新录》，《永乐大典》成于永乐五年，疑嘉定、至顺、永乐三志皆在《大典》之中，后人钞嘉定、至顺志者，误收入永乐志数条耳。"①校勘者认为《大典》中所载的永乐时事，就是出自永乐志。

由于目前我们所看到的《大典》中永乐时事均为户口田赋数，那么，这些代表永乐时事的户口田赋数是不是抄自档案黄册，而非各地志书呢？我认为这种可能性是不存在的。首先，到目前为止，我们发现《大典》所引书均为现成之书，并未有引档案黄册的情况。其次，《大典》所引书均用朱笔标明，十分清楚。我对《大典》及大典本方志出现的每条永乐时事做了查考，发现这些内容均出自各该府州的志书。倘若是引自档案黄册，《大典》也会标明出处，不可能所有我们现在见到的《大典》有关永乐时事，均不注明为引自档案黄册。最后，《大典》中并不是所有府州中均有永乐时事，这恰恰说明这些永乐时事是出于永乐志而非档案黄册。因为黄册是每十年全国范围内按规定编造的，如果《大典》中的永乐时事是出自黄册，那么《大典》所有的府州中均应有永乐时事，而不是现在所见到的只有一部分《大典》府州名下有永乐时事。

至于《大典》所收永乐时事只是户口田赋数，这主要是因为永乐初年新修的志书不可能收入太多永乐年间的内容。

那么，当时是否进行过大规模的全国性修志呢？也就是说，当时在短时间内是否有可能出现永乐志？对这一问题作出最直接解释的是清初全祖望："成祖诏天下府州县皆修志书。时方修《永乐大典》，天下之志皆入焉。诸书皆以为（《（永乐）宁波府志》）十七年所修，考《永乐大典》成于永乐六年，则志之修亦在六年以前也。书专为《大典》而作，既贡书局，未尝付梓，故今天下之传永乐志者最少。"②全氏还认为《（永乐）宁波府志》的作者为纪宗德、李孝谦，今查《（嘉靖）宁波府志》卷三十八"列

① 中华书局编辑部编：《宋元方志丛刊》第3册，2575页，北京，中华书局，1990。
② （清）全祖望著，朱铸禹汇校集注：《全祖望集汇校集注·鲒埼亭集外编》卷二十四，"永乐宁波府志题词"，1204页。

传·隐逸"载："纪宗德……尤习国家典故，永乐中与修郡邑通志……于时有陈孟颙、李孝谦……皆高士，相与游从。"另外，全氏《鲒埼亭集外编》卷二十四"四明文献录题词"亦云："其后李处士孝谦预修永乐宁波府志毕。"①依据全氏之言，永乐帝为修《永乐大典》，曾诏令天下府州县皆修志书，以采入《永乐大典》中。对于全氏之言，目前还未找到更可靠的佐证，所以不敢肯定其所言必为事实。但永乐三年(1405)前各地应修有一些永乐志，这是肯定的，如现存的《(永乐)政和县志》即修于永乐二年。而且这些志书是有可能被录入《大典》的。《明太宗实录》卷三十六载："上览所进书向多未备，遂命重修。"重修《大典》始于永乐三年，而这所进的"向多未备"之书显然是指新近贡入书局的典籍，当修于永乐三年以前。从目前方志采入的永乐时事均为永乐三年以前的这一现象可推知，这些新进之书应有一部分为永乐三年以前修的永乐志。而从《大典》普遍采入《诸司职掌》(洪武二十六年，1393)、《大明清类天文分野书》(洪武十七年，1384)来看，始修于永乐元年的《大典》是十分重视对新书的引用的。因此，修成于永乐六年(1408)的《大典》，其收入永乐初年方志内容是完全有可能的。

综上所述，我认为《大典》录入了永乐志。不过，由于材料有限，我们难以统计出《大典》曾录入多少种永乐志。现存《大典》各府州部分有：湖州府、梧州府、苏州府、太原府、潮州府、长沙府、九江府、杭州府、汀州府、绍兴府、南宁府、衡州府、河南府、抚州府、南雄府、辽州、广州府、泸州，其中载有永乐时事的有湖州府、梧州府、太原府、潮州府、广州府、泸州。从这个比例来看并不高。但是，由于各府州残佚的情况不一，这样得出的比例数显然不够准确。如前所述，因为永乐时事集中于户口田赋数上，我们如果将《大典》中包含有户口田赋数的各府州单列出来：湖州府、梧州府、太原府、潮州府、汀州府、辽州、广州府、泸州，就会发现其中载有永乐时事的府州比例高达四分之三。从

---

① 又据张寿镛《约园杂著三编》，民国三十四年(1945)印本，卷二十四"《四明郡志》跋"云："永乐府志，邑人纪宗德、李孝谦同修，未付梓，故天下莫之传，独全谢山见之耳。"

这个意义上来看，录入永乐方志的《大典》府州应该是相当多的。由此我们也可以推知，当时修成的永乐志是不少的。

(三)《大典》府州体例内容分析①

《大典》中收有永乐志内容，说明我们可以通过辑佚的方法从《大典》中辑出永乐志。但是，上表中所列四种大典本永乐志［全祖望辑《(永乐)宁波府志》已佚］中，除《(永乐)潮州图经志辑稿》外，《(永乐)泸州志》、《(永乐)广州府志》、《(永乐)顺天府志》均为照录大典各该府州原文而成。事实上，从《大典》的编修凡例看，《大典》各府州部分不太可能为照录一种志书而成。那么，这三种照录《大典》各府州内容而成的大典本是否可视为永乐志呢？这需要我们对《大典》各府州体例和内容做深入的分析。

首先，《大典》各府州内容基本上是依循方志的纂修体例进行编排的。《大典》对各府州"事目"编修有明确的规定，其凡例称："古今郡县历代沿革不同，今悉以国朝所立州郡之名为正，仍参历代图志、地理诸书，凡古今沿革、城郭山川、风俗土产、纪咏辨证，无不备载。"《大典》各府州正是依据这个凡例编纂的，如《大典·泸州》类目为：图、建置沿革、分野、至到、城池、坊巷街道、乡都、风俗形胜、户口、田粮、土产、山川、宫室、官制、公署、仓库务、驿道、寨道、兵防、古迹、名宦、人物、仙释、列女、文章；《大典·湖州府》类目为：图、建置沿革、分野、至到、城池、乡里、桥梁、渡堰陂塘、风俗形胜、户口、田赋、物产、土贡、山川、宫室、祠庙、寺观、坛遗、官制、公廨、管镇、学校、军营、坟墓、宦迹、著姓、烈妇、释道、碑碣、文章；《大典·太原府》类目为：图、建置沿革、至到、城池、风俗形胜、户口、田赋、土产、土贡、坎野、山川、祠庙、寺观、宫室、坛遗、官制、公署、兵防、古迹、宦迹、人物；《大典·梧州府》类目为：图、建置沿革、疆理、城池、风俗形胜、户口、田赋、土产、山川、宫室、坛遗、官制、公署、学校、兵防、古迹、宦迹、人物、文章、祥异。我们可以

---

① 黄燕生先生对《永乐大典》征引方志的情况有详细深入的论述。参见黄燕生：《〈永乐大典〉征引方志考述》，见中国国家图书馆编：《永乐大典》编纂 600 周年国际研讨会论文集》。

拿这些类目与永乐十年(1412)和十六年(1418)颁布的《修志凡例》加以比较，永乐十年《修志凡例》规定的类目为：建置沿革、分野、疆域、城池、里至、山川、坊廓、乡镇、土产、贡赋、风俗、形势、户口、学校、军卫、廨舍、寺观、祠庙、桥梁、宦绩、人物、仙释、杂志、诗文二十四类(永乐十六年的《修志凡例》与此大体一致)。除有些称谓不一(如里至与至到，形胜与形势，公署与公廨，文章与诗文，军营与军卫，等等)外，其类目是大致相同的。由于《大典》修成后，其中的主修者随后又主持了"(永乐)天下郡县志"的编修，而永乐十年、十六年推出的修志凡例是为编修"天下郡县志"服务的，由此看来，这两个凡例很有可能是参考《大典》各府州的编修原则作出的。也就是说，《大典》各府州内容很大程度上是后来天下郡县修志的范式。

其次，《大典》各府州内容主要是取材于方志，即将各种相关旧志、地理书等内容按不同的类目进行了重新的编排。方志的编修，一般是先引旧志，然后补充新内容。《大典》各府州在每类目下，基本上也是先引前志相关的内容，从古及今，如唐志、宋志、元志；然后再记述明初之事。这种做法可以说是完全依循修志的格式。尽管由于主观(有所顾忌)、客观(当时全国修成的志书并不太多)原因的影响，补充永乐时事方面做得并不充分，但《大典》各府州均收载有大量洪武时事。不但各府州基本都收洪武各地方志内容，而且也普遍收有成书于洪武十七年的《大明清类天文分野书》和成书于洪武二十六年的《诸司职掌》的相关内容，可见《大典》对当世内容的重视。这也体现了方志"详今略古"的原则。

最后，一直以来，许多人认为《大典》只是抄录现成之书，不改一字①。然而，如果对《大典》作细致的考察，就会发现这一认识显然是错误的。陈智超先生长期致力于大典本《宋会要》与《旧五代史》的研究，他

---

① 姜纬堂认为《大典》"其内容是将古今各种文献，分门别类，汇总于一书，故编者不著一语，惟以钞引成文为务"。参见姜纬堂：《辨缪钞〈顺天府志〉的来历》，载《文史》第 32 辑，1990。

非常明确地指出："过去普遍认为《永乐大典》和《册府元龟》照例不改原文，经过我大量查证，发现并非绝对如此，《大典》和《册府》的编者因本书体例的要求，有时会对所引书删节或改动。"①陈先生的说法是非常有道理的。《大典》对所引书的改动包括两个方面：一是改书名，主要是省称，如《（洪武）吴兴续志》省称为《国朝〈续志〉》"，《太原府志》省称《太原志》，《广州府郡县志》省称《广州府志》等。书名的改动在《大典》中很普遍，其造成的同书异名现象给后人在辑佚方面带来了很大的麻烦，从而产生漏辑或误辑，如学者对潮州府旧志辑佚的认识就有很大分歧②；另外也给编订《大典》征引书目带来很大麻烦，如栾明贵《永乐大典索引》往往将同一书误分为两种乃至数种书。二是改引文，如《大典》在引《（嘉泰）吴兴志》时，经常出现"宋朝"字样，既然是宋志，则不可能称"宋朝"，当为录入者改动所致，如卷二十"土贡"载："宋朝太平兴国三年，贡乳柑。""宋太平兴国三年……"；卷十八"碑碣"载："宋重建县学记"。又如，《析津志》为元人著述，而大典本《析津志》中"名宦"载有："王百一……元朝有翰林国史院，公为开府也。"元人之书何以直呼"元朝"？显为《大典》录入时所改。同样的例子还出现在大典本《河南志》《镇江志》中，以至于后人产生《河南志》究竟是元志还是宋志，宋《（嘉定）镇江志》何以有元《（至顺）镇江志》的内容，元《（至顺）镇江志》何以有宋《（嘉定）镇江志》的内容等疑问。后来的一些辑佚者为了恢复原貌，往往又将《大典》所作的改动改了回来，如将宋志中的"宋朝"改为"本朝""国朝"，元志中的"元朝"改为"本朝""国朝"等。因此，《大典》往往会对辑入的旧志内容作些改动（尽管并不多），但从改写这个意义上来说，将《大典》各府州内容，视为永乐志是有一定道理的。

依据上面的分析，我认为，《大典》各府州内容是依志书体例进行编

---

① 《〈旧五代史〉辑本之检讨与重新整理之构想》，载《史学史研究》，1999(4)。另可参见陈智超：《解开〈宋会要〉之谜》，此书举了不少例子说明改动情况，如《宋会要》在《大典》中就有多种名称。

② 参见陈香白：《潮州三阳图志辑稿》，广州，中山大学出版社，1989；饶宗颐：《饶宗颐潮汕地方史论集》，汕头，汕头大学出版社，1996。

纂的，而且是对旧志内容进行了重新编排（即将旧志内容编于各类目之下），还对旧志的内容做了一定程度的修改。既然其体例内容是志书的体例内容，其编纂时间又在永乐时期，因此，将《永乐大典》各府州名下的内容视为方志（永乐志），是有一定道理的。台湾《中国地方志丛书》就将《大典·湖州府》《大典·杭州府》现存部分当方志照录出来，分别称为《湖州府志》《杭州府志》而收入其中。不过，从实际情况来看，《大典》各府州只是类书的一个组成部分，它们原本并不是作为独立的方志来编的，它们也毕竟不是真正意义上的方志，倘若我们将《大典》府州内容视为方志（永乐志），那么势必会与当时各地编修的方志相混淆，给后来的研究者带来误导，以为它们就是当时各地编成的方志。因此，为了避免与真正意义上的方志相混，我认为应该将大典本《（永乐）泸州志》《（永乐）广州府志》《（永乐）顺天府志》改称为《大典·泸州》《大典·广州府》《大典·顺天府》。[①]

（四）探讨《永乐大典》与永乐方志关系的意义

通过上文对《永乐大典》与永乐方志关系的分析，使我们认识到：一是《大典》各府州内容中收有不少永乐志；二是尽管不能称直录《大典》各府州的内容为方志（永乐志），但《大典》各府州内容在性质上如同方志，它们完全可以作为明初（洪武、永乐）方志的一种补充形式。明确这两点认识，将有助于我们进一步探索《大典》残本的利用价值。

1. 重新认识明初方志数。据《明代方志纂修述略》统计，明初方志中洪武55种、永乐64种。[②] 但是，《大典》所显示出来的洪武志、永乐志显然不止这些。首先，《大典》中收有不少的永乐志。现存《大典》一些府州名下所载有关永乐时事，其采自当时的永乐志无疑。尽管当时由于这样那样的原因，并非全国各府州均修成志书，但其数量是绝不能低估的。另外，《大典》还收有大量的洪武志，如《（洪武）辽州志》《（洪武）杭

---

① 姜纬堂在前引《辨缪钞〈顺天府志〉的来历》一文中即认为，应将《（永乐）顺天府志》改称为《永乐大典·顺天府》。

② 巴兆祥：《明代方志纂修述略》，载《文献》，1988(3)。

州府志》《(洪武)南宁府志》等。就我对现存《大典》做的初步统计来看，《大典》各府州名下收有少则一种，多则三四种洪武年间编修的府州县图经志。我们以各府州名下收洪武志一种计算，《大典》所收亦有二百多种，较《明代方志纂修述略》统计的洪武志 55 种为多。

2. 利用《大典》残本辑明初(洪武、永乐)方志。我们目前流传于世的明初志书相当少，利用《大典》对明初志书进行辑佚是非常有意义的，如《吴兴续志》《(洪武)太原志》《(洪武)辽州志》《(洪武)杭州府志》《(洪武)南宁府志》等都可以通过《大典》残本进行辑佚。其中《汀州府》《辽州》《太原府》《梧州府》卷帙全存，其辑佚价值更大。另外，由于《大典》各府州内容在性质上如同方志，我们将现存的这一部分内容辑录出来，以作为明初方志的一种补充形式(尽管在名称上不能直接称"志")，也是十分有意义的。台湾《中国地方志丛书》只是辑录出其中很小的一部分(如《大典·湖州府》《大典·杭州府》)，仍有很多内容等待我们去辑录。兹将《大典》各府州现存情况列表 6-2 如下：

表 6-2

府、州	《大典》出处	现存情况
九江府	卷六六八九至卷六七〇七	存卷六六九七至卷六七〇一
南雄府	卷六六四至卷六六八	存卷六六五至卷六六六
广州府	卷一一九〇五至卷一一九一五	存卷一一九〇五至卷一一九〇七
抚州府	卷一〇九四九至卷一〇九六九	存卷一〇九四九至卷一〇九五〇
河南府	卷九五六一至卷九五八九	存卷九五六一
衡州府	卷八六三九至卷八六五七	存卷八六四七至卷八六四八
南宁府	卷八五〇六至卷八五一一	存卷八五〇六至卷八五〇七
绍兴府	卷七九六三至卷七九八三	存卷七九六三
汀州府	卷七八八九至卷七八九五	存卷七八八九至卷七八九五
杭州府	卷七五五二至卷七六〇五	存卷七六〇二至卷七六〇三
长沙府	卷五七五二至卷五七七〇	存卷五七六九至卷五七七〇
潮州府	卷五三四三至卷五三四六	存卷五三四三至卷五三四五

续表

府、州	《大典》出处	现存情况
辽 州	卷五二四五	卷五二四五
太原府	卷五一九九至卷五二〇五	存卷五一九九至卷五二〇五
苏州府	卷二三四九至卷二三八九	存卷二三六七至卷二三六九
梧州府	卷二三三七至卷二三四四	存卷二三三七至卷二三四四
湖州府	卷二二七五至卷二二九二	存卷二二七五至卷二二八三

3. 重新检视大典本方志。首先，以《永乐大典》残本校大典本方志。如上所述，《大典》既然并不是完全照录原文的，因而《大典》辑本与原书显然会有差距，我们在整理和利用《大典》辑本方志时要特别注意。以《(嘉泰)吴兴志》为例，其辑自《大典》"湖州府"卷二二七五至卷二二九二，《大典》残本现存卷二二七五至卷二二八三，我们拿《大典》残本湖州府部分与大典本《(嘉泰)吴兴志》做比较，发现有不少漏辑、抄错之处；《大典》残本别的地方仍有一些《(嘉泰)吴兴志》内容，为大典本《(嘉泰)吴兴志》所未收，可作补漏。[①] 其次，考辨大典本方志编修年代。如《河南志》是直接从《大典》卷九五七八、卷九五七九录出的。辑者徐松以为是宋志，缪荃孙以为是元志，高敏先生亦以为是元志，并作文予以论证。[②] 主张"元志"者其主要依据是《河南志》原文中不断出现有"宋朝"字样，按道理说，宋志不应出现"宋朝"。不过，《河南志》原文中也有"元朝"字样，高文对此解释说："该书末尾有'元朝皆如旧制'的话，固然元代人撰志不应直写，但如为宋志，又怎么可能会出现元代之事呢？因疑此'元朝'字样，为徐松钞辑时以自己的话概括元代之事而已，并非元志原文如此。"高文的解释是难以让人信服的，因为徐松本来就以为此志为宋志，如何可能又要自己添元朝之事呢？事实上，我们如果从《大典》曾对征引书改动的角度进行分析，就不难发现《河南志》原文中"宋朝""元

---

① 参见黄燕生：《〈嘉泰吴兴志〉初探》，载《中国地方志》，1989(4)。
② 高敏"出版说明"，见(元)佚名纂修，(清)徐松辑：《河南志》。

朝"显然是《大典》编者录入时所作的改动。因此，我们不能简单地依据大典本方志中出现的诸如"宋朝""元朝"等字样，而判断其编修年代。另外，既然《大典》对原引书做过改动，那么我们在辑佚大典本时就要将这些改动恢复过来，以体现原引书之原貌。这也是我们考察大典本及进行新的辑佚时所应注意的。

4. 利用辑得的大典本复原《大典》。[①] 事实上，现存《大典》"广州府"部分正是利用李文田依《大典》原文照录的《(永乐)广州府志》复原的。依据此条思路，遵循《大典》各府州的体例(其与方志的体例基本相同)，我们完全可以用大典本方志复原出更多的《大典》内容，如用《(永乐)泸州志》复原《大典》"泸州"，用《(永乐)顺天府志》复原《大典》"顺天府"，用两种镇江志复原《大典》"镇江府"，用《(嘉泰)吴兴志》复原《大典》"湖州府"。这样一种复原方法还可推广开来，适用于其他大典本典籍，如用《宋会要辑稿》复原《大典》等。因此，尽管我们现存《大典》只有800余卷，但如此复原之后，《大典》残本之规模定会成倍增加。

二、徐一夔与《(洪武)杭州府志》

徐一夔《(洪武)杭州府志》，久已佚失，今人对其知之甚少。学界有人推测：明太祖时，杭州府儒学教授徐一夔以作贺表有"光天之下，天生圣人，为世作则"语被斩，所纂《(洪武)杭州府志》也因而佚失。也就是说，徐一夔于洪武间以贺表受祸，《(洪武)杭州府志》即于此时遭禁毁失传。我以为，这种推测与事实出入较大，有必要予以澄清。

(一)徐氏是否受文字狱

后世所传徐一夔受文字狱一事，多出自明弘治间徐祯卿《翦胜野闻》所载："太祖多疑，每虑人侮己。杭州儒学教授徐一夔尝作贺表上，其

---

① 姜纬堂《辨缪钞〈顺天府志〉的来历》、陈智超《解开〈宋会要〉之谜》均提出过这种复原《大典》的方法。

词有云：'光天之下'，又云：'天生圣人，为世作则。'帝览之怒曰：'腐儒乃如是侮朕矣。"生"者"僧"也，以我从释氏也。"光"则"摩顶"之谓矣。"则"字近"贼"。'罪坐不敬，命收斩之。"对于此一说法，《四库全书总目提要》卷一三四"杂家·存目十一"即指斥其荒诞："《蒹胜野闻》称其（徐一夔）官杭州教授时以表文忤旨，收捕斩之，殊为荒诞。"清光绪间丁丙为徐一夔《始丰稿》题跋更进一步做了澄清："案《上虞顾君墓志铭》（案：载《始丰稿》卷十三），葬在元至正十九年己亥（1359），既葬三十五年始请铭（案：指请徐一夔作墓志铭），则在洪武二十六年癸酉（1393），时先生年七十五岁。并考陈氏善万历《杭府志·职官表》，先生洪武六年任教授，下接三十三年会当革除，实建文二年（1400），教授为蒋良辅，其中即有权代者，表不列名，约计先生寿终当及八秩矣。世因《蒹胜野闻》称表文忤旨收捕斩之之诬，几疑不克令终于官，岂非大谬哉。"徐一夔以八十高龄仍在儒学教授任上，这倒未必；田汝成《西湖游览志余》卷七云其"在任九年"，亦不知有何依据。不过，徐氏活到八十岁是没有问题的，据陈学霖先生考证：《始丰稿·补遗》所载"故文林郎湖广房县知县齐公墓志铭"中说："（齐公）卒洪武戊寅，以明年祔葬。"洪武戊寅为三十一年（1398），明年即建文元年，时一夔已年逾八十[①]。此外，我还可进一步论证徐氏没有以文字获罪：首先，倘徐氏确实受文字狱，其所著《（洪武）杭州府志》亦会受禁失传。事实上，《（洪武）杭州府志》并未于此时失传，不但收入《永乐大典》，而且流传至明嘉靖间（详下文）。其次，《始丰稿》为徐一夔文集，不但《（成化）杭州府志》《嘉靖仁和县志》"书籍"门均明确载有"《始丰稿》十五卷"，而且是书还一直流传至今。倘徐氏因文字受祸，是书应首当其冲，断不会有《（洪武）杭州府志》遭禁毁而此书听其流布之理。以上这些材料足可以证明徐氏并未受文字狱。

另外，关于徐一夔入明初期之事迹，尤其是关于其应诏修书与授职时间，古今一些传记所载并不一致。相对而言，《明史》徐氏本传所载较

---

① 参见陈学霖：《明太祖文字狱案考疑》，见陈学霖：《明代人物与传说》，香港，香港中文大学出版社，1997。

为可信，但失之过简。兹参《始丰稿》有关材料，对之加以补充。据《明史》卷二八五载：徐一夔，字大章，天台人。洪武二年（1369）八月诏纂修礼书，一夔被征参与焉。明年书成，将续修《元史》，总裁官王祎以一夔荐，但一夔遗书婉辞，遂不至。"未几，用荐署杭州教授。"此时应在洪武五年（1372）九月，《始丰稿》卷六"初至杭学谒先圣祝文"中说得很清楚："维洪武五年岁次壬子九月乙亥朔，越二十八日，试职杭州府学教授徐一夔敢告于大成至圣文宣王……"洪武六年（1373）九月，再次应诏入京参修《大明日历》。《始丰稿》"附录"收有宋濂"送徐教授纂修日历还任序"云："洪武六年秋九月，皇帝御谨身殿，从翰林学士宋濂之请，妙柬文学之士四三人纂修《大明日历》……当是时，杭州府学教授徐君大章实在选中……越四月，书成，共一百卷。"文中还提到徐氏此番归杭任教授之职，算起来未满三年（洪武五年九月至七年一月）即由试教授升为教授，实为"异数"云云。可见，徐氏于洪武七年一月任杭州府教授。综合有关史料，徐氏在洪武初年之行迹可简述如下：洪武二年八月征修礼书，三年书成归杭，不应王祎修《元史》之荐，五年九月任杭州府试教授，六年九月征修《大明日历》，七年一月任杭州府教授。《（洪武）杭州府志》正是徐氏任职杭州府教授时所纂的。

（二）《（洪武）杭州府志》的纂修时间与卷数

徐一夔《（洪武）杭州府志》，诸书对其著录均不详，杨士奇《文渊阁书目》卷十九"旧志"载为"九册"。《千顷堂书目》载："九册，《（洪武）杭州府志》，徐一夔。"洪焕椿《浙江方志考》载："此书纂于洪武初，未知卷数，刊本九册，已佚。"①我查阅《永乐大典》所收方志，发现其卷七六〇三"杭州府五十二·考证"收有徐一夔为《（洪武）杭州府志》作的跋，可以帮助我们了解《（洪武）杭州府志》的基本情况，现原文照录如下：

> 洪武初元，海内混一，礼部符下各郡纂辑志书。杭称都会，事当登载者倍于他郡，未克成书。十一年夏四月，郡守属一夔纂辑，

---

① 洪焕椿编著：《浙江方志考》，51页，杭州，浙江人民出版社，1984。

辞既不获,乃据各县所其(按:疑为"具")沿革始末,本之旧志,参
以新闻,总其事为十三类,即类之内,又析为七十九条,凡六十
卷。阅八月稿成。明年郡以成稿会式礼部,礼官见,谓得纂辑体。
郡遂命工镂版,阅十月讫工,此书遂成,用志岁月于下方。杭州府
学教授天台徐一夔谨志。

依据上录跋语,我们可以获知:

第一,《(洪武)杭州府志》的纂修经过。是志为洪武十一年(1378)四
月始修,经过八个月时间,至洪武十一年十二月定稿,经礼部审查合
格,随即镂板印行,"阅十月讫工",约于洪武十二年年底刊刻成书。

第二,《(洪武)杭州府志》的卷数。跋文中明确说是志 60 卷,分 13
大类,79 小类。虽说有 60 卷之数,但其内容却相当简略,因而杨士奇
《文渊阁书目》、黄虞稷《千顷堂书目》均只记录为 9 册,田汝成《西湖游
览志》亦称其书颇简明。

第三,通过此跋文,我们还可以了解到,洪武元年(初元)礼部即下
令全国各府纂修志书。这是我们发现的明朝最早颁布的修志命令。从中
我们还可发现,当时修志的程序是相当严格的,各郡志书修好后,均需
交礼部检查体例是否合格,才可以镂版印行。

徐氏《始丰稿》中有一些文章与其修《(洪武)杭州府志》一事有关,如
卷八"送章琛序"中提到:"余被檄编纂郡志,以志虽一郡之书,其事类
颇繁,言于上官,得职训导于属县之士以助,昌化章琛景文其一也。琛
性敏给,凡编纂,有当钞录者、当检核者、当访问者,吾仅以意授之,
琛钞录不倦,检核不舛,访问不遗,以裨余之不逮。"卷十"吴越国考"亦
云:"因修新志,补其阙略云尔。"此新志即为《(洪武)杭州府志》。此外,
《始丰稿》还收有"辨钱塘铁箭"(卷七)、"宋行宫考"(卷十)等考杭郡旧事
之文,是与修新志有关的,《大典》"杭州府·考证"、《(成化)杭州府志》
卷一"封畛"与卷六十一"纪遗"中就将这些文章收了进去。

(三)《(洪武)杭州府志》的失传与辑佚[①]

《(洪武)杭州府志》于洪武十二年(1379)刊行,永乐初年收入《大典》"杭州府"中。正统初,杨士奇《文渊阁书目》卷十九"旧志"载为"九册"。成化年间夏时正纂《(成化)杭州府志》序云:"郡有旧志,洪武中郡学教授徐一夔所修,永乐间有续志,景泰间又续之,而今官府皆亡矣……然自洪武至今,百有余年,洪武旧志,永乐、景泰之续,得之民间,脱谬殊甚,官府简牍,莫得尽稽。"该书"凡例"云:"一、凡自永乐十五年以前,本之杭州府旧志、续志、宋咸淳志……一、引用书目……杭州府旧志……"此"杭州府旧志",即为《(洪武)杭州府志》。可见此时《(洪武)杭州府志》官府虽亡而尚存民间,只是"脱谬殊甚"。《四库全书总目提要·(成化)杭州府志》云:"是书成于成化乙未,因洪武中徐一夔志及永乐、景泰续志增修。"显然《(成化)杭州府志》是参考了《(洪武)杭州府志》的,其中收入了不少《(洪武)杭州府志》的内容(详见下文)。嘉靖年间,《(嘉靖)仁和县志》"凡例"云:"县志义类悉遵《(洪武)杭州府志》。"同时代田汝成《西湖游览志》亦提及此书,可见此书嘉靖年间仍存在。此书失传大概在此后至清初的一段时间,因为清初毛奇龄谈杭郡志已经不提此书[②]。清初《千顷堂书目》虽有著录,但《千顷堂书目》所收之书并非均为当时现存的;而主要据《千顷堂书目》编成的《明史·艺文志》则不收《(洪武)杭州府志》。此书失传之原因,如前所述,并不是受文字狱之牵连,最有可能是自然淘汰,也就是说《(成化)杭州府志》63 卷、《(万历)杭州府志》100 卷这些内容丰富的新志出来后,内容简略,"脱谬殊甚"的《(洪武)杭州府志》失传就很自然了。同样,与《(洪武)杭州府志》近似的永乐志、景泰续志也应该是这个时候以同样原因失传的。

《(洪武)杭州府志》虽已佚失,我们能否通过辑佚的方法来恢复其大概呢?我认为这是值得尝试的。如前所述,《(洪武)杭州府志》曾被收入

---

① 关于《(洪武)杭州府志》的辑佚,黄燕生《徐一夔和洪武杭州府志》(《中国历史博物馆馆刊》,总第 15—16 期)有更详细的论述,读者可参考。

② (清)毛奇龄:《杭志三诘三误辨》,影印《四库全书存目丛书》本,济南,齐鲁书社,1995。

《永乐大典》中，依据《大典》的编修体例，《大典》"杭州府"部分（卷七五五二至卷七六〇五）应收有《（洪武）杭州府志》的大量内容，只可惜现今《永乐大典》已为残本，其中"杭州府"仅存卷七六〇二、卷七六〇三两卷。尽管如此，卷七六〇三"考证"中所收大部分即为《（洪武）杭州府志》的内容，加上《大典》他处收录的《（洪武）杭州府志》内容四十一条①，倘若把这些内容辑将出来，应是相当可观的。另外，我对现存 63 卷《（成化）杭州府志》内容做了查考，发现其中收有《（洪武）杭州府志》的不少文字，如卷一"封畛""吴会稽之分"条、"东安郡"条、"吴郡至御儿分界"条均附有《（洪武）杭州府志》云云；卷二"封畛""坊隅"中亦多注明旧志［即《（洪武）杭州府志》］如何如何；卷三十六"名宦"前收载"杭州府旧志牧守叙"；卷五九"纪遗"载《（洪武）杭州府志·纪遗序》。以上只是我粗略查阅所得。另外，我们还可以参考《始丰稿》《（万历）杭州府志》《（嘉靖）仁和县志》等书的相关内容。由于《（洪武）杭州府志》本身内容就不多（如前所述），因此，将以上内容辑将出来，我认为离原书不会相去太远。有佚书内容，还得要有佚书体例，才可能恢复佚书之大概。其体例可参《（成化）杭州府志》与《（嘉靖）仁和县志》，尤其是后者，其"凡例"云："县志义类悉遵洪武杭州府志。"共分 15 大门类。据徐氏跋文，《（洪武）杭州府志》共分 13 大门类，这 13 类应包括在《仁和志》15 类中，其中"牧守"（即"名宦"）、"纪遗"类，《（洪武）杭州府志》中肯定是有的，并且各有叙文（参看前文。我们据此也可推断原书各类之前均应有叙文），再参诸《（洪武）杭州府志》的具体内容，这样就能大致得出《（洪武）杭州府志》的体例门类。按照这些门类，将辑到的《（洪武）杭州府志》佚文置于其中，辑本《（洪武）杭州府志》就可呈现在我们面前了。

综上所述，徐一夔并未以文字获罪，更未被处斩；其所纂《（洪武）杭州府志》亦未因文字狱而遭禁毁，其后来失传可能是自然淘汰的结果。《（洪武）杭州府志》共 60 卷，分 13 大类，修成于洪武十一年十二月，约于洪武十二年底刊行。根据我们现有的条件，我们完全可以对《（洪武）

① 可参见栾贵明：《永乐大典索引》。

杭州府志》进行辑佚，以恢复其大概面貌。

三、明代方志数①

明代究竟曾修有多少部方志呢？《明代方志纂修述略》一文提出了一个值得重视的统计数：2892部②。显然，正如该文所指出的，这只是一个不完全统计数。但是，后来该统计数被不少论著一再引用③，影响颇大。因此，本节拟结合《永乐大典》所收方志情况谈谈我对明代方志数的看法。

首先，我们依据明正统六年(1441)由杨士奇主持编修的《文渊阁书目》来考察明前期所修方志的数量。《文渊阁书目》收有大量的明初方志，其中卷十九"旧志"部分收志书595部，除个别为元以前方志外（如《金陵志》《太平路图志》《临安志》《南雄路志》等），大部分为洪武时所修方志，其数量当在500种左右；卷二十"新志"所收则全为永乐至正统年间修的方志，有570种。"旧志""新志"两者相加，明正统六年以前明修方志约在1000种以上。而《明代方志纂修述略》统计的正统以前（包括整个正统年间所修）的方志仅有182种（其中洪武55种、永乐64种、洪熙1种、宣德23种、正统39种），可见该文的统计结果与事实出入相当大。而《文渊阁书目》所收还只是明前期方志的一部分，因为明初方志有一部分至正统时已失传或没有入藏文渊阁，如洪武间修的《靖海卫志》、刘崧《北平八府志》④，《文渊阁书目》并未收录。因此，明正统以前所修的志

---

① 本节内容曾以《明代方志数质疑》为题发表于《中国地方志》2000年第3期。另可参见巴兆祥：《论明代方志的数量与修志制度——兼答张升〈明代方志数质疑〉》，载《中国地方志》，2004(4)。

② 巴兆祥：《明代方志纂修述略》，载《文献》，1988第3期。

③ 例如：吕志毅：《方志学史》（石家庄，河北大学出版社，1993）；马楚坚：《略论明人之修志主张》，见马楚坚：《明清人物史事论析》，南昌，江西高校出版社，1996；周迅：《中国的地方志》，北京，商务印书馆，1998。

④ 刘崧《北平八府志》，(清)黄虞稷《千顷堂书目》"地理类"著录为三十卷，而《文渊阁书目》只著录有《北平八府图总目》一册，显然不是同一书。

书肯定在 1000 种以上。

其次，我们依据有关的史料亦可证实明初确实修有大量的方志，从而可以推断明初的方志远非《明代方志纂修述略》统计的百余种。

明朝建立之初，为行政、军事等方面的需要，即着手组织人员进行方志的撰修，《永乐大典》卷七六〇三"杭州府五十二·考证"载："洪武初元，海内混一，礼部符下各郡纂辑志书。"之后，明太祖多次下诏修地理图籍，如《明太祖实录》卷五十九载："[洪武三年(1370)十二月]辛酉，《大明志书》成。先是命儒士魏俊民、黄篪、刘俨、丁凤、郑思先、郑权六人，编类天下州郡地理形势、降附始末为书。"卷六十载："[洪武四年(1371)正月]命陕西行省绘其山川地理来献。"卷八十一载：洪武六年(1373)，令府州"绘上山川险易图。"卷八十七载：洪武七年(1374)二月，命浙江等行省并直隶府州县皆以山川险易图来献。卷一五五载："[洪武十五年(1382)七月]诏天下都司凡所属卫所城池及境风道里远近、山川险易、关津亭堠、舟车漕运、仓库邮传、土地所产，悉绘图以献。"卷二二三载："[洪武二十五年(1392)十二月]诏五军都督府谕各都指挥使司以军马粮储之数及关隘要冲、山川险易、道里远近，悉绘图以闻。"可见洪武时朝廷对修地理书的重视。即便如云南这样的边远地区，洪武十四年(1381)刚平定，即"命儒臣考按图籍及前代所有志书，更定而删正之"[1]。第二年六月《云南志》六十一卷即告修成。

永乐时亦多次下诏各地修志，如永乐十年(1412)，颁布了《修志凡例》十六则[2]，这是迄今发现最早由朝廷颁布的修志凡例；十六年(1418)，又诏纂天下郡县志书，颁降《修志凡例》二十一条。宣德、正统年间，也先后下诏各地修志。正因为有这样的修志背景，因而正德年

---

[1] (清)黄虞稷：《千顷堂书目》，卷七"地理类中"，203 页，上海，上海古籍出版社，2001。

[2] 参见(明)李思悦修，(明)李世芳增修：《(万历)(重修)寿昌县志》卷首，北京，全国图书馆文献缩微复制中心，1992。

间，有人能说："天下藩郡州邑，莫不有志。"①

依据上面的分析，明前期修有大量的志书完全是可能的，其数量亦应在 1000 种以上，大大超过《明代方志纂修述略》的统计数。

再次，我们依据《永乐大典》所收的明初方志来考察明初方志的数量。《永乐大典》中所收各府州的内容为汇编旧志、新志而成的，正如《大典》凡例所指出的："诸郡志书重见叠出，难于考究，今各依类，荟萃归一，就中区别同异。"其中引用了大量的洪武志书，如《(洪武)太原府志》《(洪武)辽州志》《(洪武)杭州府志》《(洪武)南宁府志》等。就我对现存《大典》做的初步统计来看，《大典》各府州名下收有少则 1 种，多则三四种洪武年间编修的府州县图经、方志。我们以各府州名下收洪武志 1 种计算，《大典》所收亦有 200 多种，较《明代方志纂修述略》统计的洪武志 55 种为多。

更为重要的是，《大典》中还收有大量的永乐志。全祖望曾经指出："成祖诏天下府州县皆修志书。时方修《永乐大典》，天下之志皆入焉。诸书皆以为[引者注：《(永乐)宁波府志》]十七年所修，考《永乐大典》成于永乐六年，则志之修亦在六年以前也。书专为《大典》而作，既贡书局，未尝付梓，故今天下之传永乐志者最少。"②依据全氏之言，可知永乐为修《永乐大典》曾诏令天下府州县皆修志书，以采入《永乐大典》中。这一点，前人谈明代志书均未提及，应引起我们的高度重视。现存《大典》各府州名下所载多有关永乐时事，其采自当时的永乐志无疑。尽管当时由于这样那样的原因，并非全国各府州均修成志书，但其数量是绝不能低估的。

关于永乐志书，我们还应注意的一点是，许多人不约而同地把《大典》所收各府州内容即视为永乐志，如全祖望从《大典》"宁波府"录出《(永乐)宁波府志》，缪荃孙从《大典》"顺天府"录出《(永乐)顺天府志》、

---

① (清)陈栻等纂：《(道光)上元县志》，《中国方志丛书》本，卷末"志原·(正德)上元县志序(沈庠)"，台北，成文出版社，1983。

② (清)全祖望著，朱铸禹汇校集注：《全祖望集汇校集注·鲒埼亭集外编》卷二十四，"永乐宁波府志题词"，1204 页。

从《大典》"泸州"录出《（永乐）泸州志》，李文田从《大典》"广州府"录出《（永乐）广州府志》等。我认为，这些府州志并不是真正的方志①。

最后，我们通过分析明代卫所志的撰修来考察明代方志的数量。卫所志，以前许多人将其视为如同山水志、寺庙志一般的专门性志书，而非一方的综合性志书，因而没有给予足够的关注。事实上，明代在绝大多数情况下作为军事性质的地理单位存在的卫所，如府州县一样曾广泛地修有志书。永乐十年、十六年，明成祖曾诏令全国各地郡、县、卫、所皆必修志，据《通州直隶州志》序载："（永乐十年）诏令天下郡、县、卫、所皆修志书。"《（乾隆）德州志》王道亨序载："（永乐十六年）诏令天下郡、县、卫、所皆修志书。"傅维鳞《明书·经籍志》中亦载：永乐十六年，成祖"诏天下郡、县、卫、所皆修志"。从永乐修志诏令可看出，卫所是等同于郡县的地理单位，因而均需一并修志。另外，弘治元年（1488），亦诏修卫志，《（乾隆）威海卫志》郭大文序称："弘治改元，有纂修卫志之命，邑人王君悦首创一编，以备采择。"可见朝廷对修纂卫所志的重视。

当时的许多人士也都认为卫所应像郡县那样修方志，如《（嘉靖）辽东志》龚用卿"重刊辽东志序"称："邑有邑志，卫有卫志，郡有郡志，省有省志，合邑为郡，全郡为省，全省为天下，而卫附焉，缺其一则天下无全文矣。"《（正德）金山卫志》正德丁丑秋王鏊序亦云："今郡县莫不有志，卫乃独无，兹卫为东南巨郡，事多可书，而世无闻焉，使后世有杞宋无征之叹，吾耻之。"《（嘉靖）观海卫志》卢镗序云："洪惟我国家建置沿海卫所，以卫郡县也，故凡武卫之事，俱各附于郡县之中，然亦不过记其大略而已，至于形势沿革关津险要，与夫前修议论，皆漫焉而无所稽，此卫志之所由修也。况今倭番交乱，惟日多事，司边计者如乱然而棼之，初不知其绪之所在也，不有志之，孰从而知之，此又卫志之不容不修也。"周粟跋云："有过余者曰：卫颠末附见于郡邑志久矣，今复尔，不亦劳且费乎？余应之曰：不然。志以载事，犹车以载物也，予尝有二

---

① 参见张升：《〈永乐大典〉与大典本永乐志》，载《历史文献研究》第 20 辑，2001。

人者，远大都之市而居货于其庐，其一人独操一车，驾骖服牵挽，为力甚艰，为费甚大，然而家之所需如珠玉珍宝器用货物，靡不杂然备具。其一人附载于邻人之车，虽为力较易，然其所载则有限矣。郡邑附卫事，附货于邻车者也；卫人成一志，独驾一车者也，虽记事则均，而多寡详略弗若之矣。吾非好劳恶逸，性与人殊也。卫，古诸侯之国，而今用武之地，典章制度，土风俗产，所宜载者甚多也。"可见当时人士对纂修卫所志的重视。

正是由于朝廷谕旨的推动以及当时士大夫、卫所官的积极参与，明代卫所志的修撰才得以广泛展开，如：李玑《洮州卫志》、张最《岷州卫志》、郭伸《甘州卫志》、孟秋《(嘉靖)潼关卫志》、来士英《海宁卫乘》、王文禄《海宁卫志》、周瑛《兴隆卫志》(以上见《千顷堂书目》)、《叠溪守御千户所志》、《怀安卫志》、《怀来卫志》(以上见《文渊阁书目》)、《(万历)怀延二卫志》(见《内阁藏书目》)、《(嘉靖)西宁卫志》、《(万历)西宁卫志》、《(嘉靖)靖虏卫新志》、《(万历)靖远卫志》(以上见金恩辉主编《中国地方志总目提要》)、《(正德)天津三卫志》、《(万历)天津三卫志》、《(弘治)威海卫志》、《(嘉靖)崇武所城志》、《(崇祯)崇武所城志》、《(万历)永定卫志》、《(弘治)蒲岐所志》、《(嘉靖)蒲岐所志》、《(嘉靖)临山卫志》、《(嘉靖)观海卫志》、《(正德)金山卫志》[1]、《(崇祯)都匀卫志》(张新民著《贵州地方志举要》)、《(正德)济宁卫志》(王桂云、鲁海编著《山东地方史志纵横谈》)、《(洪武)靖海卫志》、《(天顺)大田所志》[巴兆祥《明代方志纂修述略》，载《文献》，1988(3)]等。以上是就我所掌握的材料开列的卫所志，只是为了说明卫所志的编纂是相当普遍的，而实际上明代曾有的卫所志肯定比这多得多，其数量亦当不止《明代方志纂修述略》统计的49种。

不过，明代卫所志究竟修有多少，是很难说得清楚的。《(嘉靖)宁夏新志》的作者胡汝砺说过："自天下为府一百五十有奇，为州二百二十

---

① 参见张升：《卫所志初探》，载《史学史研究》，2000(1)。

有奇，为县一千二百有奇；为卫、所不减于县，间有地志奚啻百种?"①嘉靖时人估计卫所志已不下百种，而《明代方志纂修述略》统计的整个明代卫所志则只有 49 种，两者的差距是显然的。

综上所述，我认为，尽管我们仍然没有足够的材料以统计出明修志书的大致数量，但可以肯定的是，明修方志数应远远不止 2892 种。

---

① （明）胡汝砺纂：《（嘉靖）宁夏新志》，《天一阁藏明代方志选刊》本，第 3 册，卷六"拓跋夏考证"，上海，上海古籍书店，1981—1982。

余　论

一、《永乐大典》余纸考①

　　《永乐大典》编修于明代永乐初年，是我国古代最大的类书。全书正文 22877 卷，目录 60 卷，按《洪武正韵》编排，分装 11095 册②。由于卷帙浩繁，难以刊刻，《永乐人典》修成后仅清抄成一部，即为《大典》正本。嘉靖末年决意重抄一部，至隆庆元年（1567）抄成。这抄成的《大典》便为副本。《大典》正本毁于明末清初之际，而副本则比较完整地流传至清代。乾隆三十八年（1773）开四库馆从《永乐大典》中辑出了大批佚书。在辑书期间，乾隆下令截取《大典》余纸赏赐给大臣，馆臣翁方纲作"《永乐大典》余纸歌并序"记述了此事。后来有关《大典》介绍及研究的论著，很少提及此一事件。③ 可以说，《大典》余纸究竟是指什么？如何截取？一直到现在，人们并不清楚。因材料所限，尽管我这些年来一直都在关

---

　　① 本节内容曾以《〈永乐大典〉余纸考》为题发表于《史林》2010 年第 2 期。
　　② 史料中关于《永乐大典》卷数与册数的记录比较混乱，有多种统计数字。虞万里先生对各种统计数据做辨析后指出，《大典》定本的卷册数应为：22937 卷，11095 册。参见虞万里：《有关〈永乐大典〉几个问题的辨正》，载《史林》，2005(6)。
　　③ 就我所知，论及此事者只有傅增湘与顾力仁。傅增湘：《藏园群书题记》，483 页载："（《大典》）册后副叶列各官生衔名……凡六行。以下空白纸多被裁去，盖高宗喜以旧纸书书，故悉行裁取，以备临池之用，且时出以赐臣工，翁方纲曾荷颁赐，集中有诗纪之。"顾力仁《永乐大典及其辑佚书研究》，第 166～168 页，在征引了吴振棫《养吉斋余录》卷二（应为卷三）中关于此事的记载、翁方纲《永乐大典》余纸歌并序》及邵章在《大典》副本卷一四九一二末的识语后，评价说："乾隆帝笃嗜翰墨，雅好丹青，此亦为其扬风扢雅之一端。"

注《大典》的研究，但是对此一事件也是了解不多。最近，因为搜读档案的关系，发现了关于《大典》余纸的一些记载，于是希望结合以前所收集的有关材料，把《大典》余纸的问题弄清楚。

（一）什么是《大典》余纸

《大典》余纸指的是哪儿呢？《大典》为什么会有余纸呢？这余纸原来是做什么用的呢？

我们知道，有些古书书后会留下一些余纸，以为后来续修之用。但是，从目前我们对《永乐大典》的了解来看，《大典》并没有预留这样的余纸。那么，《大典》余纸是否指的是书前后的副页或护叶纸（在书衣与正文间，一般是空白无字的，纯粹用来保护书）呢？就我所看到的《大典》及对《大典》的了解来看，《大典》是没有前后副页或护叶纸的。张木森《关于加强馆藏〈永乐大典〉原本保护的思考》亦曾指出："（《大典》）原无前后护叶。从馆藏《大典》所有有护叶者均系以后修复时所加、首叶前只在钉捻处附有护纸一条以及后副叶（此纸似与其他书叶纸不同）只为半页的情况来看，原装似无前后护叶，并非修复时取掉所致。"①张氏此处所说的后副叶，也不是真正的副页，而是下文提到的署名页。

那么，《大典》余纸究竟指的是什么呢？我们还是来看看翁方纲"《永乐大典》余纸歌并序"的记载："乾隆癸巳春，诏开四库全书馆，命翰林诸臣取院中所贮嘉靖重录《永乐大典》分种编辑，每卷尾有余纸以赐诸臣，臣谨装册赋诗纪焉：澄心堂纸欧阳诗，此纸年数倍过之（作者注：欧集有'澄心堂纸诗'，计其时距南唐后主才百年耳。此纸自明嘉靖时重录《永乐大典》计，至今二百六十七年矣）。况闻郁冈比韵海，不徒博物赐陔厘。中天帝文四库启，秘馆特遗儒臣披。尾曰侍郎臣拱上，院体细楷沙画锥。幅余茧素灿如雪，诏给臣等供其私。归来作笺效减样，试墨但愧无好词。院斋去春宿旬月，篇目二万重寻思。借编崇文秘书录，因想解缙刘季篪。历城周耆要我咏，六十卷第钞已疲。莫生界画索小字，

---

① 张木森：《关于加强馆藏〈永乐大典〉原本保护的思考》，载《文津流觞》，第6期，中国国家图书馆，2002-08。

灯前絮语又及昏。笑人装潢熟纸匠，万番堆案徒手胝。勿言文董但一艺，赝语想象无由追。"①吴振棫《养吉斋余录》卷三亦云："《永乐大典》每卷尾有余纸，署曰'侍郎臣拱上'，楷书，纸甚莹洁。开四库馆时，出此书，上命截其余幅，赐馆中诸臣，翁覃溪学士作歌以纪其事。"②他们讲的是同一回事。查《大典》残本可知，每册《大典》末页均为嘉靖时重录官的署名页（也可称衔名页）。这署名页与正文页不同，只是白纸一张，没有行格；署名共占 6 行，位于该署名页前半页的右下角。所谓的《大典》余纸，其实就是每册《大典》末尾有重录官署名的那一页的空余部分（即余幅、幅余、余纸）。乾隆让人将这部分余纸截取，用来赏赐馆臣。现存《大典》残本最后署名页（除后来补录的以外）均有被剪裁的痕迹，即为明证。③

需要注意的是，前引吴振棫的记载有些地方并不准确：第一，所谓的余纸，不是在每卷的末尾，而是在每册（《大典》每册收 1 至 4 卷不等）的末尾。只有每册的最后一叶，才有重录官的署名。第二，并不是每册后重录官的署名都是"侍郎臣拱上"（其实准确的署名应为："重录总校官侍郎臣高拱……分校官……书写儒士……圈点监生……"）。从现存《大

---

① （清）翁方纲：《复初斋诗集》卷十六，影印《续修四库全书》本，497～498 页，上海，上海古籍出版社，1999。翁氏此诗作于乾隆四十三年。关于翁氏作《〈永乐大典〉余纸歌》之事，还可参见（清）叶绍本《白鹤山房诗钞》卷八（影印《续修四库全书》本，上海，上海古籍出版社，1999）第 67 页《〈永乐大典〉余纸歌为覃溪先生作》："……校成副墨恭进御，乙夜披览嘉精良。爰颁珍赉示光宠，卷尾余幅空界行。虚柔莹腻完且好，阁门祗受同璆璜。是时先生官秘校，槐厅巨手推常杨。携归苏斋敬什襲，淋漓笔阵驰风樯。明玑光绚二百字，玉堂掌故增辉煌。"（清）陈用光《太乙舟诗集》卷五（影印《续修四库全书》本，上海，上海古籍出版社，1999）第 127 页《〈永乐大典〉余纸歌》："《永乐大典》嘉靖录，藏二百年今发覆。大兴学士奏允行，四库馆开修纂局。翰林职本在文字，圣主恩深荣简牍。诏裁余纸赉诸臣，俾接古香伴休沐。大兴秘校与此赐，归作歌诗联卷轴……"

② （清）吴振棫：《养吉斋丛录》，302 页。

③ 李绮生《永乐大典志略》（张升编：《〈永乐大典〉研究资料辑刊》，348 页）载："吾愚《书林漫话》云：'《永乐大典》自清初移庋于翰林院，虽有残缺，所存卷帙尚能联贯。清末翰林诸公以窃书有不以窃物论罪之律条，遂相率携归。至光绪庚子拳匪为乱，翰林院被火之后，所存已无几矣。尤可怪者，该书每册末附页上著录校录人名仅占全纸三分之一，相传翰林公每值入厕，必按层扯去空白之纸用之，因此现存各册末页均仅余纸一条。不知此事者，咸以为异也。'"这一说法不可信。

典》看，有的署名是"重录总校官侍郎臣高拱……"。有的署名是"重录总校官侍郎臣秦鸣雷……"。不但主持重录的总校官（排在最前面）时有不一，以下分校官、书写儒士、圈点监生的名字更是多有不同。册后的署名是反映当时负责该册重录人员情况的，由于参与重录的人员众多，册后的署名当然也会时有不一。

其实，吴振棫应该没有看到过《大典》余纸，所以其记载有偏差。而即使真正看到过《大典》余纸的人，对它的认识也并不清楚。例如，林树蕃为四库馆纂修官，在获得所赏赐的《大典》余纸后，送给了同年孔广森；刘墉（谥文清）为四库馆副总裁，曾以《大典》余纸书成小幅作品赠与罗修源（号碧泉），后曾国藩得以寓目。孔广森和曾国藩分别把他们看到的《大典》余纸称为护叶纸与副页纸：孔广森"与同年林编修树蕃札"云："承惠《永乐大典》护叶纸，故府珍收，前朝旧制。比澄心于宋纸，殊镜面于吴笺。杜武库之蜜香，初分帝赐；张茂先之侧理，遂惠臣家。染墨匪轻，捧翰知重。谨谢。"①《曾国藩全集·日记（一）》"咸丰八年（1858）六月十一日"云："是日，见刘文清公所书小幅，罗碧泉先生所求，系用《永乐大典》副页纸。文清谓其有古色而无火气。余在翰林院敬一亭所见《永乐大典》，其纸较此色更白，不知何故？"②正如前面已指出的，所谓《大典》余纸即是《大典》重录时署名页的空白部分，并不是真正的余纸。外人只知这是《大典》中的一张白纸（空白无字），善意地理解为这可能是《大典》的副页或护叶纸，根本不会想到它是从原书有文字的一页截取下来的。因此，孔氏及曾氏将其误认为是《大典》护叶纸与副页纸，也是可以理解的。

---

① （清）孔广森：《骈俪文》卷一，影印《续修四库全书》本，376 页，上海，上海古籍出版社，1999。又可参见汤蔓媛编：《傅斯年图书馆善本古籍题跋辑录》第 1 册，"永乐大典存一卷一册，明嘉靖内府钞本"条，157 页，台北，台北"中研院"历史语言研究所，2008。邵章在前引孔氏文后跋云："观此，则护叶纸久已为人截去矣。"

② （清）曾国藩：《曾国藩全集·日记（一）》，244 页，长沙，岳麓书社，1987。前引张木森《关于加强馆藏〈永乐大典〉原本保护的思考》一文云："（《大典》）后副叶（即署名页余纸）似与其他书叶不同。"曾国藩在翰林院看到的应是《大典》正文用纸，而小幅所用是《大典》余纸，所以两者会有不同。

（二）如何截取余纸

既然《大典》每册后都有所谓的"余纸"（其实我并不认为它是余纸。但为了表述方便，所以还是沿用余纸一词），那么，当时办事的人是如何截取的呢？

如前所述，《大典》署名页是一整页（包括对折的前后两半页），署名就署在前半页的右下角，所占空间约为前半页的六分之一（只有六行小字）。因此，就最后的署名页而言，除署名外，所有的其他空白部分，都可称为《大典》余纸。所谓截取，就是以此空白部分为对象的。由于办事之人对余纸理解的不同，其截取方法也因人而异。

1. 最简单的方法，是将有署名的前半页保留，只截取后半页

从现存《大典》残本看，有相当多是采用这样一种截取方法。例如，顾力仁云："又观《大典》残本，册末题名均只剩半叶，另半叶盖于乾隆开四库馆时，高宗截取，以赏赐馆中诸臣。"[①]前引张木森《关于加强馆藏〈永乐大典〉原本保护的思考》文亦云："从馆藏《大典》所有有护叶者均系以后修复时所加、首叶前只在钉捻处附有护纸一条以及后副叶（此纸似与其他书叶纸不同）只为半页的情况来看……"他所说的后副叶，即是署名页。

2. 除了后半页外，还截取署名这半页的其余空白部分

也就是说，只留下有署名的一小部分，把其上面及左边的空白部分均截取。美国国会图书馆收藏的《大典》残本中有个别是采用了这种截取法：署名页只剩下有署名的那小片纸（约占前半页的六分之一），其余部分均被裁去。这一方法，可以说是在保存署名部分的前提下最大限度地利用了余纸。

3. 取前两种方法的折中，除后半页外，还截取前半页署名左边的空白部分

美国国会图书馆收藏的《大典》残本中也有个别是采用了这种截取法：署名页还剩下有署名的这小半页（约占后半页的二分之一）。有意思

---

① 顾力仁：《永乐大典及其辑佚书研究》，166 页。

的是，有的剪裁者虽然注意保留了署名页的这小半页，但为了尽可能地多截取空余部分，在剪裁时尽量斜向署名部分的上方，以便多裁下署名上面的空白余纸。

此外，现存《大典》残本中有一些已经没有署名页，它们中有一些是明显经过截取的，不是自然脱落的。还有一些《大典》残本上的署名页的署名是补写上去的。因为补写必须得有所凭借，不可能是署名页遗失之后再补写的，因此，推测当时在截取了整叶之后，然后又把署名另纸抄补上去。例如，《大典》卷二一九〇至卷二一九一这一册，曾经改装过，署名页的衔名是乾隆时补录的[①]。据以上情况推测，当时也可能采用过将署名页全部裁去的做法。显然，这一做法太麻烦（补录与重装），而且将署名页都裁去未免太过分（乾隆可能也不同意），因此，我推测这一做法不会被普遍采用（从现存《大典》残本署名页的截取方式也可以看出这一点），有可能只是在不小心剪裁而伤及署名部分时才出现整叶截取的情况。

总的来看，当时截取《大典》余纸是相当随意的，并没有统一规定的截取方法。执行者的不同，采用的方法也不同。但不管哪种方法，都是对《大典》的极大伤害。

(三)《大典》余纸的用途

1. 赏赐

从前引翁方纲"《永乐大典》余纸歌并序"可以看出，余纸曾被乾隆用来赏赐给四库馆的馆臣。我们据《四库全书总目》书前所附职名表可知，馆臣一共有 360 人。那么，是否这些馆臣都获得了赏赐呢？

据王际华《王文庄日记》乾隆三十九年二月六日载："本日恩赐《永乐大典》纸一百张。"[②]可知王际华获赏一百张《大典》余纸。按四库馆受赏的惯例，赏赐一般是按级别从高到低进行的，而据上述可知，王际华、刘墉、翁方纲、林树蕃均获得过赏赐，王际华为四库馆正总裁，刘墉为

---

① 张升编：《〈永乐大典〉研究资料辑刊》，692 页。
② (清)王际华：《王文庄日记》，稿本，1 册，现藏中国国家图书馆古籍部。

四库馆副总裁，翁方纲与林树蕃均为四库馆纂修官，因此，我推测，职位在纂修官之上的馆臣如提调官、总目协勘官、总纂官及正副总裁等均应获得过赏赐。[①] 据乾隆三十九年十二月初四日"多罗质郡王永瑢等奏明募选额外供事情形折"云："如翰林院办书，自总裁以下官至七十余员，各有所司之事……"[②]可知，翰林院四库馆的馆臣共有七十余人。除去收掌官(其在馆中职位较低，应该不会获得赏赐)外，纂修官以上的馆臣有 60 人左右，乾隆赏赐余纸的对象大概就是这些人[③]。

四库馆开馆时，《大典》仍存有 9881 册(若加上目录 60 册、《韵总》1 套 2 册，则为 9943 册)[④]，如果每册余纸都裁下的话，一共应有 9000 多张。那么，乾隆是不是将所有的余纸都赏赐给馆臣了呢？显然不是。当时起码有一半多的《大典》余纸没有用来赏赐，而是用来仿造藏经纸。这是我最近读档的新发现。

2. 仿造藏经纸

据《清内府刻书档案史料汇编》所收"乾隆四十年(1775)十月十三日(记事录)"载："十三日，库掌五德、福庆来说，太监胡世杰送到画金龙黄笺四十张，随样毁造高丽纸四十张，并用旧宣纸做得仿藏经大纸样二张，《永乐大典》旧纸毁造仿藏经纸二张，持进呈览……""乾隆四十九年(1784)十月初四日(活计档)"载："初四日，库掌大达色，催长舒兴金江来说，太监鄂里鲁交《永乐大典》双页纸二千零五十三张，单页纸三千三

---

① 总阅官是在乾隆四十四年(1779)才设置的，故不应包括在内。另据(清)祝德麟《悦亲楼诗集·外集》卷一(影印《续修四库全书》本，上海，上海古籍出版社，1999)第 150 页，"侧理纸"载："……麟角曾偕锡，鸦涂敢湊夸。却蒙天赉宠，数番惠无涯(时御赐纂办《永乐大典》诸臣宣德纸)。"此所谓宣德纸，即《大典》余纸。祝氏为四库馆翰林院提调官，亦曾受赐余纸。"纂办《永乐大典》诸臣"，亦说明赏赐对象主要是办理《大典》辑佚书的馆臣。

② 张书才主编：《纂修四库全书档案》上，305 页。

③ 据前引[清]叶绍本：《白鹤山房诗钞》卷八，67 页《永乐大典》余纸歌为覃溪先生作"载："……岂如此纸足珍秘，海苔鱼网惭粃糠。同时拜赐十百辈，巾箱遗嗟半荒。惟公硕果独健在，青瞳奕奕神明强。展观数四起三叹，盛朝文物斗戴筐。灵椿坊南岁星朗，瑶笈玉箧千秋长。"当时接受赏赐的共有"十百辈"。"十百辈"是个虚数，大约在数十至百人左右。

④ 张书才主编：《纂修四库全书档案》下，乾隆五十九年十月十七日军机大臣奏折，2372 页。

百九十七张，传旨：交杭州织造盛住毁造藏经纸送来。钦此。"①

这里所谓的《永乐大典》旧纸，就是《大典》余纸。所谓的《永乐大典》单页纸，指的应该是用前述第一种方法截取的余纸；所谓《永乐大典》双页纸，指的应该是用前述第二、第三种及最后一种方法截取的余纸。乾隆四十年十月，太监呈进了用《大典》余纸仿造的两张藏经纸纸样，大概乾隆看过后觉得不错，于乾隆四十九年谕令将《大典》单双页余纸共五千余张发交杭州织造处仿造藏经纸。

那么，为什么乾隆要用《大典》余纸仿造藏经纸呢？

藏经纸，是纸中的珍品，尤其是宋代金粟山藏经纸，更是珍品中的珍品。据相关文献记载，浙江西南有金粟山，山下有金粟寺，寺中曾藏北宋时的《大藏经》数千件，其每幅纸纸背上均钤有"金粟山藏经纸"朱文印。藏经纸初以麻料制成，质地较厚，无纹理，内外皆蜡，有米黄色、白色、虎豹皮花纹等。素称风雅的乾隆皇帝一生对宋纸尤其是藏经纸情有独钟，曾多次诏令手下搜求藏经纸，据乾隆三十五年(1770)五月二十六日两淮盐政李质颖"奏为遵旨觅得藏经纸等物并将家传怀素(素)等真迹恭呈御览事"载："窃奴才两奉谕旨寻觅藏经纸暨宣纸及名人字迹……"②通过搜寻，乾隆皇帝得到一些藏经纸，对其十分珍视，用其抄写《金刚般若波罗蜜多心经》1部，余者用于古代名画的引首。此外，乾隆还千方百计仿造藏经纸。可以说，乾隆是仿造藏经纸最多之人。当时，官纸局仿制藏经纸以供御用，仿制要求极高，唯合格者由监制者在纸心上钤"乾隆年仿金粟山藏经纸"朱印。《大典》纸质非常好，而且，"乾隆年仿金粟山藏经纸"长51厘米，宽29厘米，与《大典》用纸规格(原书高50.3厘米，宽29.8厘米)十分接近，正好符合仿造的需要。据前引《清内府刻书档案史料汇编》"乾隆四十九年十月初四日(活计档)"记载，自乾隆五十一年至五十六年(1786—1791)，由杭州织造处共分七次向懋勤殿提

---

① 以上分别引自翁连溪编：《清内府刻书档案史料汇编》上册，219、343页，扬州，广陵书社，2007。在引用时，我对原书标点作了个别修正。

② 国家清史编纂委员会"国家清史工程数字资源总库"，朱批奏折，档号04-01-01-0284-037，缩微号04-01-01-039-1354。当时，李质颖呈进了所搜得的二十张藏经纸，而且还答应为乾隆继续搜寻。

交仿造的斑点藏经纸五千张。这一数字与前述发交仿造的《大典》单双页纸数基本相合。因此，乾隆年间用《大典》余纸造了一大批仿藏经纸是毫无疑问的。

据前述可知，乾隆三十九年二月六日乾隆赏赐馆臣《大典》余纸，而且乾隆四十年十月已经用《永乐大典》余纸制成仿藏经纸两张并进呈御览，所以，乾隆有用《大典》余纸仿藏经纸的想法并让人开始截取余纸，应该是在乾隆三十八年开馆后不久的事情。不过，由于《大典》一直被纂修与分校官用来纂辑佚书，所以，大规模地截取余纸，应该是在《大典》辑佚工作完成之后。《大典》辑佚大约是在乾隆四十六年完成的，因此，乾隆四十九年十月才交上余纸五千余张（包括单双页纸）。从目前《大典》残本看，所有原来的署名页均经裁剪过，因此，推想《大典》（当时共有9943 册）的余纸在当时均被截取了。档案中提到的五千余张余纸，应该只是其中的一部分。

综上所述，起码有一半多的《大典》余纸被乾隆用以仿造藏经纸，而赏赐给馆臣的应该只是一小部分。也就是说，乾隆主要是为了满足自己附庸风雅的需要而截取《大典》余纸。遗憾的是，自清以来，外间只知道乾隆以余纸赐馆臣，并不知道其截取余纸的主要而真正的目的。

（四）结语

1.《大典》并无所谓真正的余纸（没有文字的空白页）。"余纸"完全是乾隆出于自己的需要，强加给《大典》的。借着"余纸"的名义，乾隆让人截取《大典》署名页空白部分，用以仿造藏经纸，这是对《永乐大典》极大的伤害：破坏了《大典》的完整性，给《大典》造成了无法弥补的损失。

2.《大典》署名页有的被完全截去，有的被截去一半或大部分。完全截去自不用说，即便是截去一半及大部分，余下的署名部分（只剩单页甚至一小纸片）极易受损，造成署名的缺失，给我们研究《大典》尤其是研究《大典》重录问题带来极大的不便。另外，我曾撰文指出：《大典》正本的残本仍有存世的可能①。由于《大典》副本是完全依照正本仿抄

① 张升：《关于〈永乐大典〉正本下落之谜》，载《北京师范大学学报（社会科学版）》，2010(2)。

的，《大典》每册后的署名页是我们从外观上区分副本与正本的唯一直接而有效的依据，因此，署名页的缺失，也肯定会极大地影响我们对正副本的鉴定。

3. 时至今日，不独金粟山藏经纸极为珍贵，即便是乾隆时所仿造的金粟山藏经纸亦成了罕见之宝物。倘若人们知道有相当多的"乾隆年仿金粟山藏经纸"是由《大典》余纸毁造而成的话，其身价或者更会扶摇直上吧！

4. 由于《大典》副本原来的署名页都被截取过，因此，《大典》署名页(是否被截取)可以作为鉴定《大典》副本真伪的一个依据。

二、澄清有关《永乐大典》的两个问题

近年，随着 17 卷久佚海外的《永乐大典》影印出版，以及国家图书馆藏《永乐大典》(副本)仿真影印出版，《大典》引起社会各界的普遍关注，相关研究成果也大量出现。但是，这些研究中有些基本问题需要澄清，以免以讹传讹。

(一)《大典》收书数问题

许多论著在谈到《大典》收书数时一般都会提到三种情况：七千多种，七八千种，八千多种。但是，历史上并无关于《大典》收书数的明确记载，那这些数据都从哪里来呢？是否可靠呢？我认为这些数据的来源不外有两种可能：第一，是对残存《大典》(约占原书的百分之四)中所收之书做统计得出的这一数据。然而，尽管《大典》所引书书名均用红字标示，但由于其引书时所写书名往往不规范，如书名采用简写、以作者代书名等，以致一种书有可能写成多个名称，或者多种书写成一个名称，要对其收书数作统计显然是相当费时费力的工作。如果有人真作过这样细致的统计，那么其统计数应该是较为明确的多少种，而非大约的七八千种。而且，只是据《大典》百分之四的篇幅来统计《大典》的收书数，显然与《大典》全书的收书数有不少差距。如果没做过这样的统计，那么这些估算数据就更不可靠。第二，依据明正统六年（1441）编的《文渊阁书目》（收书 7311 部）所做的估算。《大典》是据明初宫廷藏书而编的，而《文渊阁书目》是明初宫廷藏书目录，因而《文渊阁书目》的收书数能大致反映《大典》收书数。这一思路是对的，但这些估算数据是不准确的，因为：首先，《文渊阁书目》收书虽有 7000 多部，但其中多有重复之书，实际收书只有 5745 种。其次，《文渊阁书目》是正统六年编的北京宫廷藏书目录，与永乐初修《大典》时已经有一段距离，而且这中间还经历过一次迁都，原南京文渊阁藏书有一部分随之移至北京，因而《文渊阁书目》所收书与修《大典》时南京文渊阁藏书肯定会有不少差距。所以据《文渊阁书目》收书 7000 多部来估算《大典》收书七八千种是不合适的。

（二）《大典》副本的散佚问题

目前学界多将《大典》的最后散佚归咎于 1900 年八国联军入侵北京，认为罪大恶极者为八国联军（媒体亦多据此报道）。事实上，杜泽逊先生早已撰文反驳了这种观点：《永乐大典》的确毁于 1900 年庚子事变，地点也的确在翰林院，但翰林院被焚却与八国联军没有直接关系。因为纵火者应为围攻使馆的国人，而八国联军攻入北京，则在翰林院被焚的 54 天之后。① 也许有人会认为，翰林院被焚是由于使馆区内外国人抵抗国人而引起的，而且在外国人占据翰林院期间，还擅自盗走了一些《大典》，因而，外国人应对《大典》的最后散佚负责。我认为，《大典》的最后散佚确实与外国人有关，但要真正追究《大典》散佚的责任，则国人更大。这就像是 100 米的墙，国人已推倒了 90 米，最后外国人来与国人一起推倒了最后 10 米，谁应负主要责任呢？②

《大典》副本共有 11095 册，明嘉靖后一直藏于皇史宬，清初移入翰林院。乾隆时清点，已只有 9000 余册。光绪元年（1875），只剩下不及

---

① 杜泽逊：《〈四库〉底本与〈永乐大典〉遭焚探秘》，载《中华读书报》，2003-02-26。

② 另可参见《顾颉刚全集》（北京，中华书局，2010）第 16 册"读书笔记卷一"第 233 页："《梦忆》卷六'韵山'一条云：'胡仪部青莲携其尊人所出中秘书，名《永乐大典》者……大帙三十余本，一韵中之一字犹不尽焉。'可见《永乐大典》在明代即有遗失，清代开四库馆时固已不全矣。偷了三百余年，到光绪庚子，所剩原已无多，乃归罪于联军，不亦冤与！"

5000 册。光绪三年(1877),只剩下 3000 余册。光绪十九年(1893),只剩下 600 余册(一说 800 余册)。1900 年庚子事变,剩余《大典》一部分被焚毁,一部分被盗掠。宣统元年(1909),清点翰林院残存《大典》,只有 64 册。从光绪元年到十九年,《大典》散亡了 4000 余册,均为国人所盗去,这是有史料记载的,如光绪十一、十三年,文廷式借读了《大典》300 余册,而盗走了 100 余册。倘照此下去,《大典》之命运,没有庚子事变,也一样要走向最后的散佚的。

《大典》的最后散佚确实是因 1900 年庚子事变翰林院被焚,但当时翰林院中只剩不到十分之一的《大典》,十分之九的《大典》在这之前已被国人盗走了。也就是说,最后的散佚,并非是最严重的散佚。由于目前学界与媒体总是在渲染外国人的侵略造成《大典》最后散佚,以至于造成人们普遍认为,外国人应对《大典》的散佚负主要责任。显然,这一理解是失之偏颇的。

附录一 《永乐大典》现存卷目表

说明：

1. 以著录原本（指嘉靖抄本）为主，若原本不存，只有仿抄本、抄本或摄影本，则视之若原本而予以著录。

2. 收藏者均据现称谓著录。例如，原台北"中央图书馆"，现称台北"国家图书馆"。英国大英博物馆的图书，已于1972年归入新成立的英国国家图书馆，故原著录收藏者为英国人英博物馆的，均改为英国国家图书馆。

序号	卷序号	韵部	现藏	序号	卷序号	韵部	现藏
1	480 481	一东	中国国家图书馆	7	554 555 556	一东	东洋文库（日本）
2	485 486	一东	台北"国家图书馆"	8	623 624	一东	中国国家图书馆
3	489 490	一东	台北"故宫博物院"	9	661 662	一东	台北"故宫博物院"
4	538 539	一东	中国国家图书馆	10	665 666	一东	京都大学人文科学研究所（日本）
5	540 541	一东	中国国家图书馆	11	782 783 784	二支	台北"故宫博物院"
6	551 552 553	一东	中国国家图书馆	12	803 804 805 806	二支	都柏林切斯特·比蒂图书馆（爱尔兰）

序号	卷序号	韵部	现藏	序号	卷序号	韵部	现藏
13	807 808	二支	牛津大学博德利图书馆(英国)	26	975 976	二支	台北"故宫博物院"
14	821 822 823	二支	中国国家图书馆	27	978	二支	中国国家图书馆
15	849 850 851	二支	东洋文库(日本)	28	980	二支	中国国家图书馆
16	895 896	二支	中国国家图书馆	29	981	二支	哈佛大学哈佛燕京图书馆(美国)
17	899 900	二支	中国国家图书馆	30	1033	二支	柏林民族学博物馆(德国)
18	901 902	二支	中国国家图书馆	31	1036 1037	二支	牛津大学博德利图书馆(英国)
19	903 904	二支	柏林民族学博物馆(德国)	32	1056	二支	东洋文库(日本)
20	905 906 907	二支	中国国家图书馆	33	1188	二支	东洋文库(日本)
21	908 909	二支	天理图书馆(日本)	34	1191	二支	共存二、三、四、五、七共五叶。其中第四叶藏上海图书馆,第五叶藏南京图书馆,其余三叶不详。中国国家图书馆藏该五叶摄影本
22	910 911 912	二支	京都大学附属图书馆(日本)	35	1192	二支	东洋文库(日本)
23	913 914	二支	英国国家图书馆	36	1200	二支	东洋文库(日本)
24	917 918 919	二支	中国国家图书馆	37	1310	三微	台北"中研院"历史语言研究所傅斯年图书馆(存四叶半)
25	920 921 922	二支	中国国家图书馆	38	2190 2191	六模	中国国家图书馆(仿抄本)

序号	卷序号	韵部	现藏	序号	卷序号	韵部	现藏
39	2217 2218	六模	中国国家图书馆	52	2276	六模	中国国家图书馆
40	2236 2237	六模	小川广己（小川雅人）（日本）	53	2277 2278	六模	中国国家图书馆
41	2254 2255	六模	东洋文库（日本）	54	2279 2280 2281	六模	日本国立国会图书馆
42	2256	六模	静嘉堂文库（日本）	55	2282 2283	六模	东洋文库（日本）
43	2257 2258 2259	六模	台北"故宫博物院"	56	2337 2338 2339	六模	静嘉堂文库（日本）
44	2260 2261	六模	原藏河内远东学院（越南），现下落不详。中国国家图书馆藏摄影本	57	2340 2341 2342	六模	中国国家图书馆
45	2262 2263	六模	中国国家图书馆	58	2343 2344	六模	中国国家图书馆
46	2264 2265	六模	中国国家图书馆	59	2345 2346 2347	六模	中国国家图书馆
47	2266 2267	六模	原藏河内远东学院（越南），现下落不详。中国国家图书馆藏摄影本	60	2367 2368 2369	六模	中国国家图书馆
48	2268 2269	六模	原为法国私人收藏，2020年7月中国浙江收藏家金亮先生通过拍卖购得	61	2398 2399	六模	天理图书馆（日本）
49	2270 2271	六模	中国国家图书馆	62	2400	六模	台北"中研院"历史语言研究所傅斯年图书馆
50	2272 2273 2274	六模	中国国家图书馆	63	2401	六模	中国国家图书馆
51	2275	六模	中国国家图书馆	64	2404 2405	六模	原藏河内远东学院（越南），现下落不详。中国国家图书馆藏摄影本

续表

序号	卷序号	韵部	现藏	序号	卷序号	韵部	现藏
65	2406 2407 2408	六模	中国国家图书馆	81	2810 2811	八灰	台北"故宫博物院"
66	2535 2536	七皆	中国国家图书馆	82	2812 2813	八灰	台北"故宫博物院"
67	2537 2538	七皆	中国国家图书馆	83	2948 2949	九真	台北"故宫博物院"
68	2539 2540	七皆	中国国家图书馆	84	2950 2951	九真	台北"故宫博物院"
69	2603 2604	七皆	中国国家图书馆	85	2952 2953	九真	台北"故宫博物院"
70	2605 2606 2607	七皆	中国国家图书馆	86	2954 2955	九真	台北"故宫博物院"
71	2608 2609	七皆	武田科学振兴财团杏雨书屋（日本）	87	2972	九真	中国国家图书馆
72	2610 2611	七皆	东洋文库（日本）	88	2973	九真	中国国家图书馆
73	2737 2738	八灰	天理图书馆（日本）	89	2978 2979 2980	九真	中国国家图书馆
74	2739 2740	八灰	中国国家图书馆	90	2999 3000	九真	中国国家图书馆
75	2741 2742	八灰	中国国家图书馆	91	3001	九真	台北"故宫博物院"
76	2743 2744	八灰	台北"故宫博物院"	92	3002	九真	英国国家图书馆
77	2754 2755	八灰	中国国家图书馆	93	3003 3004	九真	中国国家图书馆
78	2806	八灰	静嘉堂文库（日本）	94	3005 3006 3007	九真	中国国家图书馆
79	2807	八灰	中国国家图书馆	95	3008	九真	中国国家图书馆
80	2808 2809	八灰	台北"故宫博物院"	96	3009 3010	九真	中国国家图书馆

续表

序号	卷序号	韵部	现藏	序号	卷序号	韵部	现藏
97	3133 3134	九真	中国国家图书馆	113	3614	十寒	中国国家图书馆
98	3141 3142	九真	台北"故宫博物院"	114	3615	十寒	台北"故宫博物院"
99	3143 3144	九真	台北"故宫博物院"	115	3944 3945	十寒	伦敦大学亚非学院图书馆（英国）
100	3145 3146	九真	中国国家图书馆	116	4908 4909	十二先	柏林民族学博物馆（德国）
101	3147 3148 3149	九真	台北"故宫博物院"	117	4923	十二先	中国国家图书馆（清抄本）
102	3150 3151	九真	中国国家图书馆	118	4924	十二先	中国国家图书馆（清抄本）
103	3155 3156	九真	中国国家图书馆	119	4925	十二先	中国国家图书馆（清抄本）
104	3507 3508	九真	台北"故宫博物院"	120	4926	十二先	中国国家图书馆（清抄本）
105	3518 3519	九真	中国国家图书馆	121	4927	十二先	中国国家图书馆（清抄本）
106	3525 3526	九真	中国国家图书馆	122	4928	十二先	中国国家图书馆（清抄本）
107	3527 3528	九真	中国国家图书馆	123	4929	十二先	中国国家图书馆（清抄本）
108	3549	九真	台北"故宫博物院"	124	4930	十二先	中国国家图书馆（清抄本）
109	3579 3580 3581	九真	台北"国家图书馆"	125	4931	十二先	中国国家图书馆（清抄本）
110	3582 3583	九真	静嘉堂文库（日本）	126	4932	十二先	中国国家图书馆（清抄本）
111	3584 3585	九真	台北"中研院"历史语言研究所傅斯年图书馆	127	4933	十二先	中国国家图书馆（清抄本）
112	3586 3587	九真	台北"故宫博物院"	128	4934	十二先	中国国家图书馆（清抄本）

序号	卷序号	韵部	现藏	序号	卷序号	韵部	现藏
129	4935	十二先	中国国家图书馆（清抄本）	146	5769 5770	十六麻	中国国家图书馆
130	4936 4937	十二先	中国国家图书馆（清抄本）	147	5838 5839 5840	十六麻	台北"故宫博物院"
131	4938	十二先	中国国家图书馆（清抄本）	148	6504 6505	十八阳	中国国家图书馆
132	4939 4940	十二先	中国国家图书馆（清抄本）	149	6523 6524	十八阳	中国国家图书馆
133	5199	十二先	东洋文库（日本）	150	6558 6559	十八阳	中国国家图书馆
134	5200 5201	十二先	东洋文库（日本）	151	6564 6565	十八阳	中国国家图书馆
135	5202 5203	十二先	东洋文库（日本）	152	6584	十八阳	台北"故宫博物院"
136	5204 5205	十二先	东洋文库（日本）	153	6641	十八阳	牛津大学博德利图书馆（英国）
137	5244 5245	十三萧	牛津大学博德利图书馆（英国）	154	6697	十八阳	静嘉堂文库（日本）
138	5248 5249	十三萧	中国国家图书馆	155	6698 6699	十八阳	静嘉堂文库（日本）
139	5251 5252	十三萧	中国国家图书馆	156	6700 6701	十八阳	台北"国家图书馆"
140	5268	十三萧	东洋文库（日本）	157	6764 6765	十八阳	台北"故宫博物院"
141	5296 5297	十三萧	中国国家图书馆	158	6766 6767	十八阳	台北"故宫博物院"
142	5343	十三萧	中国国家图书馆	159	6826 6827	十八阳	东洋文库（日本）
143	5345	十三萧	中国国家图书馆	160	6828 6829	十八阳	静嘉堂文库（日本）
144	5453 5454	十四爻	中国国家图书馆	161	6830	十八阳	静嘉堂文库（日本）
145	5455 5456	十四爻	天理图书馆（日本）	162	6831 6832	十八阳	美国国会图书馆

序号	卷序号	韵部	现藏	序号	卷序号	韵部	现藏
163	6837 6838	十八阳	中国国家图书馆	179	7328	十八阳	中国国家图书馆
164	6850 6851	十八阳	英国国家图书馆	180	7329	十八阳	台北"故宫博物院"
165	6933 6934	十八阳	英国国家图书馆	181	7378 7379	十八阳	台北"故宫博物院"
166	7078 7079 7080	十八阳	柏林国家图书馆（德国）	182	7385 7386	十八阳	中国国家图书馆
167	7104 7105	十八阳	台北"故宫博物院"	183	7387 7388	十八阳	中国国家图书馆
168	7159	十八阳	中国国家图书馆	184	7389 7390	十八阳	英国国家图书馆
169	7213 7214	十八阳	中国国家图书馆	185	7391 7392	十八阳	原为法国私人收藏，2020年7月中国浙江收藏家金亮先生通过拍卖购得
170	7235 7236	十八阳	中国国家图书馆	186	7393 7394	十八阳	中国国家图书馆
171	7237 7238	十八阳	东洋文库（日本）	187	7449 7450	十八阳	中国国家图书馆
172	7239 7240	十八阳	中国国家图书馆	188	7453 7454	十八阳	台北"故宫博物院"
173	7241 7242	十八阳	台北"故宫博物院"	189	7455	十八阳	中国国家图书馆
174	7303 7304	十八阳	天理图书馆（日本）	190	7456 7457	十八阳	中国国家图书馆
175	7322 7323 7324	十八阳	上海图书馆	191	7458	十八阳	中国国家图书馆
176	7325	十八阳	中国国家图书馆	192	7459 7460	十八阳	中国国家图书馆
177	7326	十八阳	中国国家图书馆	193	7461 7462	十八阳	中国国家图书馆
178	7327	十八阳	台北"中研院"历史语言研究所傅斯年图书馆	194	7506	十八阳	中国国家图书馆

续表

序号	卷序号	韵部	现藏	序号	卷序号	韵部	现藏
195	7507	十八阳	中国国家图书馆	211	7960 7961 7962	十九庚	中国国家图书馆
196	7510	十八阳	中国国家图书馆	212	7963	十九庚	台北"故宫博物院"
197	7511 7512	十八阳	东洋文库（日本）	213	8020	十九庚	中国国家图书馆
198	7513 7514	十八阳	中国国家图书馆	214	8021	十九庚	牛津大学博德利图书馆（英国）
199	7515 7516	十八阳	牛津大学博德利图书馆（英国）	215	8022 8023 8024	十九庚	英国国家图书馆
200	7517 7518	十八阳	中国国家图书馆	216	8025 8026	十九庚	台北"故宫博物院"
201	7543	十八阳	中国国家图书馆	217	8089 8090	十九庚	英国国家图书馆
202	7602 7603	十八阳	中国国家图书馆	218	8091 8092 8093	十九庚	中国国家图书馆
203	7650 7651	十八阳	台北"故宫博物院"	219	8164 8165	十九庚	中国国家图书馆
204	7677	十九庚	牛津大学博德利图书馆（英国）	220	8199	十九庚	中国国家图书馆
205	7701 7702	十九庚	台北"故宫博物院"	221	8268 8269	十九庚	英国国家图书馆
206	7756 7757	十九庚	哈佛大学哈佛燕京图书馆（美国）	222	8275	十九庚	英国国家图书馆
207	7856 7857	十九庚	台北"故宫博物院"	223	8339	十九庚	台北"故宫博物院"
208	7889 7890	十九庚	中国国家图书馆	224	8413 8414	十九庚	中国国家图书馆
209	7891 7892	十九庚	中国国家图书馆	225	8506 8507	十九庚	中国国家图书馆
210	7893 7894 7895	十九庚	中国国家图书馆	226	8526 8527	十九庚	台北"故宫博物院"

序号	卷序号	韵部	现藏	序号	卷序号	韵部	现藏
227	8569 8570	十九庚	神户黑川古文化研究所（日本）	241	9762 9763 9764	二十二覃	中国国家图书馆
228	8587 8588	十九庚	台北"故宫博物院"	242	9765 9766	二十二覃	石黑传六（日本）
229	8628 8629	十九庚	原藏河内远东学院（越南），现下落不详。中国国家图书馆藏摄影本	243	10110 10111 10112	二纸	都柏林切斯特·比蒂图书馆（爱尔兰）
230	8647 8648	十九庚	大阪府立中之岛图书馆（日本）	244	10115 10116	二纸	伦敦大学亚非学院图书馆（英国）
231	8706	十九庚	中国国家图书馆	245	10135 10136	二纸	牛津大学博德利图书馆（英国）
232	8782 8783	十九庚	原本下落不明。韩国奎章阁藏 1935 年仿抄本。中国国家图书馆藏摄影本	246	10270 10271	二纸	洛杉矶圣玛利诺亨廷顿图书馆（美国）
233	8841 8842 8843	二十尤	哈佛大学哈佛燕京图书馆（美国）	247	10286 10287	二纸	中国国家图书馆
234	8844 8845	二十尤	台北"故宫博物院"	248	10309 10310	二纸	中国国家图书馆
235	8908	二十尤	台北"故宫博物院"	249	10421 10422	四济	台北"国家图书馆"
236	8909 8910	二十尤	台北"故宫博物院"	250	10458 10459	四济	中国国家图书馆
237	8978	二十尤	中国国家图书馆	251	10460	四济	牛津大学博德利图书馆（英国）
238	8979	二十尤	中国国家图书馆	252	10483 10484	四济	台北"故宫博物院"
239	8980 8981	二十尤	台北"故宫博物院"	253	10539 10540	四济	东洋文库（日本）
240	9561	二十二覃	东洋文库（日本）	254	10812 10813 10814	六姥	东洋文库（日本）

序号	卷序号	韵部	现藏	序号	卷序号	韵部	现藏
255	10876 10877	六姥	台北"故宫博物院"	271	11368 11369	十一产	原藏伦敦图书馆（英国），现下落不详。中国国家图书馆藏摄影本
256	10888 10889	六姥	中国国家图书馆	272	11412 11413	十一产	东洋文库（日本）
257	10934 10935	六姥	美国国会图书馆	273	11598 11599	十四巧	东洋文库（日本）
258	10949 10950	六姥	美国国会图书馆	274	11602 11603	十四巧	东洋文库（日本）
259	10998 10999	六姥	美国国会图书馆	275	11615 11616	十四巧	东洋文库（日本）
260	11000 11001	六姥	美国国会图书馆	276	11618 11619	十四巧	美国国会图书馆
261	11076 11077	八贿	美国国会图书馆	277	11620	十四巧	中国国家图书馆
262	11127 11128	八贿	中国国家图书馆	278	11848 11849	十八养	东洋文库（日本）
263	11129 11130	八贿	中国国家图书馆	279	11887 11888	十八养	英国国家图书馆
264	11131 11132	八贿	中国国家图书馆	280	11903 11904	十八养	英国国家图书馆
265	11133 11134	八贿	中国国家图书馆	281	11905 11906 11907	十八养	中国国家图书馆（文廷式抄本）。阿伯丁大学图书馆（英国）藏"卷11907"一册嘉靖副本
266	11135	八贿	中国国家图书馆	282	11951 11952	十九梗	美国国会图书馆
267	11136 11137	八贿	中国国家图书馆	283	11953 11954 11955	十九梗	美国国会图书馆
268	11138 11139	八贿	中国国家图书馆	284	11956 11957	十九梗	美国国会图书馆
269	11140 11141	八贿	中国国家图书馆	285	11958 11959	十九梗	美国国会图书馆
270	11312 11313	十罕	伦敦大学亚非学院图书馆（英国）	286	11960	十九梗	美国国会图书馆

序号	卷序号	韵部	现藏	序号	卷序号	韵部	现藏
287	11980 11981	十九梗	美国国会图书馆	302	12929 12930	一送	京都大学附属图书馆（日本）
288	12013 12014	二十有	美国国会图书馆	303	12960 12961 12962	一送	美国国会图书馆
289	12015 12016	二十有	美国国会图书馆	304	12963 12964 12965	一送	美国国会图书馆
290	12017 12018	二十有	美国国会图书馆	305	12966 12967 12968	一送	美国国会图书馆
291	12043 12044	二十有	美国国会图书馆	306	12969 12970 12971	一送	美国国会图书馆
292	12071 12072	二十有	美国国会图书馆	307	13017	一送	中国国家图书馆
293	12148	二十有	美国国会图书馆	308	13018	一送	中国国家图书馆
294	12269	一送	美国国会图书馆	309	13019	一送	中国国家图书馆、东洋文库（日本）（中国国家图书馆存前半卷，东洋文库存后半卷）
295	12270 12271	一送	美国国会图书馆	310	13020	一送	台北"故宫博物院"
296	12272 12273 12274	一送	美国国会图书馆	311	13074 13075	一送	台北"故宫博物院"
297	12275 12276	一送	美国国会图书馆	312	13082 13083 13084	一送	中国国家图书馆
298	12306 12307 12308	一送	美国国会图书馆	313	13135 13136	一送	中国国家图书馆
299	12399 12400	一送	美国国会图书馆	314	13139 13140	一送	东洋文库（日本）
300	12428 12429	一送	美国国会图书馆	315	13189 13190	一送	柏林民族学博物馆（德国）
301	12506 12507	一送	美国国会图书馆	316	13193 13194	一送	伦敦大学亚非学院图书馆（英国）

序号	卷序号	韵部	现藏	序号	卷序号	韵部	现藏
317	13201 13202 13203	一送	英国国家图书馆	334	13991	三未	台北"国家图书馆"
318	13340 13341	二寘	英国国家图书馆	335	13992 13993	三未	英国国家图书馆
319	13344 13345	二寘	美国国会图书馆	336	14046	四霁	中国国家图书馆
320	13450	二寘	中国国家图书馆	337	14049 14050	四霁	中国国家图书馆
321	13451 13452	二寘	天理图书馆（日本）	338	14051 14052	四霁	中国国家图书馆
322	13453	二寘	康奈尔大学图书馆（美国）	339	14053 14054	四霁	中国国家图书馆
323	13494 13495	二寘	中国国家图书馆	340	14055 14056	四霁	美国国会图书馆
324	13496 13497	二寘	英国国家图书馆	341	14124 14125	四霁	天理图书馆（日本）
325	13498 13499	二寘	英国国家图书馆	342	14131	四霁	美国国会图书馆
326	13506 13507	二寘	中国国家图书馆	343	14217 14218	四霁	台北"故宫博物院"
327	13589 13590	二寘	美国国会图书馆	344	14219 14220	四霁	英国国家图书馆
328	13629	二寘	伦敦大学亚非学院图书馆(英国)	345	14380 14381	四霁	中国国家图书馆
329	13822 13823 13824	二寘	台北"故宫博物院"	346	14382 14383	四霁	中国国家图书馆
330	13872 13873	三未	牛津大学博德利图书馆(英国)	347	14384	四霁	中国国家图书馆
331	13874 13875	三未	牛津大学博德利图书馆(英国)	348	14385	四霁	牛津大学博德利图书馆(英国)
332	13876 13877 13878	三未	英国国家图书馆	349	14461 14462	五御	中国国家图书馆
333	13879 13880	三未	康奈尔大学图书馆（美国）	350	14463 14464	五御	中国国家图书馆

续表

序号	卷序号	韵部	现藏	序号	卷序号	韵部	现藏
351	14536 14537	五御	中国国家图书馆	367	14949	六暮	普林斯顿大学葛思德图书馆(美国)
352	14544 14545	五御	中国国家图书馆	368	14998	七泰	中国国家图书馆
353	14574 14575 14576	六暮	中国国家图书馆	369	14999	七泰	中国国家图书馆
354	14607 14608 14609	六暮	牛津大学博德利图书馆(英国)	370	15073 15074 15075	七泰	牛津大学博德利图书馆(英国)
355	14620 14621	六暮	中国国家图书馆	371	15138 15139	七泰	中国国家图书馆
356	14622	六暮	牛津大学博德利图书馆(英国)	372	15140 15141	八队	中国国家图书馆
357	14624 14625	六暮	中国国家图书馆	373	15142	八队	美国国会图书馆
358	14626	六暮	中国国家图书馆	374	15143	八队	美国国会图书馆
359	14627	六暮	牛津大学博德利图书馆(英国)	375	15868 15869 15870	九震	康奈尔大学图书馆(美国)
360	14628 14629	六暮	天理图书馆(日本)	376	15873 15874 15875	九震	中国国家图书馆
361	14707 14708	六暮	中国国家图书馆	377	15897 15898	九震	台北"国家图书馆"
362	14837	六暮	台北"故宫博物院"	378	15948 15949	九震	东洋文库(日本)
363	14838	六暮	台北"故宫博物院"	379	15950 15951	九震	美国国会图书馆
364	14912	六暮	台北"中研院"历史语言研究所傅斯年图书馆	380	15955 15956	九震	英国国家图书馆
365	14947	六暮	东洋文库(日本)	381	15957 15958	九震	纽约市公共图书馆抄本档案部(美国)
366	14948	六暮	中国国家图书馆	382	16217 16218	十翰	牛津大学博德利图书馆(英国)

续表

序号	卷序号	韵部	现藏	序号	卷序号	韵部	现藏
383	16343 16344	十翰	剑桥大学图书馆（英国）	397	19424 19425 19426	二十二勘	东洋文库（日本）
384	16841 16842	十二霰	台北"故宫博物院"	398	19636 19637	一屋	台北"故宫博物院"
385	17084 17085	十三啸	静嘉堂文库（日本）	399	19735	一屋	牛津大学博德利图书馆（英国）
386	18207 18208 18209	十八漾	台北"故宫博物院"	400	19737 19738 19739	一屋	剑桥大学图书馆（英国）
387	18222 18223 18224	十八漾	中国国家图书馆	401	19740 19741	一屋	英国国家图书馆
388	18244 18245	十八漾	英国国家图书馆	402	19742 19743	一屋	美国国会图书馆
389	18402 18403	十八漾	中国国家图书馆	403	19781 19782	一屋	康奈尔大学图书馆（美国）
390	18764 18765 18766	十九敬	中国国家图书馆	404	19783 19784	一屋	康奈尔大学图书馆（美国）
391	18767 18768 18769	十九敬	中国国家图书馆	405	19785 19786	一屋	美国国会图书馆
392	18770 18771	十九敬	中国国家图书馆	406	19789 19790	一屋	英国国家图书馆
393	19416 19417	二十二勘	东洋文库（日本）	407	19791	一屋	四川大学博物馆
394	19418 19419	二十二勘	东洋文库（日本）	408	19792	一屋	美国国会图书馆
395	19420 19421	二十二勘	东洋文库（日本）	409	19865 19866	一屋	切斯特·比蒂图书馆（爱尔兰）。原著录收藏者为英国马登。其中卷19866中华书局影印本缺第八页前半页，《海外新发现〈永乐大典〉十七卷》收入了完整的此卷
396	19422 19423	二十二勘	东洋文库（日本）	410	19931	一屋	台北"故宫博物院"

序号	卷序号	韵部	现藏	序号	卷序号	韵部	现藏
411	20121 20122	二质	台北"故宫博物院"	424	20478 20479	二质	台北"国家图书馆"
412	20139	二质	牛津大学博德利图书馆（英国）	425	20648 20649	二质	中国国家图书馆
413	20181 20182	二质	英国国家图书馆	426	20850 20851	二质	英国国家图书馆
414	20197	二质	台北"故宫博物院"	427	21025 21026	三术	台北"故宫博物院"
415	20204 20205	二质	中国国家图书馆	428	21029 21030 21031	三术	中国国家图书馆
416	20308 20309	二质	台北"故宫博物院"	429	21983 21984	七药	中国国家图书馆
417	20310 20311	二质	台北"故宫博物院"	430	22180 22181 22182	八陌	中国国家图书馆
418	20353 20354	二质	中国国家图书馆	431	22536 22537	九缉	中国国家图书馆
419	20372	二质	台北"国家图书馆"（原误为卷20572）	432	22570 22571 22572	九缉	中国国家图书馆
420	20373	二质	普林斯顿大学葛思德图书馆（美国）（原误为卷20573）	433	22576 22577 22578	九缉	中国国家图书馆
421	20424 20425	二质	中国国家图书馆	434	22749 22750	十合	中国国家图书馆
422	20426 20427	二质	台北"故宫博物院"	435	22760	十合	中国图家图书馆
423	20428	二质	台北"故宫博物院"	436	22761	十合	台北"故宫博物院"。傅增湘《藏园群书经眼录》（北京，中华书局，1983）846页误著录为卷22061

附录二 现存《永乐大典》零叶

说明：《大典》残本中缺叶较多，而且缺叶多少不等。此表所收为残存一至两叶的《大典》。

序号	卷数	韵部	现　藏	备　注
1	720	二支	中国国家图书馆	仅存第十六叶
2	1187	二支	不详。中国国家图书馆藏摄影本	存二十、二十一两叶
3	8094	十九庚	庆应大学附属研究所斯道文库（日本）	仅存第十一叶
4	10787	五语	中国国家图书馆	存第四、五两叶
5	20675	二质	中国国家图书馆	仅存第十一叶

附录三　待访《永乐大典》卷目

说明：所收为 1911 年之后曾明确存世而现已失踪之《大典》。

序号	卷数	韵部	旧　藏	备　　注
1	482 483 484	一东	"满铁"大连图书馆	原为两册。1945 年之后此两册失踪
2	1491 1492	三微		其中卷 1492 曾藏北京人文科学研究所东方文化图书馆
3	3406	九真	长兴王氏	半册
4	5416	十三萧	长兴王氏	半册
5	6771	十八阳	德化李氏	
6	8430	十九庚	不详	傅增湘曾经眼
7	8707	十九庚	东莞莫氏	
8	12319	一送	"满铁"大连图书馆	1945 年之后此册失踪
9	18628 18629	十九敬	田中庆太郎	
10	20300	二质	不详	傅增湘曾经眼

参考文献

（清）叶绍本. 白鹤山房诗钞. 影印《续修四库全书》本. 上海：上海古籍出版社，1999.

（清）卢址. 抱经楼书目. 四卷. 抄本.

北京人文科学研究所. 北京人文科学研究所藏书目录. 北京：北京人文科学研究所，1938.

（清）陆心源. 皕宋楼藏书志. 影印《清人书目题跋丛刊》本. 北京：中华书局，1990.

台北"中央图书馆"特藏组. 标点善本题跋集录. 台北：台北"中央图书馆"，1992.

［英］杜格拉（Robert Kennaway Douglas）. 不列颠博物院图书馆中国书籍绘画目录. 1877.

（清）莫友芝. 藏园订补邵亭知见传本书目. 傅增湘，订补. 北京：中华书局，2009.

傅增湘. 藏园群书经眼录. 北京：中华书局，1983.

傅增湘. 藏园群书题记. 上海：上海古籍出版社，1989.

刘声木. 苌楚斋随笔. 北京：中华书局，1998.

吴晗辑. 朝鲜李朝实录中的中国史料. 北京：中华书局，1980.

陈香白. 潮州三阳图志辑稿. 广州：中山大学出版社，1989.

陈智超. 陈智超自选集. 合肥：安徽大学出版社，2003.

（清）恽毓鼎. 崇陵传信录.《近代稗海》（章伯峰、顾亚主编）本. 成都：四川人民出版社，1989.

（清）孙承泽. 春明梦余录. 北京：北京古籍出版社，1992.

（清）文廷式. 纯常子枝语. 扬州：广陵书社，1979.

（清）法式善. 存素堂文集. 影印《续修四库全书》本. 上海：上海古籍出版社，1999.

（清）法式善. 存素堂文集续集. 影印《续修四库全书》本. 上海：上海古籍出版社，1999.

（清）戴震. 戴震全集. 北京：清华大学出版社，1991.

（清）戴震. 戴震文集. 北京：中华书局，1980.

（清）徐乾学. 憺园文集. 影印《续修四库全书》本. 上海：上海古籍出版社，1999.

蒋芷侪. 都门识小录. 《清季野史》（胡寄尘编）第一编. 长沙：岳麓书社，1985.

（清）英和. 恩福堂笔记·诗钞·年谱. 北京：北京古籍出版社，1991.

（明）陈文烛. 二酉园文集. 民国间影印《湖北先正遗书》本.

法式善藏名人手札. 清稿本.

（清）方苞. 方苞集. 上海：上海古籍出版社，1983.

黄苇. 方志学. 上海：复旦大学出版社，1993.

吕志毅. 方志学史. 保定：河北大学出版社，1993.

（明）陈循. 芳洲文集. 影印《四库全书存目丛书》本. 济南：齐鲁书社，1995.

汤蔓媛. 傅斯年图书馆善本古籍题跋辑录. 台北：台北"中研院"历史语言研究所，2008.

（清）翁方纲. 复初斋诗集. 影印《续修四库全书》本. 上海：上海古籍出版社，1999.

（明）高拱. 高文襄公集. 影印《四库全书存目丛书》本. 济南：齐鲁书社，1995.

叶启发. 稿本华鄂堂读书小识. 北京：全国图书馆文献缩微复制中心，1996.

柴萼. 庚辛记事.《梵天庐丛录》本. 上海：中华书局，1936.

［英］普特南·威尔. 庚子使馆被围记. 冷汰、陈诒先译. 上海：上海书店出版社，2000.

王献唐. 顾黄书寮杂录. 济南：齐鲁书社，1984.

(明)王锜，(明)于慎行. 寓圃杂记　谷山笔麈. 北京：中华书局，1984.

金梁. 光宣小记. 上海：上海书店出版社，1998.

孙学雷. 国家图书馆藏清代孤本外交档案. 北京：全国图书馆文献缩微复制中心，2003.

国立北平图书馆. 国立北平图书馆馆刊. 北京：书目文献出版社，1992.

翰林院旧书目录. 燕京大学图书馆抄本. 1937.

严绍璗. 汉籍在日本的流布研究. 南京：江苏古籍出版社，1992.

(清)毛奇龄. 杭志三诘三误辨. 影印《四库全书存目丛书》本. 济南：齐鲁书社，1995.

(清)龚嘉隽. (光绪)杭州府志. 台北：成文出版社，1974.

(元)佚名. 河南志. (清)徐松，辑. 北京：中华书局，1994.

(清)何绍基. 何绍基手写日记. 台北：世界书局，1971.

北京大学信息管理系、台北胡适纪念馆. 胡适王重民先生往来书信集. 北京：北京图书馆出版社，2009.

缪荃孙等. 嘉业堂藏书志. 吴格，整理点校. 上海：复旦大学出版社，1997.

刘承干. 嘉业堂所藏永乐大典引用书目. 民国抄本.

周子美. 嘉业堂钞校本目录　天一阁藏书经见录. 上海：华东师范大学出版社，1986.

(清)梁维枢. 见君子阁日笺. 稿本.

陈智超. 解开《宋会要》之谜. 北京：社会科学文献出版社，1995.

(清)萧穆. 敬孚类稿.《近代中国史料丛刊》本. 台北：文海出版社，1969.

九国志.《丛书集成初编》本. 北京：中华书局，1985.

(明)顾起元. 客座赘语. 影印《续修四库全书》本. 上海：上海古籍出版社，1999.

(金)王寂. 辽东行部志注释. 张博泉，注. 哈尔滨：黑龙江人民出版社，1984.

孙殿起. 琉璃厂小志. 北京：北京古籍出版社，2001.

(清)刘可毅. 刘葆真太史文集. 宣统二年(1910)刻本.

吕忠穆公年谱. 一卷；勤王记. 一卷；遗事. 一卷；逢辰记. 一卷. 清乾隆四十二年孔继涵家抄本.

(清)张焕、贾永宗. (乾隆)满城县志. 清乾隆十六年(1751)刻本.

(清)赵擢彤，宋缙. (嘉庆)孟津县志. 清嘉庆二十年(1815)刻本.

陈学霖. 明代人物与传说. 香港：香港中文大学出版社，1997.

(明)过庭训. 明分省人物考. 台北：成文出版社，1971.

名公书判清明集. 民国初年张元济《续古逸丛书》影印本. 明隆庆三年盛时选刻蓝印本.

张升. 明清宫廷藏书研究. 北京：商务印书馆，2006.

朱鸿林. 明人著作与生平发微. 桂林：广西师范大学出版社，2005.

(清)张廷玉等. 明史. 北京：中华书局，1974.

明实录. 上海：上海书店出版社，1984.

(清)李绂. 穆堂别稿. 影印《续修四库全书》本. 上海：上海古籍出版社，1999.

(清)李绂. 穆堂初稿. 影印《续修四库全书》本. 上海：上海古籍出版社，1999.

李盛铎. 木犀轩藏书题记及书录. 北京：北京大学出版社，1985.

(宋)张镃. 南湖集.《丛书集成初编》本. 北京：中华书局，1985.

(清)陈昌图. 南屏山房集. 影印《四库未收书辑刊》本. 北京：北京出版社，2000.

方甦生. 清内阁库贮旧档辑刊. 第二编. 北平：国立北平故宫博物院文献馆，1935.

(明)胡汝砺.（嘉靖）宁夏新志. 台北：成文出版社，1968.

缪荃孙. 藕香拾零. 北京：中华书局，1999.

(明)吴宽. 匏翁家藏集. 影印《四部丛刊》初编本. 上海：上海书店，1989.

(清)孔广森. 骈俪文. 影印《续修四库全书》本. 上海：上海古籍出版社，1999.

(清)钱大昕. 潜研堂文集. 影印《续修四库全书》本. 上海：上海古籍出版社，1999.

(清)黄虞稷. 千顷堂书目. 上海：上海古籍出版社，2001.

章乃炜，王蔼人. 清宫述闻. 北京：紫禁城出版社，1990.

方甦生. 清内阁库贮旧档辑刊. 北平：国立北平故宫博物院文献馆，1935.

翁连溪. 清内府刻书档案史料汇编. 扬州：广陵书社，2007.

清史列传. 北京：中华书局，1987.

(明)姚福. 青溪暇笔. 影印《续修四库全书》本. 上海：上海古籍出版社，1999.

(清)全祖望. 全祖望集汇校集注. 朱铸禹，汇校集注. 上海：上海古籍出版社，2000.

饶宗颐. 饶宗颐潮汕地方史论集. 汕头：汕头大学出版社，1996.

(清)于敏中等.（钦定）日下旧闻考. 北京：北京古籍出版社，1985.

林存阳. 三礼馆：清代学术与政治互动的链环. 北京：社会科学文献出版社，2008.

(清)陈栻等.（道光）上元县志. 台北：成文出版社，1983.

(清)张岱. 石匮书 石匮书后集. 上海：上海古籍出版社，2008.

(清)钱大昕. 十驾斋养新录. 南京：江苏古籍出版社，2000.

黄云眉. 史学杂稿订存. 济南：齐鲁书社，1980.

沈津. 书城风弦录——沈津学术笔记. 桂林：广西师范大学出版社，2006.

(明)李思悦，李世芳.（万历）（重修）寿昌县志. 北京：全国图书馆文献缩微复制中心，1992.

（清）叶德辉. 书林清话. 长沙：岳麓书社，1999.

缪荃孙等.（光绪）顺天府志. 北京：北京古籍出版社，1987.

（清）朱筠. 笥河文集.《丛书集成初编》本. 北京：中华书局，1985.

杨家骆. 四库大辞典. 南京：词典馆，1935.

栾贵明. 四库辑本别集拾遗. 北京：中华书局，1983.

余嘉锡. 四库提要辨证. 昆明：云南人民出版社，2004.

司马朝军.《四库全书总目》编纂考. 武汉：武汉大学出版社，2005.

司马朝军.《四库全书总目》研究. 北京：社会科学文献出版社，2004.

（清）永瑢，纪昀. 四库全书总目提要. 海口：海南出版社，1999.

胡玉缙. 四库全书总目提要补正. 上海：上海书店出版社，1998.

黄爱平. 四库全书纂修研究. 北京：中国人民大学出版社，1989.

四川大学古籍整理研究所. 宋集珍本丛刊. 北京：线装书局，2004.

祝尚书. 宋人别集叙录. 北京：中华书局，1999.

王岚. 宋人文集编刻流传丛考. 南京：江苏古籍出版社，2001.

杨家骆. 宋人传记资料索引. 台北：鼎文书局，1980.

（明）陈柏. 苏山选集. 影印《四库全书存目丛书》本. 济南：齐鲁书社，1995.

（清）陈用光. 太乙舟诗集. 影印《续修四库全书》本. 上海：上海古籍出版社，1999.

（明）胡敬辰. 檀雪斋集. 影印《四库全书存目丛书》本. 济南：齐鲁书社，1995.

（清）张岱. 陶庵梦忆 西湖梦寻. 上海：上海古籍出版社，1982.

（清）法式善. 陶庐杂录. 北京：中华书局，1959.

（明）张四维. 条麓堂集. 影印《续修四库全书》本. 上海：上海古籍出版社，1999.

（明）沈德符. 万历野获编. 北京：中华书局，1959.

（明）王思任. 王季重先生文集. 清光绪七年（1881）刻《乾坤正气

集》本.

吕叔子. 文廷式集. 北京：中华书局，1993.

郑伟章. 文献家通考. 北京：中华书局，1999.

(明)杨士奇等. 文渊阁书目.《明代书目题跋丛刊》本. 北京：书目文献出版社，1994.

(宋)李昉等. 文苑英华. 北京：中华书局，1966.

(宋)夏竦. 文庄集. 清抄本.

陈义杰. 翁同龢日记. 北京：中华书局，1997.

(清)阮元. 梧门先生年谱. 清嘉庆二十一年(1816)刻本.

(明)谢肇淛. 五杂俎. 沈阳：辽宁教育出版社，2001.

武英殿聚珍版丛书. 清同治年间福建刻本.

(清)邹炳泰. 午风堂丛谈. 影印《续修四库全书》本. 上海：上海古籍出版社，1999.

(宋)员兴宗. 西陲笔略. 一卷. 清乾隆四十年(1775)孔继涵家抄本.

(宋)员兴宗. 绍兴采石大战始末. 一卷. 清乾隆四十年(1775)孔继涵家抄本.

郑振铎. 西谛书话. 北京：生活·读书·新知三联书店，1981.

(宋)谢逸. 溪堂集. 清乾隆五十四年(1789)鲍氏知不足斋抄本.

东方文化总委员会. 现存永乐大典引用书目. 民国油印本.

(清)昭梿. 啸亭杂录. 北京：中华书局，1980.

伦明等. 辛亥以来藏书纪事诗. 上海：上海古籍出版社，1999.

(清)杭世骏. 续礼记集说. 台北：明文书局，1992.

中国科学院图书馆. 续修四库全书总目提要. 济南：齐鲁书社，1996.

(清)吴振棫. 养吉斋丛录. 北京：北京古籍出版社，1983.

(清)沈叔埏. 颐彩堂文集. 影印《续修四库全书》本. 上海：上海古籍出版社，1999.

杨奉琨. 疑狱集　折狱龟鉴校释. 上海：复旦大学出版社，1988.

缪荃孙. 艺风堂文续集. 影印《续修四库全书》本. 上海：上海古籍出版社，1999.

缪荃孙. 艺风老人日记. 北京：北京大学出版社，1986.

中国第一历史档案馆编辑部. 义和团档案史料续编. 北京：中华书局，1990.

(元)刘埙. 隐居通议. 影印《文渊阁四库全书》本. 上海：上海古籍出版社，1987.

(清)沈廷芳. 隐拙斋集. 影印《四库全书存目丛书补编》本. 济南：齐鲁书社，2001.

胡滨. 英国蓝皮书有关义和团运动资料选译. 北京：中华书局，1980.

［英］杜格拉(Robert Kennaway Douglas). 英国博物院图书馆中国书籍钞本目录补编. 铅印本. 1903.

(明)解缙等. 永乐大典. 北京：中华书局，1986.

中国国家图书馆. 《永乐大典》编纂 600 周年国际研讨会论文集. 北京：北京图书馆出版社，2003.

永乐大典点存目录. 清抄本.

顾力仁. 永乐大典及其辑佚书研究. 台北：文史哲出版社，1985.

郭伯恭. 永乐大典考. 上海：商务印书馆，1938.

张忱石. 永乐大典史话. 北京：中华书局，1986.

永乐大典书目残本. 民国二十九年(1940)邵锐抄本、清道光二十八年(1848)张应鏖抄本.

栾贵明. 永乐大典索引. 北京：作家出版社，1997.

永乐大典戏文三种. 民国二十年(1931)古今小品书籍印行会印本.

张升. 《永乐大典》研究资料辑刊. 北京：北京图书馆出版社，2005.

(明)朱国祯. 涌幢小品. 北京：文化艺术出版社，1998.

(清)于敏中. 于文襄手札. 北平：北平图书馆，1933.

(明)王肯堂. 郁冈斋笔麈. 影印《四库全书存目丛书》本. 济南：齐鲁书社，1995.

（唐）李吉甫．元和郡县图志．北京：中华书局，1983.

（清）纪昀．阅微草堂笔记．石家庄：河北教育出版社，1991.

（清）祝德麟．悦亲楼诗集．影印《续修四库全书》本．上海：上海古籍出版社，1999.

张寿镛．约园杂著三编．民国三十四年（1945）印本．

恽毓鼎．恽毓鼎澄斋日记．杭州：浙江古籍出版社，2004.

（清）曾国藩．曾国藩全集·日记．长沙：岳麓书社，1987.

张人凤．张元济古籍书目序跋汇编．北京：商务印书馆，2003.

张树年，张人凤．张元济书札（增订本）．北京：商务印书馆，1997.

张元济，傅增湘．张元济傅增湘论书尺牍．北京：商务印书馆，1983.

（清）章学诚．章学诚遗书．北京：文物出版社，1985.

洪焕椿．浙江方志考．杭州：浙江人民出版社，1984.

（宋）郑克．折狱龟鉴．明万历二十三年（1595）张泰徵递修本、清抄本．

任继愈．中国藏书楼．沈阳：辽宁人民出版社，2001.

李希泌，张椒华．中国古代藏书与近代图书馆史料（春秋至五四前后）．北京：中华书局，1982.

曹书杰．中国古籍辑佚学论稿．长春：东北师范大学出版社，1998.

（清）钱大昕．竹汀先生日记钞．沈阳：辽宁教育出版社，1998.

（清）姚元之．竹叶亭杂记．上海：上海古籍出版社，1996.

（明）刘若愚．酌中志．北京：北京古籍出版社，1994.

张书才．纂修四库全书档案（全二册）．上海：上海古籍出版社，1997.

再版后记

　　本书初版于 2010 年。此次再版重印，改正了一些明显的错误，补写了新的研究现状。书中观点基本一仍其旧，可证岁月留痕。书末所附"《永乐大典》现存卷目表"则更新至 2020 年，以志犹有所待。书中肯定还会有不少错讹之处，望读者诸君有以教正。

　　策划编辑刘东明先生、责任编辑李春生先生为本书再版重印付出了诸多辛劳，在此谨致衷心的感谢！

张　升

2020 年 12 月

图书在版编目（CIP）数据

《永乐大典》流传与辑佚研究/张升著. —北京：
北京师范大学出版社，2021.6
（励耘史学文丛）
ISBN 978-7-303-26768-2

Ⅰ.①永… Ⅱ.①张… Ⅲ.《永乐大典》—研究
Ⅳ.①Z224

中国版本图书馆 CIP 数据核字（2021）第 018397 号

营　销　中　心　电　话　010-58807651
北师大出版社高等教育微信公众号　新外大街拾玖号

《YONGLE DADIAN》LIUCHUAN YU JIYI YANJIU
出版发行：北京师范大学出版社 www.bnup.com
　　　　　北京市西城区新街口外大街 12-3 号
　　　　　邮政编码：100088
印　刷：北京京师印务有限公司
经　销：全国新华书店
开　本：730 mm×980 mm　1/16
印　张：17
字　数：261 千字
版　次：2021 年 6 月第 2 版
印　次：2021 年 6 月第 2 次印刷
定　价：55.00 元

策划编辑：刘东明　　　　责任编辑：李春生
美术编辑：李向昕　　　　装帧设计：李向昕
责任校对：段立超　　　　责任印制：马　洁